青年成才方法论

刘俊彦 ◎ 主编

北京联合出版公司

Beijing United Publishing Co.,Ltd.

图书在版编目（CIP）数据

青年成才方法论 / 刘俊彦主编 . -- 北京：北京联合出版公司 , 2022.11
ISBN 978-7-5596-6455-6

Ⅰ.①青… Ⅱ.①刘… Ⅲ.①青年－人才成长－研究 Ⅳ.① C961

中国版本图书馆 CIP 数据核字（2022）第 181681 号

青年成才方法论
主　　编：刘俊彦
出 品 人：赵红仕
责任编辑：周　杨
版式设计：张　敏
责任编审：赵　娜

北京联合出版公司出版
（北京市西城区德外大街 83 号楼 9 层　100088）
北京华景时代文化传媒有限公司发行
北京中科印刷有限公司印刷　　新华书店经销
字数 255 千字　　710 毫米 ×1000 毫米　　1/16　　19 印张
2022 年 11 月第 1 版　　2022 年 11 月第 1 次印刷
ISBN 978-7-5596-6455-6
定价：58.00 元

新时代中国青年的成才指南

在习近平新时代中国特色社会主义思想的宏大科学理论体系中，习近平总书记关于青年工作的重要思想熠熠生辉。在习近平总书记关于青年工作的重要思想中，关于青年把握健康成长正确方向、正确道路、正确方法的论述深刻系统、饱含深情，是新时代中国青年成长成才的行动指南。

中国共产党第二十次全国代表大会，是在全党全国各族人民迈上全面建设社会主义现代化国家新征程、向第二个百年奋斗目标进军的关键时刻召开的一次十分重要的大会。2022 年 10 月 16 日，习近平总书记在党的二十大报告中强调："青年强，则国家强。当代中国青年生逢其时，施展才干的舞台无比广阔，实现梦想的前景无比光明。"习近平总书记殷切希望："广大青年要坚定不移听党话、跟党走，怀抱梦想又脚踏实地，敢想敢为又善作善成，立志做有理想、敢担当、能吃苦、肯奋斗的新时代好青年，让青春在全面建设社会主义现代化国家的火热实践中绽放绚丽之花。"习近平总书记的讲话分量很重、寓意高远，体现了习近平总书记和党中央对广大青年的关爱与厚望，既指明了前进的方向，又激励了奋进豪情。

2022年5月10日，在庆祝中国共产主义青年团成立100周年大会上，习近平总书记强调："追求进步，是青年最宝贵的特质，也是党和人民最殷切的希望。新时代的广大共青团员，要做理想远大、信念坚定的模范，带头学习马克思主义理论，树立共产主义远大理想和中国特色社会主义共同理想，自觉践行社会主义核心价值观，大力弘扬爱国主义精神；要做刻苦学习、锐意创新的模范，带头立足岗位、苦练本领、创先争优，努力成为行业骨干、青年先锋；要做敢于斗争、善于斗争的模范，带头迎难而上、攻坚克难，做到不信邪、不怕鬼、骨头硬；要做艰苦奋斗、无私奉献的模范，带头站稳人民立场，脚踏实地、求真务实，吃苦在前、享受在后，甘于做一颗永不生锈的螺丝钉；要做崇德向善、严守纪律的模范，带头明大德、守公德、严私德，严格遵纪守法，严格履行团员义务。""五个模范""五个带头"的要求，是习近平总书记对青年成长成才道路的全面概括，高屋建瓴、饱含深情，既提出了明确要求，也指明了努力路径。既是引导青年明确方向的世界观，也是指导青年明晰着力点的方法论。

爱之深，责之切。习近平总书记对广大青年期望之殷切、要求之严格、嘱托之深情，从他的一次次讲话中透射出来。

2013年5月4日，习近平总书记在同各界优秀青年代表座谈时，对广大青年提出五点希望。第一，广大青年一定要坚定理想信念。第二，广大青年一定要练就过硬本领。第三，广大青年一定要勇于创新创造。第四，广大青年一定要矢志艰苦奋斗。第五，广大青年一定要锤炼高尚品格。

2013年7月17日，习近平总书记在中国科学院大学考察时说:"希望同学们珍惜宝贵的青春年华,坚持理想,脚踏实地,既勤于学习、善于学习,打牢知识功底、积蓄前进能量,又勇于探索、勇于突破,不断认识科技世界新领地,立志报效祖国、服务人民。"

2014年5月4日,习近平总书记在北京大学考察时强调,核心价值观承载着一个民族、一个国家的精神追求,是最持久、最深层的力量。广大青年要从现在做起,从自己做起,勤学、修德、明辨、笃实,使社会主义核心价值观成为自己的基本遵循,并身体力行大力将其推广到全社会去,努力在实现中国梦的伟大实践中创造自己的精彩人生。习近平总书记还指出,当代大学生是可爱、可信、可贵、可为的。时间之河川流不息,每一代青年都有自己的际遇和机缘,都要在自己所处的时代条件下谋划人生、创造历史。青年是标志时代的最灵敏的晴雨表,时代的责任赋予青年,时代的光荣属于青年。广大青年对五四运动的最好纪念,就是在党的领导下,勇做走在时代前列的奋进者、开拓者、奉献者,同全国各族人民一道,担负起历史重任,让五四精神放射出更加夺目的时代光芒。

2014年12月20日,习近平总书记在澳门大学横琴新校区考察时指出:"同学们正处在人生的黄金时期,不仅要有求学求知的热情,而且要有心系国家、心系特区的担当,做到知行合一、学以致用,为将来走上社会,投身特区和国家建设做好思想品德、学识修养、能力才干等多方面的储备。"习近平总书记希望大家通过学习和了解我们民族和国家的历史,汲取中华民族的精神力量,增强民族自豪感,增强文化自信,增强作为一个中国人的骨气和底色。要大力弘扬爱国主义精神,继承爱国爱澳传统,自觉增强推进"一国两制"事业的历史责任感，珍惜青春年少的大好时光，创造有信念、有梦想、有奋斗、有奉献的人生。

2016年4月26日，习近平总书记在中国科技大学考察时强调，青年是国家的未来和民族的希望。希望同学们肩负时代责任，高扬理想风帆，静下心来刻苦学习，努力练好人生和事业的基本功，做有理想、有追求的大学生，做有担当、有作为的大学生，做有品质、有修养的大学生。大家要向我国老一辈杰出科学家学习，争取青出于蓝而胜于蓝。

2017年5月3日，习近平总书记在中国政法大学考察时指出，中国的未来属于青年，中华民族的未来也属于青年。青年一代的理想信念、精神状态、综合素质，是一个国家发展活力的重要体现，也是一个国家核心竞争力的重要因素。当今中国最鲜明的时代主题，就是实现"两个一百年"奋斗目标、实现中华民族伟大复兴的中国梦。当代青年要树立与这个时代主题同心同向的理想信念，勇于担当这个时代赋予的历史责任，励志勤学、刻苦磨炼，在激情奋斗中绽放青春光芒、健康成长进步。

2019年1月17日，习近平总书记在南开大学考察时强调，爱国主义是中华民族的民族心、民族魂。南开大学具有光荣的爱国主义传统，这是南开的魂。当年开办南开大学，就是为了中华民族站起来去培养人才的。我们现在迎来了从站起来、富起来到强起来的阶段，我们要把学习的具体目标同民族复兴的宏大目标结合起来，为之而奋斗。只有把小我融入大我，才会有海一样的胸怀，山一样的崇高。

2019年4月30日，在纪念五四运动100周年大会上，习近平总书记向青年提出六点希望。第一，新时代中国青年要树立远大理想。青年理想远大、信念坚定，是一个国家、一个民族无坚不摧的前进动力。第二，新时代中国青年要热爱伟大祖国。对新时代中国青年来说，热爱祖国是立身之本、成才之基。第三，新时代中国青年要担当时代责任。时代呼唤担当，民族振兴是青年的责任。第四，新时代中国青年要勇于砥砺奋斗。奋斗是青春最亮丽的底色。新时代中国青年要勇做走在时代前列的奋进者、开拓者、奉献者。第五，新时代中国青年要练就过硬本领。青年是苦练本领、增长才干的黄金时期。第六，新时代中国青年要锤炼品德修为。人无德不立，品德是为人之本。

2019 年 7 月 16 日，习近平总书记在内蒙古大学考察时指出："少年强则中国强。未来的竞争是年青人的竞争，今天的年青人是实现第二个百年奋斗目标的骨干和栋梁。同学们要志存高远、脚踏实地，学好知识，打好基础，增长才干，将来为中华民族伟大复兴贡献自己的智慧和力量。"

2020 年 9 月 17 日，习近平总书记在湖南大学考察时谆谆教诲大学生：在全面建设社会主义现代化国家新征程上，同学们将是接过历史接力棒的主力军。希望大家不负时代重托，不负青春韶华，勤奋学习，树立正确的世界观、人生观、价值观，走好人生道路，为实现第二个百年奋斗目标、实现中华民族伟大复兴的中国梦奉献自己的智慧和力量！

2021 年 3 月 25 日，习近平总书记在闽江学院考察时强调，实现第二个百年奋斗目标，实现中华民族伟大复兴，青年一代责任在肩。希望同学们树立远大理想、热爱伟大祖国、担当时代责任、勇于砥砺奋斗、练就过硬本领、锤炼品德修为，努力成为对社会有用的人、道德高尚的人，积极投身全面建设社会主义现代化国家的伟大事业。

2021 年 4 月 19 日，习近平总书记在清华大学考察时指出，广大青年要肩负历史使命，坚定前进信心，立大志、明大德、成大才、担大任，努力成为堪当民族复兴重任的时代新人，让青春在为祖国、为民族、为人民、为人类的不懈奋斗中绽放绚丽之花。

2022 年 4 月 25 日，习近平总书记在中国人民大学考察时号召，全国广大青年牢记党的教诲，立志民族复兴，不负韶华，不负时代，不负人民，在青春的赛道上奋力奔跑，争取跑出当代青年的最好成绩！广大青年要做社会主义核心价值观的坚定信仰者、积极传播者、模范践行者，向英雄学习、向前辈学习、向榜样学习，争做堪当民族复兴重任的时代新人，在实现中华民族伟大复兴的时代洪流中踔厉奋发、勇毅前进。

2022 年 5 月 10 日，在庆祝中国共产主义青年团成立 100 周年大会上，习近平总书记对共青团员提出了"五个模范"的成长成才指引。

可以看出，习近平总书记以自己丰富的经验智慧和人生阅历，结合自己成长路上的切身感受，给予青年人全方位、多层次的珍贵启发和深刻教诲，一次次对青年提出了严格要求。

不难发现，在习近平总书记的谆谆教诲中，爱国、理想、信念、品德、学习、奋斗、创新、担当、健康、爱岗敬业、深入基层、明辨是非、心怀感恩、珍惜友谊、兴趣广泛、善于选择、抢抓机遇，以及跟党走是他念兹在兹，反复强调的。这些论述，包括为人修身、精神状态、求学择业、创新奋斗等有关青年成长成才的方方面面，总书记或用典、或设喻，用青年人听得懂、听得进的话语，娓娓道来，春风化雨，引领青年不断前进。在我们看来，这些关键词及其蕴含的深刻道理，就是新时代青年成长成才的宝典秘诀、指路明灯，也是本书的提要大纲。

谈热爱祖国，习近平总书记指出："爱国，是人世间最深层、最持久的情感，是一个人立德之源、立功之本。"青年只有常怀心系家国之情，才能自觉地把个人前途命运同国家、民族前途命运紧密联系在一起，才能让实现中国梦的力量源泉充分涌流。

谈树立理想，习近平总书记指出："青年一代有理想、有本领、有担当，国家就有前途，民族就有希望"。鼓励青年"立鸿鹄志"。理想是人类最深刻的精神活动和精神向导，是每个人立足社会的定海神针。理想关乎每个人在人生道路上的行稳致远。青年时期是树立理想的最关键人生阶段，树立正确理想，对青年一生都会产生深远影响。

谈信念坚定，习近平总书记要求新时代的团员青年"要做理想远大、信念坚定的模范"。青年是民族复兴和国家发展的根脉所在，只有根扎得深、扎得稳，树木才能枝繁叶茂。越是在中华民族伟大复兴的关键时期，越需要广大青年树立对马克思主义、对习近平新时代中国特色社会主义思想、对党的领导、对中国特色社会主义道路和对中华民族伟大复兴的坚定信念。

谈锤炼品德，习近平总书记指出："要锤炼品德，自觉树立和践行社会主义核心价值观，自觉用中华优秀传统文化、革命文化、社会主义先进文化培根铸魂、启智润心，加强道德修养，明辨是非曲直，增强自我定力。"青年人才能"追求更有高度、更有境界、更有品位的人生"。

谈勤奋学习，习近平总书记教导广大青年："学习是成长进步的阶梯，实践是提高本领的途径。""青年人正处于学习的黄金时期，应该把学习作为首要任务，作为一种责任、一种精神追求、一种生活方式，树立梦想从学习开始、事业靠本领成就的观念，让勤奋学习成为青春远航的动力，让增长本领成为青春搏击的能量。"未来属于青年，青年要赢得未来必须做好准备。勤奋学习就是青年为未来做的最好准备。

谈艰苦奋斗，习近平总书记指出："幸福都是奋斗出来的，奋斗本身就是一种幸福。""只有奋斗的人生才称得上幸福的人生。奋斗是艰辛的，艰难困苦、玉汝于成，没有艰辛就不是真正的奋斗，我们要勇于在艰苦奋斗中净化灵魂、磨砺意志、坚定信念。"共青团员要做"艰苦奋斗、无私奉献的模范"。

谈创新创造，习近平总书记指出："综合国力竞争归根到底是人才竞争。哪个国家拥有人才上的优势，哪个国家最后就会拥有实力上的优势。""未来总是属于年青人的。拥有一大批创新型青年人才，是国家创新活力之所在，也是科技发展希望之所在。"

谈责任担当，习近平总书记指出："有责任有担当，青春才会闪光。"他强调："新时代中国青年要担当时代责任。时代呼唤担当，民族振兴是青年的责任。"青春至美是担当，青年是否负责任、有担当，是决定青年能否成才，能否实现人生价值的重要因素。

谈身心健康，习近平总书记指出："少年强、青年强是多方面的，既包括思想品德、学习成绩、创新能力、动手能力，也包括身体健康、体魄强壮、体育精神。"他告诫"年轻人不要老熬夜"，他要求青少年既把学习搞得好好的，又把身体搞得棒棒的。身心健康是青年成才的基础，不仅关系着个人的精神风貌，更关系到国民体质与民族精神。

谈爱岗敬业，习近平总书记强调，共青团员要"带头立足岗位、苦练本领、创先争优，努力成为行业骨干、青年先锋"。爱岗敬业是时代的需要，更是青年在工作岗位中所必备的第一素质。新时代青年要坚守爱岗敬业的人生原则、发扬爱岗敬业的职业精神，在各自工作岗位上磨炼成长，奋力书写无悔的青春答卷。

谈深入基层，习近平总书记经常以自己的切身经历指导青年学习、工作，激励青年成长。他说自己上的是"梁家河的大学"。习近平总书记一直鼓励青年们去基层一线接受实践锻炼。他认为，基层是青年人施展才华的广阔天地。

谈明辨是非，习近平总书记强调，广大青年要在"勤学、修德、明辨、笃实"上下功夫。其中，"明辨"是关系到"总钥匙"和"大方向"的关键，只有善于明辨是非，善于决断选择，人生才能选对路、走正路。

谈心怀感恩，习近平总书记强调："面对美好岁月，要有饮水思源、懂得回报的感恩之心，感恩党和国家，感恩社会和人民。"感恩是人类的一种重要情感意识，是中华民族的传统美德。青年只有把心怀感恩作为为人处世的一项基本品质和基本原则，才能更好地收获精彩人生。

谈珍惜友谊，习近平总书记强调，"友谊不是偶然的选择，而是志同道合的结果""友谊是相互信任，是长存于心"。友谊是真诚基础上的理解与支持，是心手相连共同凝结的情谊。青年渴望友谊，深厚的友谊能给青年带来丰富的人生，能助益青年成长成才。

谈兴趣广泛，习近平总书记指出："当代青年思想活跃、思维敏捷、观念新颖、兴趣广泛，探索未知劲头足，接受新生事物快，主体意识、参与意识强，对实现人生发展有着强烈渴望。"兴趣广泛、热爱生活是青年健康成长成才的普遍特征。

谈善于选择，习近平总书记指出："无数人生成功的事实表明，青年时代，选择吃苦也就选择了收获，选择奉献也就选择了高尚。"人生道路上充满大大小小的选择，善于选择的人才能拥有幸福人生。有志青年必须学会独立思考，对问题有自己的认识，有理性的判断，才能做出正确的选择。

谈抢抓机遇，习近平总书记说："时间之河川流不息，每一代青年都有自己的际遇和机缘，都要在自己所处的时代条件下谋划人生、创造历史。""青年是国家的希望、民族的未来。我衷心希望每一个青年都成为社会主义建设者和接班人，不辱时代使命，不负人民期望。对广大青年来说，这是最大的人生际遇，也是最大的人生考验。"

谈紧跟党走，习近平总书记指出："一百年来，在中国共产党的旗帜下，一代代中国青年把青春奋斗融入党和人民事业，成为实现中华民族伟大复兴的先锋力量。"新时代青年要做到不负党和人民的殷切期望，就要始终不渝高举旗帜跟党走。

本书名为《青年成才方法论》，所谓方法论，是关于人们认识世界、改造世界方法的理论。如果说世界观主要解决世界"是什么"的问题，那么方法论主要解决"怎么办"的问题。青年成才方法论，就是以青年成才规律和途径为对象，提出一系列具体的工具、原则、方法、技巧。

习近平总书记关于青年成长成才的重要论述，既是世界观，也是方法论。本书旨在激励新时代中国青年立大志、明大德、成大才、担大任，立志做有理想、敢担当、能吃苦、肯奋斗的新时代好青年，成长为对国家和社会有用的人才，用青春的智慧和汗水打拼出一个更加美好的中国！

"人生万事须自为，跬步江山即寥廓。"

新时代青年，只要树立正确成才观，掌握有效成才方法，坚持久久为功，必能积跬步而至千里，实现寥廓远大的人生目标！

目　录

第一篇

热爱祖国

2018年5月2日，习近平总书记在北京大学师生座谈会上的讲话中指出："爱国，是人世间最深层、最持久的情感，是一个人立德之源、立功之本。"青年是祖国的未来、民族的希望，只有常怀感恩之心，心系家国之情，才能自觉地把个人前途命运同国家、民族前途命运紧密联系在一起，才能让实现中国梦的力量源泉充分涌流。

一、青年为什么要热爱祖国

热爱祖国是中华民族的精神基因，是深埋在每一位中国青年心中不可磨灭的烙印。在 5000 多年的浩瀚历史长河中，爱祖国是中国人"天然"的追求；新时代，爱国如同流淌在青年身上的血液一般不可阻断。

祖国是青年不可分割的血缘纽带

我们为什么要爱自己的父母？因为父母生你养你，子女与父母有着不可改变的血缘关系。我们为什么要热爱祖国？因为祖国养育了你，祖国是每个儿女的根。

身为中国青年，祖国在你血脉中所赋予的种族遗传、社会关系、文化观念、道德修养、生活方式，注定了你与祖国之间的天然血缘纽带。

这意味着，祖国的名誉、利益与你紧密连接在一起，你与祖国既有了情感上的依存，又形成了利益上的共同体。

所以，爱国既是心灵的寄托，也是来自每一位中国青年内心深处的召唤，那是血液的奔腾。

祖国给了我们安宁、稳定的生活，给我们提供了美好的生存空间，我们就有了一种无法忘怀、难以割舍、伴随终生的爱国之情，祖国存在的意义就在于此。

"没有国哪有家，没有家哪有我。"个人之于祖国，就像树木之于土壤。一个人，一个民族，如果失去了自己的祖国，就像雄鹰失去双翅，鱼儿离开了水。

不管树的影子有多长，根永远扎在土里；不论身处何方，祖国始终与青年血脉相连，永远是我们的家，我们有什么理由不爱自己的家呢？

既然身在家中，理所当然要关心爱护这个"家"，不能容忍别人破坏自己的家园，时时刻刻为国效力，履行爱国的责任和义务，这是对祖国母亲的报答。

青年是实现民族复兴的先锋力量

热爱祖国是中国人民为实现中华民族伟大复兴这一美好愿景，团结奋斗、自强不息的精神力量。正是这种对祖国炙热滚烫的感情，奏响了无数先进青年救亡图存的冲锋号角。

习近平总书记在纪念五四运动100周年大会上的讲话中指出："无论过去、现在还是未来，中国青年始终是实现中华民族伟大复兴的先锋力量！"

走过百年，一代代青年将自己的前途命运同祖国的前途命运、党的前途命运、社会主义的前途命运紧密结合在一起，让中华民族迸发出巨大的力量，旧貌换新颜。

1919年，中国先进青年发起的五四运动席卷全国，在救国图存的道路上奔涌向前；1921年，党的一大召开，13位平均年龄只有28岁的热血青年，开启了为民族谋复兴、为人民谋幸福的伟大征程；20世纪30年代，数以万计的爱国知识青年，历经千难万险奔赴延安，投身于中国革命的大洪流；新中国成立之初，一大批青年科研人员心怀报国之志，毅然回到祖国，在艰苦条件下，为祖国建设鞠躬尽瘁；改革开放和社会主义现代化建设新时期，从小岗村"大包干"带头人，到南下弄潮的"闯海人"，他们以敢闯敢试、勇于创新的时代朝气投入改革开放和社会主义现代化建设的浪潮中……

时代召唤各有不同，但青年先锋力量一脉相承。

从挥洒汗水、为国争光的奥运健儿，到用生命捍卫国家和人民安全的"95后""00后"救火英雄；从扶贫攻坚扎根乡村，用实干书写青春的大学生村官，到"杏坛吐新绿"的年轻博导；从"万里赴戎机"的"90后"北大女兵，到驰援湖北抗击新冠肺炎疫情的"90后""00后"医护人员，再到冬奥会的青年志愿者们……

这些处于新时代的青年人，在不同岗位上，为实现中华民族伟大复兴的中国梦，无悔奉献着自己的青春韶华。用青春之我创造青春之中国、青春之民族，将中国青年的先锋作用表现得淋漓尽致。

爱国是当代青年成长成才的精神动力

2022年10月23日，习近平总书记在二十届中共中央政治局常委同中外记者见面时指出："现在，我们正意气风发迈上全面建设社会主义现代化国家新征程，向第二个百年奋斗目标进军，以中国式现代化全面推进中华民族伟大复兴。"新时代中国青年正处于我们国家发展的最好时期，既面临着难得的建功立业的人生际遇，也面临着"天将降大任于斯人"的伟大使命。

从时间的节点上看，当代青年主要是由"80后""90后""00后"组成的群体。在这些人当中，有的正处于求学阶段，有的初入社会走上工作岗位，有的已经成为社会中坚力量；到2035年基本实现社会主义现代化的时候，他们恰逢人生的黄金时代，在自己擅长的领域站稳脚跟，成为社会各行各业发展的精英骨干和领头羊；到本世纪中叶，全面建成社会主义现代化强国的时候，这一代青年人依然在各自岗位中发挥引领作用。

在这个意义上，青年一代的成长历程，甚至可以说是他们的整个生命轨迹，与实现中国梦这一伟大目标是密切相连、同频共振的，因此，正如习近平总书记所说："中华民族伟大复兴的中国梦终将在一代代青年的接力奋斗中变为现实。"

如此来看，真可谓生逢其时，怎能不抓住这千载难逢的机遇？

实现中国梦义不容辞，青年必须拿出《义勇军进行曲》中的那种胆识、气魄，用青春之血肉筑成新的长城，不辱时代使命，不负祖国和人民的期盼。

同时，也得时刻牢记，越是这"最后一公里"，就越是难走，中华民族伟大复兴绝不是轻轻松松、敲锣打鼓就能实现的，需做好面临诸多挑战的准备。对青年而言，这是最大的人生际遇，也是最大的人生考验。

爱国本身就是重要的情感，它可以为人的发展提供强大的精神力量。无数实例证明，有大格局才能有大作为，青年一定要把自己的"小家"融入"大家"，让"小我"的利益在"大我"之中实现，如果只想着自己，最终也不会有大作为。

所以，青年应把爱国之情转化为动力，用自己辛勤的汗水浇灌爱国之情，将人生理想同祖国的前途、民族的命运紧密联系在一起，扎根人民，奉献国家，立鸿鹄志，做奋斗者，让爱国主义融入血脉，成为青年的立身之本、成才之基。

二、热爱祖国的基本要求是什么

"家是最小国，国是千万家。"国家和个体有着相互依存、密不可分的关系，热爱自己的国家是每个人的责任和义务。爱国，就是要爱祖国的河山，爱祖国的人民，爱祖国的文化。

爱祖国的河山

热爱祖国，首先体现在热爱祖国的大好河山。土能生万物，地可载山川。这里的"大好河山"，不只是山川河流的自然风光，还有主权、财富、信誉、知识、文化等国家发展和进步的基本载体。

祖国的土地，是我们生存的根基，国土不存，国将不在，犯我国土者，虽远必诛。中国历史上从来不乏捍卫祖国山河无恙的仁人志士，他们奋不顾身投入保家卫国战斗，用满腔热血书写了一段段可歌可泣的爱国篇章。

民族英雄郑成功，凌波越海，历经九个月激战收复台湾。他在给荷兰殖民者的招降书中写道："然台湾者，中国之土地也，久为贵国所踞，今余既来索，则地当归我。"[①]

巴黎和会上顾维钧舌战群儒，拒绝签字，用实际行动把"维护祖国领土的完整和统一"作为他的神圣使命。

从"三元里抗英"到"平型关大捷"，中国人民与外国侵略者进行了殊死斗争，把"保我国土""爱我家乡"作为中华儿女义不容辞的责任。

禾苗离土即死，国家无土难存，大好河山，寸土不让，热爱祖国就要积极维护国家主权和领土完整。

爱河山、爱国土，一方面要保卫她，维护她；另一方面还要让她更富饶，更美丽。当今社会，我们时时刻刻都面临如何对待自然资源和环境的问题。这不仅是生态环境保护的问题，更是一个人爱不爱国的问题。

只考虑眼前利益，先开发后保护，造成环境污染，动植物濒临灭绝，这绝不是对祖国大好河山的热爱，而是对大好河山的破坏。因

---

① 连横：《台湾通史》，人民出版社 2011 年版，第 17 页。

此，从爱国的角度出发，热爱祖国河山，还要爱护绿树青山，营造碧水蓝天，建设美丽中国。

爱祖国的人民

没有人民的祖国是不存在的，离开人民谈爱国也是毫无意义的。爱人民，就是爱生活在这里的人们，反映了对整个民族利益共同体的自觉认同。

第一，爱自己的骨肉同胞。爱中华民族大家庭中的所有成员，而不是只热爱属于自己民族的人们，我国是一个多民族的国家，各民族和睦、团结、友爱，一直是我们国家的优良传统。

"五十六个民族，五十六枝花，五十六个兄弟姐妹是一家。"这是一种天然的凝聚力和向心力，是一种血浓于水的真情实感。青年要尊重各民族文化，互帮互助，互相爱护，以实际行动维护民族团结，促进各民族共同繁荣，积极促进各民族在中华民族大家庭中像石榴籽一样紧紧抱在一起，共同建设伟大祖国，共同创造美好生活。

第二，爱我们的民族英雄。每个民族在特定的时代背景下，都会有自己的民族英雄，这是毋庸置疑的。现在社会上出现一些试图丑化、否定民族英雄的言论，这是一股歪风邪气，我们必须警惕，决不能被这些别有用心之人给带"跑偏"了。民族英雄始终是值得广大青年尊重、爱护、学习的榜样。

第三，爱人民群众。习近平总书记指出："当代中国青年要有所作为，就必须投身人民的伟大奋斗。"[1] "全面建设社会主义现代化国家，是一项伟大而艰巨的事业，前途光明，任重道远。"[2] 团结奋斗是

---

[1]　习近平：《致全国青联十二届全委会和全国学联二十六大的贺信》，《人民日报》2015 年 7 月 25 日。
[2]　习近平：《高举中国特色社会主义伟大旗帜　为全面建设社会主义现代化国家而团结奋斗——在中国共产党第二十次全国代表大会上的报告》，《人民日报》2022 年 10 月 26 日。

中国人民创造历史伟业的必由之路。未来五年是全面建设社会主义现代化国家开局起步的关键时期，迫切需要广大青年在投身人民群众的伟大实践中攻坚克难、顽强斗争。

对人民群众的深厚感情，是检验一个人对祖国忠诚度的试金石。对于广大青年而言，只有为人民作出贡献，才会留下充实、温暖、无悔的青春回忆。

第四，强调爱国爱人民，更要心怀大爱，促进与其他国家人民之间的友好关系，推动不同文明交流互鉴，为构建人类命运共同体贡献青春力量。

爱祖国的文化

文化是一个国家、一个民族的灵魂，是民族的精神命脉。文化兴则国家兴，文化强则民族强。

在四大文明古国中，只有中华民族的文化绵延至今，证明了中华文化具有强大生命力，是历经时空变迁、大浪淘沙留下来的瑰宝。

然而，总有些不怀好意的人，想去破坏它。

美国前总统尼克松在《1999：不战而胜》一书中写道："当有一天，中国的年轻人已经不再相信他们老祖宗的教导和他们的传统文化，我们美国人就不战而胜了……"

美国前国务卿希拉里也曾在公开演讲里说道："美国只要运用好文化的软实力和巧实力，就可以一直牢牢地掌握着中国。"

看看，多么露骨、多么肆无忌惮的言论，西方政客的意图昭然若揭。他们秉持意识形态霸权主义，企图通过文化掠夺、文化渗透，以"和平演变"方式，达到西化、分化我们国家的目的。

中华民族优秀传统文化是我们民族的根和魂，文化若是断了根，那么民族的魂就没了。因此，爱国必定认同、热爱本民族文化，不容许任何人破坏、诋毁我们的文化。

爱祖国的灿烂文化不能仅停留在"孤芳自赏"的阶段，还需要深入历史深处，领略中华民族的生存智慧和韧性。

这就需要增强文化自觉意识，认识我国文化发展的历史和现状，弄清楚中华文化发展的规律，弘扬伟大建党精神，弘扬党和人民在各个历史时期奋斗中形成的井冈山精神、延安精神、"两弹一星"精神、特区精神、伟大抗疫精神等，投身文化创造，提升我国文化软实力。

"变调如闻杨柳春，上林繁花照眼新。"

青年要以坚定的文化自信，推动社会主义文化繁荣兴盛，讲好中国故事，传播好中国声音，阐释好中国特色，让悠悠驼铃声从历史的深处涌来，在新时代焕发出朗朗清音，这是每一个爱国青年的责任担当。

三、青年应当如何理性爱国

什么是理性爱国呢？顾名思义，就是以理智的态度引导爱国情感及行为方式，把对祖国的情感认同转化为理性认同，提高看问题的水平，以理智战胜情感，这样的爱国才会更加坚定而有力量。

一方面，爱国主义精神是流淌在每个人血脉之中的基因，无法阻挡。值得充分肯定的是，青年群体有着激昂的爱国热情，每当国家发生大事件时，青年总会冲在最前面：在强国路上挑大梁、当主角的青年工作者，防疫一线的青年战"疫"者，冬奥会的青年志愿者……这些都体现了青年群体渴望、期盼祖国繁荣富强的责任担当。

但另一方面，我们也应当看到，当下，有部分青年的爱国热情还停留在"情感"阶段，盲目"随大流"，容易冲动地做出一些事与愿违的行为。所以爱国需建立在理智、真诚和行动的基础上，以理性的方式去爱国，才能对国家发展起到积极推动作用。

懂历史，讲政治，明大势

理性爱国必然要用"理"支撑，需要具备充足的实力，通过广博的知识积累，对社会规律有了深刻认识，才能产生理性思考。这里可大致分为三个方面。

第一，懂历史。要学习中国历史尤其是学习党史、新中国史、改革开放史、社会主义发展史。中华民族有着悠久的历史，我们崇尚的爱国主义精神，就是在中华民族漫长的历史进程中产生发展的。

吕思勉在《中国通史》中写道："要明白一件事，必须先追溯到既往，用现在是决不能解释现在的。这就好比你想了解一个人，就需要先了解他的过去，才能更好地理解他的现在。"要想了解自己的国家，同样要先熟知中国历史，弄清楚近代以来我们国家在每个重要历史关口的选择与尝试，才能明白现在的中国何以走出这条独特道路，才能理解中国为什么选择了马克思主义，选择了中国共产党，选择了社会主义制度，这些都是中华民族历史发展的必然。

第二，讲政治。青年理性爱国要有政治头脑，分清是非对错。倘若一个国家，连青年都不关心国家的前途命运了，那这个国家真的就没有什么前途可言了。

当前，世界百年未有之大变局加速演进，中国的发展离不开和平的国际环境。我们坚定奉行独立自主的和平外交政策，然而树欲静而风不止，仍有别有用心之人试图污蔑、诋毁中国形象，扰乱我们的视线，使本就乱象丛生的国际环境变得愈加错综复杂。这就需要我们学会从政治上考虑问题，由朴素感性的爱国情感，上升到对国家和社会制度的理性认识，冷静分析思考，切不可感情用事，头脑简单，只

图一时痛快发泄。

第三，明大势。孙中山先生讲过："世界潮流，浩浩荡荡，顺之则昌，逆之则亡。"所谓"大势"乃不可逆转之势，即便一时泛起"尘沙"，也终会被滚滚洪流所吞噬。当代中国滚滚之洪流的重要特征就是：坚持道路自信、理论自信、制度自信、文化自信，"尘沙"就是一切不符合"四个自信"的言行。

那么，是选择做被淹没的"尘沙"，还是顺大势乘风破浪？

只有看清中国国情乃至世界发展大势，才能做好预判，才能遇事不慌地解决问题。因此，要做符合规律的事，识大体、顾大局，用长远的眼光看待问题，弘扬符合时代特点的爱国主义精神，助力实现中华民族伟大复兴和现代化建设的国家大势，做顺应时代发展的推动者而不是阻碍者。

知行合一，勇于担当作为

空谈误国，实干兴邦。热爱祖国不能只有豪言壮语，关键在于如何付诸行动，在"小处有为"。我们通常说，理论是行动的指南，但理论再充分，没有运用到实践中去，也不过是纸上谈兵。

习近平总书记指出："每一代青年都有自己的际遇和机缘，都要在自己所处的时代条件下谋划人生、创造历史。"[①] 每一代人都有属于自己的时代责任，当代青年将全程参与实现中华民族伟大复兴的实践，能否担此重任，完成这一艰巨任务，关键一点在于能否把爱国热情转化为奋发向上的动力。要多思考自己能为祖国做点什么，勇于担当作为。

爱国，不是发泄情绪，而是承担责任。既要有肩负祖国使命之"知"，更要少说多做，将思想化为行动，履行爱国之"行"，做到

---

① 习近平：《青年要自觉践行社会主义核心价值观——在北京大学师生座谈会上的讲话》，《人民日报》2014 年 5 月 5 日。

知行合一，切莫做思想上的巨人、行动上的矮子。

把个人智慧和才能融入祖国的发展当中去，需具备一定的"能力"，倘若空有爱国之志，立论漂浮，思想肤浅，缺乏报国之才，这样的"爱国"难免缺乏力量。

报国之才从何而来？

通过学习理论知识和专业技能，求真学问。在实际工作、学习、生活中锤炼过硬本领，才能让知识产生巨大的能量。今日掌握真本领，成为实干家，来日才有祖国的繁荣富强。

"国家兴亡，匹夫有责。"究竟以何种方式去爱国，取决于每个人的实际能力。术业有专攻，能力有大小，只要是尽力尽责用自己所学，为国家的发展服务，就是实现了自己的报国之志。

知识不分国界，但掌握知识的人是有祖国的。一个拥有大学问的人，不只是承载知识的器具，应当是一个爱祖国、有社会责任、肯担大任的人。只有将满腔爱国热情自觉转化为报国之行，才是真正的理性爱国。

扎根人民，奉献国家

习近平总书记指出："爱国，不能停留在口号上，而是要把自己的理想同祖国的前途、把自己的人生同民族的命运紧密联系在一起，扎根人民，奉献国家。"[1] 每个时代有每个时代的使命，新时代青年就是要在挑战与机遇中，涵养爱国情操，在奉献祖国、奉献人民的过程中实现报国之志。

热爱祖国，靠的不是一时冲动，也非仅仅喊着口号就是爱国。

真正的爱国，需要爱得真挚、爱得彻底、爱得持久，胸怀忧国忧民心、爱国爱民情，做到"利于国者爱之，害于国者恶之"，时时想到国家，处处想到人民，与人民同呼吸、共命运、心连心，欢乐着

---

[1]　习近平：《在北京大学师生座谈会上的讲话》，《人民日报》2018 年 5 月 3 日。

人民的欢乐，忧患着人民的忧患，诚心诚意做人民的小学生，扎根人民，奉献国家。

一个人如果只想把学到的本领用到怎么能过好小日子上，成为精致的、功利的个人主义者，会被人所瞧不起，更不会有大出息。知识是用来为祖国、为人民服务的，如果仅仅是为自己，那学知识就变了味道。

钱学森为了祖国的国防科技事业，毅然放弃在美国优裕的生活和科研条件，冒着生命危险坚持回国效力。当时的钱学森在美国有着最先进的科研设备与团队，几乎可以做任何他想要进行的研究，可谓前途无量，就连他的恩师卡门得知他要回国的消息时，也曾疑惑地问他：你回中国去干什么，难道要去种苹果？钱学森却坚定地回答：如果祖国需要，我愿意去种苹果。

历经几番波折后，回到祖国的钱学森，"做了隐姓埋名人，干着惊天动地事"。他说："我作为一名中国的科技工作者，活着的目的就是要为人民服务，如果人民最后对我的一生所做的工作表示满意的话，那才是最高的奖赏。"钱学森正是把自己的理想同祖国的前途，把自己的人生同民族的命运紧密联系在一起，以毕生来实践科学报国情。

"闲居非吾志，甘心赴国忧。"历史永远歌颂那些热爱祖国的人，永远记得那些把自己一生献给党和人民的人。青年爱国就要把个人远大理想同祖国前途命运联系起来，坚守自己的岗位，把刻苦学习同实现中华民族伟大复兴联系起来。要明白：不论学习还是工作，不是为了升官发财，也不是为了光宗耀祖，而是为了祖国富强和人民的幸福，为了让青春在奉献中熠熠生辉。

💬 名言金句

一身报国有万死，双鬓向人无再青。

——陆游

苟利国家生死以，岂因祸福避趋之。

——林则徐

生无一锥土，常有四海心。

——顾炎武

我们爱我们的民族，这是我们自信心的泉源。

——周恩来

我荣幸地以中华民族一员的资格，而成为世界公民。我是中国人民的儿子。我深情地爱着我的祖国和人民。

——邓小平

爱国的主要方法，就是爱自己所从事的事业。

——谢觉哉

每个人在他的生活中都经历过不幸和痛苦。有些人在苦难中只想到自己，他就悲观、消极，发出绝望的哀号；有些人在苦难中还想到别人，想到集体，想到祖先和子孙，想到祖国和全人类，他就得到乐观和自信。

——冼星海

热爱祖国，这是一种最纯洁、最敏锐、最高尚、最热烈、最温柔、最无情、最温存、最严酷的感情。一个真正的爱祖国的人，在各个方面都是一个真正的人。

——苏霍姆林斯基

科学没有国界，科学家却有国界。

——巴甫洛夫

第二篇

树立理想

2019 年 4 月 30 日，习近平总书记在纪念五四运动100 周年大会上的讲话中指出："新时代中国青年要树立远大理想。青年的理想信念关乎国家未来。青年理想远大、信念坚定，是一个国家、一个民族无坚不摧的前进动力。"理想是人类最深刻的精神活动和精神向导，是每个人立足社会的定海神针。理想关乎每个人在人生道路上行稳致远。青年时期是树立理想的最关键人生阶段，理想一旦树立，对每个个体，进而对整个国家、整个社会都会产生深远的影响。因为青年一代有理想、有本领、有担当，国家就有前途，民族就有希望。

一、理想就是灯塔

什么是理想

理想是一个人安身立命之地，是人生奋斗方向的指引，是青年成长成才的指南。对于青年来说，人生路的紧要之处只有几步，而理想的确立则是关键的一步。青年时期是一个人的世界观、人生观、价值观形成的关键时期，也是一个人理想确立的关键时期。青年一代有了理想，才能够有目标，才能有为了实现理想不断奋进的动力。民族复兴、人民幸福是中国共产党人的价值理想，也是青年一代的最纯粹、最热忱的理想。

国家有国家的理想，民族有民族的理想，个人有个人的理想。

习近平总书记指出："在一代又一代青年心中点亮理想之灯、发出信念之光，这是共青团最根本、最持久的凝聚力。"[①]周恩来在《跟着新生的力量走》一文中说："理想是需要的，它可以为我们指出前进的方向，但是理想必须从现实的努力奋斗中才能实现。"[②]

世界上存在的理想种类很多，我们关注的是马克思主义擘画的共产主义理想在青年群体中是怎样生成的，以及生成后会产生怎样的

---

① 习近平：《在庆祝中国共产主义青年团成立 100 周年大会上的讲话》，《人民日报》2022 年 5 月 11 日。
② 中共中央文献研究室编：《周恩来文化文选》，中央文献出版社 1998 年版，第 393 页。

力量。近代中国青年是"再造中国"的群体，当代中国青年是接力奋斗实现中华民族伟大复兴中国梦的群体，跨越百年的中国青年作为各自时代的弄潮儿，理想对于他们须臾不可或缺。

人为什么而活

苏格拉底说，未经理性审视的生活是不值得过的生活。人生有限却又总在思考无限的问题，总在追问更遥远更高的问题。而在这种追问中，青年首先要做的就是超越自己，超越自身的有限性。面对"人为什么而活"这个问题，革命领袖也曾有过自我追问。

1910 年秋，毛泽东考入湘乡县立东山高等小学堂读书。在离家时，曾抄写一首诗留给父亲："孩儿立志出乡关，学不成名誓不还，埋骨何须桑梓地，人生无处不青山。"由此，追寻救国之道便成了毛泽东自我追问的答案，开启了人生的另一种境界。毛泽东人生历程的第一个转折就是离开闭塞的韶山，离开限制自身的环境，去闯荡外面更广阔的世界，1912 年他以第一名的成绩考入湖南全省高等中学校。在学校，他埋头读了大量的中外书籍，诸如《御批历代通鉴辑览》《民约论》《原富》《法意》《天演论》《群学肄言》，以及达尔文关于物种起源方面的书等，较为系统地接受了中西方的文化知识，这种自修"极有价值"。

周恩来从少年时代就立志"为中华之崛起而读书"，并在毕业赠言中写道"愿相会于中华腾飞世界时"。周恩来从少年到青年在思考"人为什么而活"这个问题时，便早早确立了立志救国的答案。

朱德成长的每一阶段无不镌刻着中华民族近现代以来风起云涌、坎坷前行的沧桑印记。朱德前进的每一步都展现着他炽热的爱国主义、革命英雄主义的伟大情怀。

邓小平为了寻求答案，16 岁留学海外，那些弥足珍贵的经历铸就了拥有崇高品德、博大胸怀、卓越胆识的一代伟人。

不论生活在哪个时代的青年，都会或多或少地产生对生存目的的追问。这便是立志的过程，是理想形成的过程。毋庸置疑，对这一问题的答案的追寻，对一个个体的意志力的提高以及对后续事业的发展，甚至对国家的发展都会产生深远的影响。对生存目的的拷问，会直接或间接地影响一个人的行为，"一个高尚的人，一个纯粹的人，一个有道德的人，一个脱离了低级趣味的人，一个有益于人民的人"[①]，是对人类个体生存目的最好的注脚。

远大理想与共同理想

习近平总书记在庆祝中国共产主义青年团成立 100 周年大会上要求，共青团员要"带头学习马克思主义理论，树立共产主义远大理想和中国特色社会主义共同理想"。

马克思主义是关于无产阶级和人类解放的学说。马克思主义作为博大精深的理论体系，它的主要特征是科学性和革命性的结合，理论和实践的统一。马克思主义理论不是教条而是行动指南，必须随着实践发展而发展。习近平总书记在党的二十大报告中指出："马克思主义是我们立党立国、兴党兴国的根本指导思想。实践告诉我们，中国共产党为什么能，中国特色社会主义为什么好，归根到底是马克思主义行，是中国化时代化的马克思主义行。拥有马克思主义科学理论指导是我们党坚定信仰信念、把握历史主动的根本所在。""推进马克思主义中国化时代化是一个追求真理、揭示真理、笃行真理的过程。"习近平新时代中国特色社会主义思想是当代中国马克思主义、二十一世纪马克思主义，是中华文化和中国精神的时代精华。党的二十大强调，继续推进实践基础上的理论创新，首先要把握好习近平新时代中国特色社会主义思想的世界观和方法论，坚持好、运用好贯穿其中的立场观点方法，坚持人民至上，坚持自信自立，坚持守正创

---

① 《毛泽东选集》第 2 卷，人民出版社 1991 年版，第 660 页。

新，坚持问题导向，坚持系统观念，坚持胸怀天下，开辟马克思主义中国化时代化新境界。

何为共产主义远大理想？

党章指出：党的最高理想和最终目标是实现共产主义。共产主义作为一种社会形式，是人类社会发展的必然，是人类历史上最美好、最进步、最合理的社会形式。中国共产党把实现共产主义作为自己奋斗的最终目标。关于共产主义社会，马克思作了这样的概述："在共产主义社会高级阶段，在迫使个人奴隶般地服从分工的情形已经消失，从而脑力劳动和体力劳动的对立也随之消失之后；在劳动已经不仅仅是谋生的手段，而且本身成了生活的第一需要之后；在随着个人的全面发展，他们的生产力也增长起来，而集体财富的一切源泉都充分涌流之后，——只有在那个时候，才能完全超出资产阶级权利的狭隘眼界，社会才能在自己的旗帜上写上：各尽所能，按需分配！"①

这是马克思了解了社会构造与历史并进行深刻分析后得出的结论。

1883年，恩格斯在《共产党宣言》的德文版序言中说："贯穿《宣言》的基本思想：每一历史时代的经济生产以及必然由此产生的社会结构，是该时代政治的和精神的历史的基础；因此（从原始土地公有制解体以来）全部历史都是阶级斗争的历史，即社会发展各个阶段上被剥削阶级和剥削阶级之间、被统治阶级和统治阶级之间斗争的历史；而这个斗争现在已经达到这样一个阶段，即被剥削被压迫的阶级（无产阶级），如果不同时使整个社会永远摆脱剥削、压迫和阶级斗争，就不再能使自己从剥削它压迫它的那个阶级（资产阶级）下解放出来。——这个基本思想完全是属于马克思一个人的。"②

何为社会主义共同理想？

把我国建设成为富强民主文明和谐美丽的社会主义现代化强国，

---

① 《马克思恩格斯选集》第3卷，人民出版社2012年版，第364—365页。
② 《共产党宣言》，人民出版社2018年版，第7页。

这就是现阶段我国各族人民的共同理想。这个共同理想，集中地代表了我国各族工人、农民、知识分子和其他劳动者、建设者、爱国者的共同利益和愿望，是保证全体人民在政治上、道义上和精神上团结一致，克服任何困难，争取胜利的强大精神武器。

目前，我国还处在社会主义初级阶段，我们的经济还不是很发达，科学技术领域还存在一些短板，人民群众的生活刚刚达到全面小康水平。摆在全国人民面前的主要任务，就是加速社会主义现代化建设，早日实现我国各族人民的共同理想。为了实现建设有中国特色社会主义的共同理想，必须在党的领导下，坚定不移走中国特色社会主义道路。

共产主义远大理想与中国特色社会主义共同理想是紧密相连的，都是新时代青年应该树立的理想。

二、有理想，才能有目标、有动力

无论是革命先烈，还是新时代中国青年，都在努力为实现民族复兴、人民幸福的理想而不懈努力。

革命先烈为了理想而献身

百年峥嵘，风雨兼程。重温革命先驱的理想故事，聆听革命先驱的心声，他们的铮铮誓言依旧可以穿透我们的躯体，直击内心的深处。

李大钊怀着共产主义者的坚定信念和革命乐观主义的精神写道："历史的道路，不全是坦平的，有时走到艰难险阻的境界，这是全靠雄健的精神才能冲过去的。""中华民族现在所逢的史路，是一段崎岖险阻的道路。在这一段道路上，实在亦有一种奇绝壮绝的景致，使我们经过此段道路的人，感得一种壮美的趣味。但这种壮美的趣味，是非有雄健的精神的不能够感觉到的。"①

方志敏在囚室中泣血地呼吁："不要悲观，不要畏馁，要奋斗！要持久地艰苦地奋斗！"②

彭湃面对风雨如晦的中国大声疾呼："我们赶快觉悟！我们赶快结合！我们赶快进行！我们赶快将新社会现在我们的眼前！"③

萧楚女鼓励青年们要坚定理想信念，以此来对抗诬构、耻辱、失败。一切烦恼、沉闷、悲哀、痛苦都根源于没有理想信念，青年朋友们"要各自赶快去找一个合乎我们现在的生活，和我们对于人类前途所负的使命的需要之物，以为安身立命之地——以充实我们底生活，把自己和自己所居的社会，一齐从那无边的黑暗之中，拯拔出来"。

阮啸仙指出，青年应当奋发有为，要打破旧环境，创造新环境，而青年创造新环境，就要具备判断、进取、负责、朴实、奋斗、牺牲等"工具"。

高君宇的内心独白是："我是宝剑，我是火花。我愿生如闪电之耀亮，我愿死如彗星之迅忽。"④

恽代英的《狱中诗》说："浪迹江湖忆旧游，故人生死各千秋。已摈忧患寻常事，留得豪情作楚囚。"⑤

夏明翰的就义诗写道："砍头不要紧，只要主义真。杀了夏明翰，还有后来人。"

邓恩铭的诀别诗说："卅一年华转瞬间，壮志未酬奈何天；不惜

① 《李大钊全集》第4卷，人民出版社2013年版，第487页。
② 《方志敏全集》，人民出版社2012年版，第139页。
③ 《彭湃文集》，人民出版社2013年版，第7页。
④ 《高君宇文集》，人民出版社2011年版，第244页。
⑤ 《恽代英全集》第9卷，人民出版社2014年版，第305页。

唯我身先死，后继频频慰九泉。"①

刘伯坚的《带镣行》慷慨激昂："带镣长街行，蹒跚复蹒跚。市人争瞩目，我心无愧怍。带镣长街行，镣声何铿锵。市人皆惊讶，我心自安详。带镣长街行，志气愈轩昂。拼作阶下囚，工农齐解放。"

周文雍的绝笔诗写道："头可断，肢可折，革命精神不可灭。壮士头颅为党落，好汉身躯为群裂。"

叶挺所作的《囚歌》说："为人进出的门紧锁着，为狗爬走的洞敞开着，一个声音高叫着：爬出来呵，给你自由！我渴望着自由，但也深知到，人的躯体 那能由狗的洞子爬出！我只能期待着，那一天，地下的火冲腾，把这活棺材和我一齐烧掉，我应该在烈火和热血中得到永生。"②

刘志丹创作的《爱国歌》写道："黄河两岸，长城内外，炎黄子孙再不能等待。挽弓持戈，驰骋疆场，快，内惩国贼，外抗强权，救我中华万万年。"③

这些诗作，用鲜血和生命写就，至今仍在我们耳边回响。他们是共产党人坚定追求理想信念的典范。有志者事竟成，革命先驱为了心中那火热的信念大都英年牺牲，但是他们的精神将永耀光芒！

谁说年轻不堪大任？谁说青春一定迷惘？百年来，有许许多多像他们一样的年轻人，在最美好的年华里奉献了最美好的青春乃至生命，只因他们心系国家，心怀理想信念；只因他们有个共同的名字：中国共产党党员！

新时代的中国青年为了理想接续奋斗

五四运动时期，中国青年面临的现实状况是个体苦痛和国恨家

---

① 《邓恩铭文集》，人民出版社 2013 年版，第 136 页。
② 《回忆叶挺》，人民出版社 1981 年版，《囚歌》手稿。
③ 《刘志丹文集》，人民出版社 2012 年版，第 12 页。

仇相互交织，有些人迷惘彷徨，有些人理想坚定，有些人任命运摆布，有些人头破血流冲决罗网。理想坚定而又为了心中的理想头破血流冲决罗网的这些革命先驱，被社会寄予了"再造中国"的厚望。

近代以来，中国面临两项历史性的任务，一个是争取民族独立、人民解放，一个是实现国家富强、人民幸福。近代中国经历的变革非常剧烈，所谓"三千年未有之变局"不只是后人对这段历史的评价，而是时人的切身感受。二十世纪二三十年代青年的文字中最常出现的是"苦闷"二字，刊物中常常出现的是"中学毕业以后，我莫名其妙地感到苦闷"这类的字眼。可见，当时的青年人在许多问题上都遭遇了挫折，经历着迷茫。

这种状况在很大程度上是由辛亥革命后的社会现实造成的。当时的中国面临着内忧外患、新旧交替，整个国家都处于迷茫与动乱之中，普通民众自然也不可能高枕无忧地生活。

陈独秀在《自杀论——思想变动与青年自杀》中写道："这班现代的青年，心中充满了理想，这些理想无一样不和现社会底道德、信条、制度、习惯冲突，无一样不受社会的压迫；他们的知识又足以介绍他们和思想潮流中底危险的人生观结识，若是客观上受社会的压迫，他们还可以仗着信仰鼓起勇气和社会奋斗，不幸生在思潮剧变的时代，以前的一切信仰都失了威权，主观上自然会受悲观怀疑思想的暗示，心境深处起了人生价值上的根本疑问，转眼一看，四方八面都本来空虚、黑暗，本来没有奋斗、救济的价值，所以才自杀。象这种自杀，固然是有意义有价值的自杀；但是我们要注意的，这不算是社会杀了他，算是思想杀了他呵！忠节大义的思想固然能够杀人，空观、悲观、怀疑的思想也能够杀人呵！主张新思潮运动的人要注意呵！要把新思潮洗刷社会底黑暗，别把新思潮杀光明的个人加增黑暗呵！"[1]

---

[1] 《陈独秀文集》第1卷，人民出版社2013年版，第538—539页。

毛泽东在青年时期就立下拯救民族于危难的远大志向。1919年7月，毛泽东在《〈湘江评论〉创刊宣言》中写道："时机到了！世界的大潮卷得更急了！洞庭湖的闸门动了，且开了！浩浩荡荡的新思潮业已奔腾澎湃于湘江两岸了！顺他的生。逆他的死。"[①] 从"书生意气，挥斥方遒"到"指点江山，激扬文字"，从"问苍茫大地，谁主沉浮"到"中流击水，浪遏飞舟"，毛泽东的志向终成现实。

新时代中国青年，面临的是全新的现实状况。青年是国家的未来、民族的希望。越来越多的年轻人肩负时代赋予的重任，以拼搏激发创新梦想，展现出新时代中国青年该有的样子。

习近平总书记在党的十九大报告中提出："青年兴则国家兴，青年强则国家强。青年一代有理想、有本领、有担当，国家就有前途，民族就有希望。中国梦是历史的、现实的，也是未来的；是我们这一代的，更是青年一代的。中华民族伟大复兴的中国梦终将在一代代青年的接力奋斗中变为现实。"[②]

新时代中国青年要珍惜这个时代、担负时代使命，在担当中历练，在尽责中成长，让青春在新时代改革开放的广阔天地中绽放，让人生在实现中国梦的奋进追逐中展现出勇敢奔跑的英姿，努力成为德智体美劳全面发展的社会主义建设者和接班人。

阔步复兴伟业征程，处身百年变局时代，青年一代既要将目光投向干事创业、经国大业、复兴伟业的大境界，也要推开门、迈开步，事作于细、躬身实践、起而行之、知行合一。不管顺逆得失，不以物喜己悲，不惧风起云涌，不问潮涨潮落，青年人要学会驾潮驭势、掌握主动。

红军将士视死如归、向死而生、一往无前，靠的是理想。为什么中国革命能成功？奥秘就是革命理想高于天，在最困难的时候坚持

---

① 《毛泽东早期文稿》，湖南人民出版社2013年版，第272页。
② 习近平：《决胜全面建成小康社会 夺取新时代中国特色社会主义伟大胜利——在中国共产党第十九次全国代表大会上的报告》，人民出版社2017年版，第70页。

下去，这样才能不断取得奇迹般的胜利。我们对实现下一个百年奋斗目标、实现中华民族伟大复兴就应该抱有这样的必胜理想和信念。我们在生活中更应如此。

不为理想，只为欲望而活的人生是悲哀的。因为如果欲望没有满足，人会陷入痛苦之中，但如果欲望得到了满足，人又会陷入深深的无聊之中。理想却可以超越这一切。"这个世界会好吗？"百年之前中国青年说："一定会。"20世纪初的"90后""00后"们要认知的不光是纷繁的世界局势，还有一个绵延5000多年古老文明的中国。在历史书页的讲述中，我们触摸到了百年前青年们的抱负、志气和信仰。

赓续历史的接力棒，我们铭记的是"人民至上，生命至上"的神圣承诺，我们感动的是"天地之大，黎元为先"的脱贫成就，我们震撼的是"危机育新机，变局开新局"的发展新征程。今天的"90后""00后"们，面对新冠肺炎疫情，义无反顾冲锋在抗疫斗争第一线，用臂膀扛起如山的责任，肩负起中华民族的希望，展现出青春激昂的风采，这也成为我们这一代人的"集体记忆"。

前浪涛涛，后浪奔涌。新时代中国青年用自己的行动和百年前的"同龄人"对话："这盛世，如你所愿！"在青年一代的生活中，我们要认清时代际遇，在个体追逐梦想的过程中践行理想。

一个人有理想，生命才会更有意义。理想在每一个发展阶段有不同的要求和目标，当代青年应努力认识历史和时代发展中的个人际遇，将自身命运同时代发展、国家前途联系起来。新时代是奋斗者的时代，是当代青年能够大有作为的时代。诚然，由于房贷、车贷、教育、养老难等生活现实问题带来的焦虑和压力，当前存在"佛系青年""失败青年"，他们安于现状甚至对人生感到迷茫，归根结底，是没有形成或丢失了人生信仰和奋斗目标。因而，当代青年要以紧迫的时代感、勇于担当的责任感以及创新求变的信心决心，积极主动地适应新的环境，抓住新一轮科技革命的迅速发展给社会带来的机遇，积极地用坚定的理想指导自己的人生。

三、青年如何树立远大理想

一个国家的进步，印刻着青年的足迹；一个民族的未来，寄望于青春的力量。青年树立远大理想，首先就是要将个人理想融入时代发展洪流，与时代同频共振。要胸怀远大理想，不能是"海市蜃楼"，要让理想事业看得见、摸得着。在理想的指引下，制定切合自身实际的职业规划，一步一步朝着理想的实现踏实迈进。

个人理想要融入时代发展洪流

在中国特色社会主义新时代，广大青年是与新时代共进的一代，将全程参与中华民族伟大复兴的历史进程。他们能否坚持马克思主义理想信仰、能否坚定理想信念，不仅关系到自身的成长发展，还关系到中国特色社会主义事业的兴衰成败，关系到国家和民族的未来。

百年前的今天，正是一群有血有肉、慷慨激昂的青年以青春和信仰叩开了历史的大门。百年后的今天，当代青年们也应该把中华民族伟大复兴的重担挑起来！

"何事居穷道不穷，乱时还与静时同。"我们即将迎来更美好的明天，你是否听到了更激越的鼓点？经济转轨、社会转型，当前中国正处于重大转型期。我们在这一时期成长，并将与这一时期一起见证重大转型的最终完成。我们这一代青年的特殊历史使命，同时也具有特殊历史意义，就在于我们将在国家转型的最为关键的时期渐次登上历史的舞台。

党的十八大召开十年来，我们经历了对党和人民事业具有重大现实意义和深远历史意义的三件大事：一是迎来中国共产党成立一百周年，二是中国特色社会主义进入新时代，三是完成脱贫攻坚、全面建成小康社会的历史任务，实现第一个百年奋斗目标。新时代十年的伟大变革，在党史、新中国史、改革开放史、社会主义发展史、中华民族发展史上具有里程碑意义。新时代十年极不寻常、极不平凡，党团结带领人民有效应对来自政治、经济、意识形态、自然界等方面的风险挑战考验，党和国家事业取得历史性成就、发生历史性变革，推动我国迈上全面建设社会主义现代化国家新征程。有时候，可能正是由于我们离时代太近，反而有种"不识庐山真面目"的感受。

可以想象，跨越两个天壤之别的时代，我们仅用几十年时间就走完发达国家几百年走过的工业化历程。诚然，这种高速的密集的大规模发展，确实让我们有些应接不暇，这样的日新月异甚至产生了一大批"焦虑症候群"，他们还发出了"佛系"的自嘲。

然而，并不用过分担忧"焦虑症候群"，更不用过分担忧"佛系"，这样的群体和自嘲恰恰是新时代对于未来的无限期待和对于拒绝迟缓与消沉的鞭策。事实上，当下的我们，都是"斗战胜佛"，一边感到焦虑，一边拒绝"油腻"；一边嚷着"佛系"，一边积极努力。其实，大家都是走心的，这走心的里面更有一股永远只争朝夕的磅礴力量。这种对未来的走心，也督促着年青一代不断认识自我、不断校准轨迹，也更能在四海风云中，把祖国引向更为光明的未来。

党的十九大对实现第二个百年奋斗目标作出分两个阶段推进的战略安排。从 2020 年到 2035 年，在全面建成小康社会的基础上，再奋斗 15 年，基本实现社会主义现代化；从 2035 年到本世纪中叶，在基本实现现代化的基础上，再奋斗 15 年，把我国建成富强民主文明和谐美丽的社会主义现代化强国。党的二十大再次强调了全面建成社会主义现代化强国的总的战略安排。

"志之所趋，无远弗届，穷山距海，不能限也。"伟大理想的实现离不开每一代人的接力奋斗，更离不开即将走上历史前台的"强国一代"的勇敢进取。青年的人生之路很长，前进途中，平川高山、缓流险滩、丽日风雨、喜悦哀伤都会遇见。只要心中有阳光，脚下就有力量，把年华汇入时代洪流，让青春融入祖国山河，为了理想能坚持、不懈怠，就一定能创造无愧于这个非凡时代的人生。

既要胸怀远大理想，又要让理想事业看得见、摸得着、做得到

青年的远大理想不是"海市蜃楼"，不是玄而又玄的东西，而是看得见、摸得着、做得到的。

对于当代中国青年来说，首先，我们要自觉践行社会主义核心价值观。美好的人生始于远大的志向，远大的志向造就伟大的力量。要立志高远，将个人发展与国家建设统一起来，使个人对幸福的期盼向往与美好社会追求协调一致。要选择有尊严、社会需要、有广阔前景的职业，要选择实现人类的幸福和自身价值完美统一的职业，这样的职业选择体现了崇高理想和坚定信念。理想是精神上强壮的钙，理想摇摆抑或缺失将导致精神上"缺钙"，这就会得"软骨病"。树立远大志向和崇高理想必将激励、鼓舞青年，进而形成人生发展的内在动力，推动青年创造美好生活。

其次，我们要坚定实现强国富民的理想。强国富民是党和国家永恒的追求，为青年个人职业的选择奠定了物质基础和外部保障，国家社会竭尽所能提供更优质教育资源、更充分就业机会、更完善社会保障，在政策上为青年提供支持和鼓励，在技术上为青年提供测评和咨询，让青年追逐梦想的道路更为平坦，无后顾之忧。强国富民梦的实现为青年提供更为公平公正的就业环境，更利于人才的培养和使用，滋养孕育青年良好的社会心态。

再次，我们要承担民族文化复兴使命。传承马克思的职业感召，特别是天下为公的情怀，确立为全人类幸福献身的大格局、宽视野。宣扬青年马克思的职业理想情怀有利于敦化民风、涵养民德，培育民族文化新风尚，对青年的健康成长具有正面引导作用，使其肩负起民族文化复兴的使命，续写新时代民族文化薪火相传的新篇章。

最后，我们要投身新时代中国特色社会主义事业。只有将个人目标和社会价值有机统一，青年才能够在社会上大有作为。"得其大者可以兼其小"，青年不要忘记对他人的义务和责任，有力量设计自己人生的同时也要帮助他人，追求自身至善至美。

制定切合自身实际的职业规划

职业选择是青年面对的重要问题。在职业选择中应该坚持什么样的价值导向？17 岁的马克思在《青年在选择职业时的考虑》中写道："在选择职业时，我们应该遵循的主要指针是人类的幸福和我们自身的完美。不应认为，这两种利益会彼此敌对、互相冲突，一种利益必定消灭另一种利益；相反，人的本性是这样的：人只有为同时代人的完美、为他们的幸福而工作，自己才能达到完美。""如果我们选择了最能为人类而工作的职业，那么，重担就不能把我们压倒，因为这是为大家作出的牺牲；那时我们所享受的就不是可怜的、有限的、自私的乐趣，我们的幸福将属于千百万人，我们的事业将悄然无声地存在下去，但是它会永远发挥作用，而面对我们的骨灰，高尚的人们将洒下热泪。"[①]

青年时期立下远大志向、远大理想，将奠定一个人不平凡的一生。《青年在选择职业时的考虑》一文，以号召性口吻对青年寄予深情的关切，在职业选择上富有逻辑的思辨，情真意切地表达了崇高的职业理想。

---

① 《马克思恩格斯全集》第 1 卷，人民出版社 1995 年版，第 459、459 —460 页。

为了实现理想，每一位青年都应该制定切合自身实际的职业规划。关于职业规划，有"四择"的方法可供广大青年学习参考。

第一是择世所需。社会对于青年职业的需求不断演化着，旧的职业需求逐渐消失，新的职业需求不断产生。所以，青年在进行自己的职业规划时，一定要紧跟时代步伐，分清社会需求，有的放矢，顺势而为，才能更加主动地创造人生。最重要的是，目光要长远，能够准确预测未来职业发展方向，再作出恰当的选择。

第二是择己所爱。从事一项自己所喜欢的工作，工作本身就能给人一种满足感，你的职业规划也会从此变得妙趣横生。兴趣是最好的老师，是成功之母。调查表明，兴趣与成功概率有着明显的正相关。青年人在进行自己的职业规划时，务必要考虑自己的特点，珍惜自己的兴趣，择己所爱，选择自己所喜欢、所饱含热忱的职业。

第三是择己所长。任何职业都要求从业者掌握一定的技能，具备一定的能力条件，而一个人一生中不可能将所有的技能全部掌握或穷尽。所以青年在进行职业规划时，必须择己所长，从而有利于发挥自己的优势。在进行职业规划时运用比较优势原理充分分析别人与自己的长处，尽量选择冲突较少的优势行业。

第四是择己所利。这里的"利"不仅仅是单纯的物质私利。职业是个人谋生的手段，其目的在于追求个人的幸福。所以，青年在择业时，也要考虑自己的预期收益，努力让自己的幸福最大化。既有物质方面的激励，又有精神领域的鼓励，从而使自己的职业生涯更加幸福和明朗。

在理想的指引下，新时代青年不妨学习"四择"方法，制定切合自身实际的职业规划，把理想分为具体的实现步骤，一步一步朝着理想的目标日拱一卒、踏实迈进。

名言金句

每个人眼前都有一个目标，这个目标至少在他本人看来是伟大的。

——马克思

一个人没有理想，生活就没有重心，就缺少朝气。为自己建立一个正确的目标，朝着这个目标去努力追求，生活自然就会充实而有意义。

——罗兰

即使有一天，这个世界上没有了我，我也仍然衷心地相信：共产主义的理想必然胜利！一定会有更多更多觉醒了的人为它战斗！

——欧阳海

革命理想，不是可有可无的点缀品，而是一个人生命的动力，有了理想，就等于有了灵魂。

——吴运铎

生活的理想，就是为了理想的生活。

——张闻天

不经风雨，长不成大树；不受百炼，难以成钢。迎着困难前进，这也是我们革命青年成长的必经之路。有理想有出息的青年人必定是乐于吃苦的人。

——雷锋

理想是需要的，它可以为我们指出前进的方向，但是理想必须从现实的努力奋斗中才能实现。

——周恩来

吾人不可无高尚之理想，而又当以坚忍之力向之，日新又新，务实现之而后已，斯则对于理想之责任也。

——蔡元培

希望是附丽于存在的，有存在，便有希望，有希望，便有光明。

——鲁迅

一个人为着一个伟大的理想而活着，战斗着，他就会成为一个崇高的人。

——张华

第三篇

信念坚定

习近平总书记要求，新时代的广大共青团员"要做理想远大、信念坚定的模范"。青年是民族复兴和国家发展的根脉所在，只有根扎得深、扎得稳，树木才能枝繁叶茂。越是在中华民族伟大复兴的关键时期，越需要广大青年树立坚定信念。

一、心有所信，方能远行

青年理想远大、信念坚定，是一个国家、一个民族无坚不摧的前进动力。对青年个人而言，信念坚定具有突破自我束缚、提高自我意志力的作用，还能发挥助人走出困境、奔向美好生活的作用。实现美好生活，历来充满坎坷、荆棘，只有坚定信念，披荆斩棘，义无反顾，风雨前行，才能排除万难，走出困境，才会到达平坦之路并收获美满。

信念到底是什么

对青年信念的考察既是对百年前革命先驱的回望，也是对当代青年信念现实情况的反思。信念的选择和确立不仅关系到对马克思主义信念的培育与引导，也关系到对我国传统文化积淀的反观和吸纳。

信念，是一种坚定不移的确信与信任，是一个人干事创业的动力，是造就人生奇迹的伟大力量。信念作为一种深刻的精神活动和整个人类文明的终极关怀，一直以来是哲学、宗教学等领域讨论的话题。信念有着诸多的特征，我们可以说信念具有神圣性、自觉性、情感性、力量性、导引性、支柱性、独特性、多层次性、复杂性等特征。从本质上来说，信念的特征有三个：一是超越现实，指向未来；二是超越个体，指向高远；三是具有专一性，一个人很难同时有两个不同的信念。

当代青年所需要确立的对于党的科学理论、对于中国特色社会主义道路的信念，既包括了马克思所设想的未来理想社会的情感因素，更包含了马克思主义的理性基础和科学规律。这种信念不仅深达每个个体内心深处，也会在国家层面产生深远的影响。

青年信念的树立是一个动态的过程，我们可以从每个作为个体的人所处的特殊人生阶段自我追问、自我找寻的角度去探索发现信念生成的秘密。这种自我追问、自我找寻既受自己内部世界的支配，也受外部环境的影响。

概而言之，青年这种自我探索的过程就是不断自我追问和自我找寻的过程，并在这一过程中逐渐摆脱迷惘，坚定信念。

本源信念及其魅力

新时代中国青年信念的本源在于马克思主义信念。马克思主义信念是将马克思主义的基本原理、蕴含的价值和终极理想作为自己的行动准则和奋斗目标并付诸行动的一种理想信念体系。马克思主义理想信念的核心内容是共产主义。

在《共产党宣言》中，马克思、恩格斯指出："过去的一切运动都是少数人的，或者为少数人谋利益的运动。无产阶级的运动是绝大多数人的，为绝大多数人谋利益的独立的运动。"[①]"人类解放"是马克思主义者崇高的科学的理想信念追求。马克思主义既是信念又是科学，因其是科学，对于一切拥护马克思主义的人来说，便把马克思主义作为了自己的行为原则、理想追求和价值目标，马克思主义便成了信念。

中国共产党主导的以马克思主义为指导的马克思主义信念在中国的形成和确立，符合历史规律和中国人民的心理需求。无论是传统的中国还是当下的中国，其社会结构都是理想和现实合一的一元化的

---

① 《共产党宣言》，人民出版社 2018 年版，第 39 页。

社会结构。这就决定了中国需要一种既符合中国以实用理性和平民化为特征的传统信念的心理结构，又符合以科学的世界观为根本的反映大多数人意志的政治信念，这种理想信念是社会发展规律的正确反映。

马克思主义信念以共产主义理想为最高追求，设想将建立"这样一个联合体，在那里，每个人的自由发展是一切人的自由发展的条件"①，这种社会形式是"以每一个个人的全面而自由的发展为基本原则的社会形式"②，"每一个个人的全面而自由的发展""自由人联合体"是马克思主义信念的最高追求和价值目标。

百年来，马克思主义不仅彻底改变了中国的命运，开创了崭新的中国道路，更以其所指引的无产阶级革命和社会主义运动而对世界的变化产生了巨大的影响。看一种理论有没有生命力，要看它有没有生存和发展的实践土壤，要看实践对它有没有客观的需求。简单说，就是要看它对实践有没有用、管不管用。循此思路，我们来看21世纪的马克思主义为什么会具有鲜活生命力和持续影响力这一问题，就很容易找到答案了。因为，马克思主义就是让劳动者获得自由和解放，让最广大的人民群众过上好日子的理论。

国家富强、民族振兴、人民幸福，是中国人民的不懈追求，也是全世界劳动人民的奋斗目标。只要人类的追求和目标没有改变，马克思主义就永远不会过时。不管世界如何风云变幻，人类历史的发展大势无论如何也改变不了，人类社会最终要朝着马克思指引的方向前行。这就是世界各国人民呼唤马克思主义的根本原因。

正是在这一意义上，英国学者伊格尔顿在《马克思为什么是对的》一书中说："只要资本主义制度还存在一天，马克思主义就不会消亡。只有在资本主义结束之后，马克思主义才会退出历史的舞

---

① 《共产党宣言》，人民出版社2018年版，第51页。
② 《马克思恩格斯选集》第2卷，人民出版社2012年版，第267页。

台。"不仅是在中国，在西方发达资本主义国家，马克思主义也表现出了强大的生命力和持续的影响力。这种生命力和影响力同样根源于马克思主义对当今世界时代问题的正确回答，根源于马克思主义对现存资本主义社会的科学分析，根源于马克思主义对人民群众利益的关切和维护。这就是马克思主义无论受到怎么样的打压和钳制，仍然在西方民间和学术界具有强大的生命力和感召力的奥秘所在。

综上所述，马克思主义的真正生命力就在于它找到了以无产阶级为代表的最广大的人民群众这一强大的"物质武器"，就在于它是一门研究如何为最广大的人民谋利益的学问。因此，今天做一个真正的马克思主义者，最核心和最根本的问题就是如何真正做到像习近平总书记所说的那样"以人民为中心"，把老百姓真正放到心上，切实实现好、维护好、发展好最广大人民根本利益。2022 年 10 月 16 日，习近平总书记在党的二十大报告中指出："人民性是马克思主义的本质属性，党的理论是来自人民、为了人民、造福人民的理论，人民的创造性实践是理论创新的不竭源泉。一切脱离人民的理论都是苍白无力的，一切不为人民造福的理论都是没有生命力的。"唯其如此，21世纪马克思主义就一定会在中国焕发出无限蓬勃的生机，中国特色社会主义的伟大事业就一定能够兴旺发达。

马克思的贡献是极其巨大的，他发现了隐藏在历史表象之下的、之前未被发现的深层次现实，他发现了资本主义这一历史阶段背后的现实。马克思首创的是一种考察模式，用以研究隐蔽的真实，我们称这种模式为社会分析方法。马克思的见解和方法结合在一起永远地改变了人们感知现实的方式。

马克思是一个伟大的人，一个魅力十足的人，一个深谋远虑的思想家。"质疑一切"的马克思所创立的思想，会让我们深深感受到他对社会革命的热情、无所畏惧的精神、永不满足的动力和不断前进的活力，"感觉读了马克思，自己变得聪明了"。

值得注意的是，马克思所述所著，并不是看一眼就懂的学问，我们身边的大多数人时常谈论它，却很少认真深入阅读理解它。"非有志者不能至也。有志矣，不随以止也，然力不足者，亦不能至也。有志与力，而又不随以怠，至于幽暗昏惑而无物以相之，亦不能至也。"①青年朋友或许一时难以理解与把握马克思主义理论。一个较好的方法，就是我们可以凭直觉来阅读马克思，伴随阅读的深入、阅历的增长与师长的帮助，渐次深刻理解、感悟与实践。

二、新时代青年要坚信什么

当今时代的发展变化和社会变迁的剧烈程度，已远远超出了100多年前马克思所能想象的范畴，但马克思主义依然穿越时空散发着不朽的光芒。在人类历史上，从来没有哪一种思想理论能够像马克思主义那样具有如此强大的魅力与威力。新时代中国青年对马克思主义的坚定信念就在于对党的科学理论的坚定信念中，就在于对党的领导的坚定信念中，就在于对中国特色社会主义道路的坚定信念中，就在于对中华民族伟大复兴的坚定信念中。

对党的科学理论的坚定信念

青年毛泽东受到俄国十月革命以及陈独秀、李大钊等人的影响，彻底从无政府主义信念转变为了马克思主义信念。毛泽东在回忆这一段经历时，深有感触地说："我热心地搜寻那时候能找到的为数

---

① 罗安宪主编：《宋代文选》，人民出版社2017年版，第31页。

不多的用中文写的共产主义书籍。有三本书特别深地铭刻在我的心中，建立起我对马克思主义的信仰。我一旦接受了马克思主义是对历史的正确解释以后，我对马克思主义的信仰就没有动摇过。这三本书是：《共产党宣言》，陈望道译，这是用中文出版的第一本马克思主义的书；《阶级斗争》，考茨基著；《社会主义史》，柯卡普著。到了 1920 年夏天，在理论上，而且在某种程度的行动上，我已成为一个马克思主义者了，而且从此我也认为自己是一个马克思主义者了。"①"《共产党宣言》，我看了不下一百遍，遇到问题，我就翻阅马克思的《共产党宣言》，有时只阅读一两段，有时全篇都读，每读一次，我都有新的启发。"②

周恩来是不忘初心、坚定信念的楷模。他常把《共产党宣言》当作"贴身伙伴"。青年周恩来在求学时就怀有"为中华之崛起而读书""大江歌罢掉头东，邃密群科济世穷。面壁十年图破壁，不酬蹈海亦英雄"③ 等立志救国的志向。在确立自己的马克思主义信念时，周恩来说，"我认的主义一定是不变了，并且很坚决地要为他宣传奔走"④，"在任何艰难困苦的情况下，都要以誓死不变的精神为共产主义奋斗到底"⑤。周恩来一生始终保持着坚定的信念和旺盛的革命精神，他曾说做工作"我从来没有灰心过"，"从来没有灰心过"的力量支撑便是强大而坚定的信念。

邓小平说："我的入门老师是《共产党宣言》和《共产主义ABC》。"⑥ 刘少奇曾回忆，他把《共产党宣言》看了又看，看了好几

---

① ［美］埃德加·斯诺：《西行漫记》，董乐山译，东方出版社 2010 年版，第 147 页。
② 转引自人民日报评论部：《习近平讲故事》，人民出版社 2017 年版，第 126 页。
③ 《周恩来早期文集》（1921 年 10 月—1924 年 6 月）上卷，中央文献出版社、南开大学出版社 1998 年版，第 300 页。
④ 《周恩来早期文集》（1921 年 10 月—1924 年 6 月）下卷，中央文献出版社、南开大学出版社 1998 年版，第 453 页。
⑤ 中共中央文献研究室编：《周恩来年谱（1898 —1949）》（修订本），中央文献出版社 1998 年版，第 573 页。
⑥ 《邓小平文选》第 3 卷，人民出版社 1993 年版，第 382 页。

遍，从这本书中了解共产党是干什么的，是怎样的一个党，自己准不准备献身于这个党所从事的事业，经过一段时间的深思熟虑，最后决定参加共产党，准备献身于党的事业。①

刘少奇在确立自己的马克思主义信念过程中说，"一个人，特别是一个党员，为了党，为了社会进化与人类解放，为了千百万劳苦大众的共同长远的利益而奋斗到底，直至终身，甚至牺牲自己的生命，是最值得"②，"一个共产党员，在任何情况下，能够不能够把自己个人的利益绝对地无条件地服从党的利益，是考验这个党员是否忠于党、忠于革命和共产主义事业的标准"③，"一个革命者，生为革命，死也永远为共产主义事业，一心不变"④。

朱德历经旧民主主义的失败，心底彻底深刻认识到只有马克思主义才能解决中国的问题，并最终确立了马克思主义理想信念，"革命到底""全党团结紧，险峰敢登攀"是朱德内心最坚定的声音。

陈云无论顺境还是逆境，都始终坚守马克思主义信念不动摇，在确立自己的马克思主义信念时，陈云说，"此身已非昔比，今后不是做'成家立业'的一套，而要专干革命"⑤，"一个愿意献身共产主义事业的共产党员，不仅应该为党在各个时期的具体任务而奋斗，而且应该确定自己为共产主义的实现而奋斗到底的革命的人生观"⑥。陈云对自己选择的马克思主义信念始终怀有奋斗奉献的精神，并为此笃定终生。

虽然所处时空不同，但当代青年在阅读党的科学理论经典著作

① 转引自《刘少奇传（1898—1969）》（上），中央文献出版社 2008 年版，第 32—33 页。
② 中共中央文献研究室、中共中央党校编：《刘少奇论党的建设》，中央文献出版社 1991 年版，第 215—216 页。
③ 刘少奇：《论共产党员的修养》，人民出版社 2018 年版，第 59 页。
④ 中共中央文献研究室编：《刘少奇传（1898—1969）》（下），中央文献出版社 2008 年版，第 971 页。
⑤ 转引自中共中央文献研究室编：《陈云传》（上），中央文献出版社 2005 年版，第 36 页。
⑥ 《陈云文选》第 1 卷，人民出版社 1995 年版，第 137 页。

时都会感到激动和震撼。一个民族要走在时代前列，就一刻不能没有理论思维，一刻不能没有思想指引。回望党的百年奋斗历程，我们党坚持解放思想和实事求是相统一、培元固本和守正创新相统一，不断开辟马克思主义新境界，创立了毛泽东思想、邓小平理论，形成了"三个代表"重要思想、科学发展观。党的十八大以来，以习近平同志为主要代表的中国共产党人，坚持把马克思主义基本原理同中国具体实际相结合、同中华优秀传统文化相结合，科学回答了新时代坚持和发展什么样的中国特色社会主义、怎样坚持和发展中国特色社会主义等重大时代课题，创立了习近平新时代中国特色社会主义思想。

对党的领导的坚定信念

中国共产党的领导地位不是自封的，而是历史的选择、人民的选择。一百年来，中国共产党在应对各种风险挑战的历史进程中始终成为全国人民的主心骨，不断证明着历史和人民选择的正确性。习近平总书记强调："要深刻领悟坚持中国共产党领导的历史必然性，坚定对党的领导的自信。"[①]坚持中国共产党领导之所以具有历史必然性，是与我们党的先进性和纯洁性紧密相关的。正是因为具有诸多体现先进性和纯洁性的特质，中国共产党不断经受住历史的考验、人民的检验，广大青年对党的领导的信念日益坚定。

一个有远见的民族，总是把关注的目光投向青年；一个有远见的政党，总是把组织的基础植根于青年。一百年来，我们党始终高度重视青年、关怀青年、信任青年，始终代表广大青年、赢得广大青年、依靠广大青年，团结带领一代又一代青年为实现中华民族伟大复兴的中国梦接续奋斗，推动中国青年运动始终与国家同呼吸、与人民共命运、与时代齐奋进，书写了百年党史中闪光的青春篇章。

---

① 《习近平在福建考察时强调　在服务和融入新发展格局上展现更大作为　奋力谱写全面建设社会主义现代化国家福建篇章》，《人民日报》2021年3月26日。

中国共产党在成立初期就强调:"青年运动是共产主义运动中一部分重要的工作,因共产党是这一般共产主义运动的总指挥,青年运动必须在共产党指导之下,是无疑的。"①一百年来,我们党始终从确保党的事业薪火相传、确保中华民族永续发展的战略高度看待青年工作,以崇高初心使命感召青年,以科学思想理论武装青年,以不懈奋斗精神激励青年,以广阔事业舞台成就青年,把一代又一代青年团结凝聚在党的旗帜下,为党和国家事业发展作出了重要贡献。

党的十八大以来,在以习近平同志为核心的党中央坚强领导下,党和国家事业取得了历史性成就、发生了历史性变革,推动中国特色社会主义进入了新时代。新时代十年,我们经历了具有重大现实意义和深远历史意义的三件大事,其中的一件大事就是完成脱贫攻坚、全面建成小康社会的历史任务,实现第一个百年奋斗目标。现在,我们正意气风发迈上全面建设社会主义现代化国家新征程,向第二个百年奋斗目标进军,新征程是充满光荣和梦想的远征,中国青年以更加开放的心态、更加昂扬的斗志,信心百倍地投身于为实现中华民族伟大复兴中国梦而奋斗的时代洪流之中。从培育践行社会主义核心价值观,到青年大学习;从科技攻坚,到精准脱贫;从"创青春",到"筑梦计划";从"一带一路"建设,到新冠肺炎疫情防控,当代青年以"奋斗的青春最美丽"为行动理念,在各行业各领域,练就过硬本领,放飞青春梦想,在青春赛道上奋力跑出最好成绩,展现了新时代中国青年奋发进取的精神风貌,成为可靠的生力军和突击队。

对中国特色社会主义道路的坚定信念

在庆祝中国共产主义青年团成立 100 周年前夕,国务院新闻办公室发布我国首次专门就青年群体的《新时代的中国青年》(白皮

---

① 中共中央文献研究室、中央档案馆编:《建党以来重要文献选编(1921—1949)》第 2 册,中央文献出版社 2011 年版,第 245 页。

书），全面介绍了新时代党和政府为青年发展创造的良好条件、取得的巨大成就，充分展现了新时代中国青年奋进新征程、建功新时代的青春担当，也反映了新时代中国青年对中国特色社会主义道路的坚定信念。

党的十八大以来，面对当今世界百年未有之大变局，习近平总书记从实现中华民族伟大复兴和我国社会主义事业长久发展的历史高度，科学阐释并详细论述了新时代中国共产党青年工作的根本方向、历史规律和基本经验。在以习近平同志为核心的党中央坚强领导下，党的青年事业、青年工作和共青团改革都实现了全方位进步，取得了历史性成就。中国青年朝气蓬勃、自信奋进的精神风貌充分证明，坚持马克思主义青年观、党管青年原则、青年优先发展理念是完全正确的，中国共产党领导和社会主义制度是中国青年发展取得历史性成就的根本原因，也是继续发展的根本保障。"历史不外是各个世代的依次交替"①，一个国家和民族社会历史的发展与进步，正是在各个世代的依次交替中、在一代又一代人的传承和接力中实现的。当代中国青年正是与新时代同向同行的一代。

与新时代同向同行的中国青年身处"中华民族发展的最好时期"的成长环境。每一代青年都有自己的际遇和机缘，都要在自己所处的时代条件下谋划人生、创造历史。新时代的中国青年，受教育机会更加均等、职业选择丰富多元、发展流动畅通自由，拥有更充分的发展条件、更多人生出彩的机会、更全面的保障支持、更广阔的成长空间，正迎来建功立业的难得人生际遇。

2017 年 4 月，中共中央、国务院制定出台新中国历史上第一个国家级青年领域专项规划——《中长期青年发展规划（2016 —2025年）》，为新时代中国青年发展提供根本政策指引。2022 年 4 月，中央宣传部、国家发展改革委、共青团中央等 17 部门联合印发《关于

---

① 《马克思恩格斯选集》第 1 卷，人民出版社 2012 年版，第 168 页。

开展青年发展型城市建设试点的意见》，开展青年发展型城市建设试点，促进青年高质量发展，让城市对青年更友好，让青年在城市更有为。越来越多的青年树立大志、把握大势、植根人民，把实现个人理想与国家前途命运有机结合，在时代大潮中建功立业。

对中华民族伟大复兴的坚定信念

新时代的中国青年正经历"当惊世界殊"的中华民族伟大复兴。未来属于青年，希望寄予青年。百年拼搏，百年奋斗，我们党取得的所有成就都凝聚着青年的热情和奉献。新时代中国青年理想信念更为坚定、身心素质向好向强、知识素养不断提升、社会参与积极主动，在奋斗中锤炼本领、在磨砺中增长才干，显现出堪当民族复兴重任的能力素养。

中华民族伟大复兴绝不是轻轻松松、敲锣打鼓就能实现的，也绝不是一马平川、朝夕之间就能到达的。

新时代中国青年在各自岗位上奋斗奉献、在急难险重任务中冲锋在前、在基层一线经受磨砺、在创新创业中走在前列、在社会文明建设中引风气之先，展现出不怕苦、不畏难的青春风采。新时代中国青年不畏难、不惧苦，危难之中显精神，关键时刻见真章，总能够在祖国和人民需要的时候挺身而出，自觉扛起责任，无私奉献，无畏向前，彰显青年一代应有的闯劲、锐气和担当。在花样的年纪，新时代中国青年奋战在最需要他们的地方，拼搏在前、奉献在前。在应对新冠肺炎疫情的防控中，广大青年起到主力军的作用。新冠肺炎疫情发生以来，32 万余支青年突击队、550 余万名青年奋战在医疗救护、交通物流、项目建设等抗疫一线。[①] 在乡村振兴的主战场，闪现着无数青年的身影，有脚踩泥土的基层村官，有坚守扶贫扶志的乡村教师，有

---

① 中华人民共和国国务院新闻办公室：《新时代的中国青年》（白皮书），《人民日报》2022 年 4 月 22 日。

坚守生命至上的赤脚医生，有返乡创业的有志青年，他们察实情、出实招、讲实话、办实事，新时代青年的青春之花绚丽绽放着。

随着全球化、信息化的深入，国家与国家、国家与国际组织之间的交往越来越频繁。当今中国已成为世界第二大经济体，在国际事务中的影响力越来越大，伴随着全方位的崛起，中国日益走近世界舞台的中央。青年群体作为国家与国家、国家与国际组织间交往的关键主体，思维前卫、视野开阔的特征让他们日益成为中国在国际舞台交流交往、展现形象的重要生力军。

当前，世界之变、时代之变、历史之变正以前所未有的方式展开，新时代中国青年，既有家国情怀，也有人类关怀，坚定信心、激流勇进。随着中国对外开放的大门越开越大，新时代中国青年"走出去"的道路越来越宽、沟通合作的"朋友圈"越来越大，正以前所未有的深度和广度认识世界、融入世界，在对外交流合作中更加理性包容、自信自强。新时代中国青年与世界青年一同在心与心的交流对话中汇聚青春共识、在手拉手并肩前行中绘就美好图景，展现出构建人类命运共同体的广阔眼光。

三、心中有信仰，脚下有力量

信念的坚定不是一蹴而就的，而是需要不断锤打磨炼。青年一代要在认真学习党的科学理论中坚定信念，在学习百年党史的过程中坚定信念，在社会观察和思辨对比中坚定信念，在亲身实践中坚定信念。

在认真学习党的科学理论中坚定信念

2021 年 4 月 19 日，习近平总书记在清华大学考察时指出："当代中国青年是与新时代同向同行、共同前进的一代，生逢盛世，肩负重任。""生逢盛世，肩负重任"指的是中国特色社会主义进入新时代，已经全面建成小康社会，实现了第一个百年奋斗目标，2021 年是中国共产党成立 100 周年，我国又开启了全面建设社会主义现代化国家新征程。新时代青年面临的大局和大势就是中华民族伟大复兴战略全局和世界百年未有之大变局。面对"两个大局"，新时代的青年应如何肩负重任？

首先，最为重要的就是在认真学习党的科学理论中坚定信念。2020 年 6 月 27 日，习近平总书记在给复旦大学青年师生党员回信中强调："心有所信，方能行远。面向未来，走好新时代的长征路，我们更需要坚定理想信念、矢志拼搏奋斗。"

孩童和少年的世界总是纯洁天真、诚实单纯的；青年的时代，大都富含朝气、胸怀坦荡；中年的时代，人生路千差万别。从孩童和少年时代迈入青年时代，以及从青年时代迈入中年时代这一大段时光，青年开始关注自身，开启一个探索自我的心路历程。在这个心路历程中，青年自身信念的树立至关重要，这不仅源于青年自身对世界的自我探索，也基于他们所处的时代背景。这种心路历程的探索是艰辛而又幸福的，假如这个阶段的青年人没有找到自己的信念，就等于蜜没有甜味，花没有香气。

新时代的青年要专心致志、原原本本地学习党的科学理论。中华民族实现伟大复兴，一刻也不能没有理论的指引。党的科学理论始终是我们党和国家的指导思想，是我们认识世界、把握规律、追求真理、改造世界的强大思想武器。青年是实现中华民族伟大复兴中国梦的生力军，只有牢牢掌握科学理论才能正确把握前进方向。

当代青年必须对党的科学理论熟读精思、学深悟透，深化对党的科学理论科学性、真理性、人民性、实践性、开放性、时代性的认识，坚定走中国特色社会主义道路。当代青年要深刻理解党的科学理论的崇高精神和光辉思想，不能蜻蜓点水、浅尝辄止、不求甚解，而要如饥似渴、带着问题学、联系实际学，真正把党的科学理论学精悟透用好。

新时代的青年要虔诚执着、至高深厚地信仰党的科学理论。心中有信仰，脚下有力量。中国共产党是用马克思主义武装起来的政党，马克思主义是中国共产党人理想信念的灵魂。当代青年，唯有坚定信仰党的科学理论，"博学之，审问之，慎思之，明辨之，笃行之"，才能真正坚持人民立场，才能真正掌握正确的价值观这把人生"总钥匙"，才能真正扣好人生的第一粒扣子。

时间飞逝，如白驹过隙，每一代青年都有自己的际遇和机缘，新时代青年既是第一个百年的经历者，又将是第二个百年的建设者。新时代青年要博学切问、知行合一，克服"本领恐慌""知识脱节"，努力学习习近平新时代中国特色社会主义思想，牢记伟大时代使命，获得真学问，练就真本领，努力成为社会主义事业的可靠接班人。

在学习百年党史的过程中坚定信念

一百年来，党领导人民浴血奋战、百折不挠，创造了新民主主义革命的伟大成就；自力更生、发愤图强，创造了社会主义革命和建设的伟大成就；解放思想、锐意进取，创造了改革开放和社会主义现代化建设的伟大成就；自信自强、守正创新，创造了新时代中国特色社会主义的伟大成就。

党和人民百年奋斗的每个阶段，都有先进青年冲锋在前的青春身影。自五四运动开启新民主主义革命以来，大批先进青年走在传播马克思主义科学理论的前沿，推动建立了中国共产党，从那以后，越来越多的青年以党的旗帜为方向、以党的意志为意志，在中国共产党坚强领导下与全国各族人民团结一心，在艰辛困苦之中开辟了农村包围城市、武装夺取政权的革命道路，又在苏维埃政权遭受反革命疯狂围堵中取得了万里长征的伟大胜利，进而打败穷凶极恶的日本侵略者实现民族独立、战胜国民党反动派获得全国解放、将美帝国主义赶到三八线以南奠定大国地位。社会主义革命和建设时期，广大青年听党话、跟党走，与党和人民团结成"一块坚硬的钢铁"，完成社会主义革命，消灭一切剥削制度，实现了中华民族有史以来最为广泛而深刻的社会变革，实现了一穷二白、人口众多的东方大国大步迈进社会主义社会的伟大飞跃。在改革开放和社会主义现代化建设新时期，广大青年弘扬以爱国主义为核心的民族精神和以改革创新为核心的时代精神，为推动我国取得从生产力相对落后的状况到经济总量跃居世界第二的历史性突破，实现人民生活从温饱不足到总体小康进而奔向全面小康的历史性跨越，推进中华民族从站起来、富起来到强起来的伟大飞跃，注入了青春朝气、凝聚了青春力量、赋予了创新精神。

进入新时代，广大青年更加紧密地团结在以习近平同志为核心的党中央周围，始终牢记习近平总书记的谆谆教导和殷殷嘱托，在脱贫攻坚战场摸爬滚打，在科技攻关岗位奋力攀登，在抢险救灾前线冲锋陷阵，在疫情防控一线披甲出征，在奥运竞技赛场奋勇争先，在保卫祖国哨位威武守护，在党和人民最需要的时刻冲得出来、顶得上去，展现出自信自强、刚健有为的精神风貌，取得了"让党放心、让人民满意"的好成绩。

过去一百年，一代代青年在党的领导下向人民、向历史交出了一份优异的青春答卷。当前，实现第二个百年奋斗目标的号角已经吹响，党团结带领中国人民又踏上了新的征程。时代是出卷人，我们是答卷人，人民是阅卷人。当代青年一定要向百年党史中的一代代杰出青年学习，不断增强历史自觉和历史主动，把"接力推进实现中华民族伟大复兴"作为自己的使命担当，以更加昂扬的姿态喊出"请党放心、强国有我"的青春誓言，发出内心"清澈的爱，只为中国"的最强音，在中华民族伟大复兴的壮阔征程中书写精彩篇章。

一百年来，党领导人民进行伟大奋斗，在进取中突破，于挫折中奋起，从总结中提高，积累了"坚持党的领导、坚持人民至上、坚持理论创新、坚持独立自主、坚持中国道路、坚持胸怀天下、坚持开拓创新、坚持敢于斗争、坚持统一战线、坚持自我革命"等十个方面的宝贵历史经验。这十条经验是中国共产党把马克思主义基本原理同中国具体实际相结合、同中华优秀传统文化相结合，团结带领全国各族人民历经百年奋斗的结晶，总结了党从弱小走向强大、从幼稚走向成熟、从点燃革命的星星之火到夺取全国政权的根本原因，总结了中国共产党永葆先进性纯洁性、永葆青春活力，不忘初心使命，团结带领中国人民争取民族独立、人民解放和实现国家富强、人民幸福的胜利之道，彰显了我们党作为马克思主义执政党胸怀世界、不遗余力推进人类和平与发展的崇高事业的天下情怀，彰显了中国共产党和中国人民"不但善于破坏一个旧世界、也善于建设一个新世界"的革命精神、革新使命、历史自觉，雄辩地证明了"只有社会主义才能救中国，只有社会主义才能发展中国"是中国共产党和中国人民在百年奋斗的实践中总结出的颠扑不破的真理。

新时代青年是中国特色社会主义事业的建设者，肩负着推进国家富强、推动民族复兴、实现人民幸福的家国责任，也承担着推动建设人类命运共同体、推进实现共产主义远大理想的世界历史使命，广大青年加强思想理论武装的重要性、必要性、必然性都是不言而喻的。

要巩固拓展党史学习教育成果。广大青年要以更强力度重视和加强党史学习和党史教育，深刻洞察中国共产党百年来能够持续奋斗并取得重大成就的根本原因、重要因素和成功做法，原原本本继承中国共产党人善于总结历史、善于向历史学习的优良传统，进而激发钻透马克思主义科学理论逻辑、锤炼马克思主义科学世界观和方法论、做合格的马克思主义者的远大志向。从党史发展逻辑中深刻认识到党百年奋斗积累的十条经验是无比宝贵的精神财富，并结合实践不断努力探索，全面领悟十条经验的历史逻辑、理论逻辑、实践逻辑，从中获得走向未来的启迪和智慧，不断提炼战胜艰难险阻和严峻考验的制胜之道。

在社会观察和思辨对比中坚定信念

多样化社会思潮的涌现，呈现出多元共生的格局，青年的价值观也随之出现多元价值并存的局面。主导信念的缺失使青年的价值选择容易受到社会思潮的影响，价值追求陷入迷茫、徘徊的困境。随着社会生活的急剧变化和人们思想价值观的快速流变，青年群体在独自经受价值考验时面临着两难的境地：一方面，一部分青年在日常生活的娱乐化和虚无化中产生了价值观的迷茫；另一方面，一些青年在社会思潮的裂变与转型中发生了价值观的激变。

坚定信念，用信念感召行动，才会让涉世未深、社会经验不足的青年一代在纷繁物质诱惑、多元文化侵袭中保持清醒和明辨，才不会迷失成长成才的方向。

坚定信念的一个关键环节是在社会观察和思辨对比中明辨是非。明辨是青年一代必须树立和养成的思维，能否做到明辨，不仅影响个人的成长，对于整个国家社会思潮的动向也起着重要作用。明辨是正确的世界观、人生观、价值观的重要内容。用中国传统的体用观念来解释，"三观"是体，是非观念则是"三观"基础上的价值判断。同时，明辨是非也不等于简单地判断对错，正如朱熹所说："凡事皆用审个是非，择其是而行之。"是非不是绝对的、机械的，要因事而论、因时而动，其判断结果要能够有效指导实践。

学，是明辨的基础；思，是明辨的过程；践，是明辨的方法；

行，是明辨的深化。做好了明辨这门功课，青年人就能始终保持清醒的头脑、坚定的立场和矢志不渝的信念。通过明辨，既要明了是非，也要指导行为和实践。中国传统文化很重视社会观察对于知识的重要性。所谓"知行合一"，"读万卷书，行万里路"，"不闻不若闻之，闻之不若见之，见之不若知之，知之不若行之"，丰富的社会观察反过来也能提升人们明辨的能力。

因此，青年一代要自觉践行社会主义核心价值观，通过创新社会实践形式，积极走出课堂、走出书斋、走出校门，立足所学，脚踏实地，在社会观察中明辨是非，进一步坚定信念。

思辨对比也是坚定信念的重要方式。以抗击新冠肺炎疫情为例，新冠肺炎疫情发生以来，从国内到国外、从线上到线下，各类言论充斥着人们的生活。不管是国际还是国内，话语权的"攻守势易"从来都不是自然而然的过程，而是在不断斗争中建构的结果。国际国内的复杂舆论场越是波涛汹涌，青年一代越是要明辨是非、清醒镇定。青年一代必须对意识形态和舆论传播战场中有关疫情的"噪音""杂音"进行充分的鉴别与辨别，才能真正了解"中国之治"与"西方之乱"背后的制度根源对比，进而坚定信念。

在亲身实践中坚定信念

人生的道路要靠自己来选择，如何选择一条正确的道路，关键是要有坚定的理想信念。否则，环境再好照样会走错路。习近平总书记将理想信念比作青年人的胜利之"钥"、精神之"钙"，比作思想的"总开关"。对于如何坚定信念，习近平总书记要求："必须建立在对马克思主义的深刻理解之上。"[①] 历史的发源地不是在"天上的云雾"，而是在"尘世的粗糙的物质生产中"。习近平总书记从科学的

---

① 习近平：《在庆祝中国共产党成立 95 周年大会上的讲话》，人民出版社 2016 年版，第 11 页。

理论、人民的理论、实践的理论、不断发展的开放的理论等四个方面，深刻总结了马克思主义的科学属性、理论品质、实践意义和时代价值。

当代中国的发展离不开马克思主义，马克思主义使中国共产党"得以摆脱以往一切政治力量追求自身特殊利益的局限"[1]，"我们党开辟的新民主主义革命道路、社会主义革命道路、社会主义建设道路、中国特色社会主义道路，都是把马克思主义基本原理同中国具体实际相结合的伟大创造"[2]。

新时代青年要勇于创新，深刻理解把握时代潮流和国家需要，敢为人先、敢于突破，以聪明才智贡献国家，以开拓进取服务社会。新时代青年要实学实干，脚踏实地、埋头苦干，孜孜不倦、如饥似渴，在攀登知识高峰中追求卓越，在肩负时代重任时行胜于言，在真刀真枪的实干中成就一番事业。

"纸上得来终觉浅，绝知此事要躬行。"毛泽东说："要了解情况，唯一的方法是向社会作调查，调查社会各阶级的生动情况。""要做这件事，第一是眼睛向下，不要只是昂首望天。没有眼睛向下的兴趣和决心，是一辈子也不会真正懂得中国的事情的。"[3]习近平总书记说，"要把论文写在祖国的大地上"[4]。要勤勤恳恳积累知识、扎扎实实调研实践，在知识的海洋里丰富思想、在社会的熔炉里磨炼内功，博学为奉献、实践出真知，坚持问题意识，深入调研，扎实实践。

"问渠那得清如许？为有源头活水来。"每一代青年的历史际遇不同，每一代青年的历史使命也不同，当代青年要以马克思主义的立场、观点、方法来观察世界、分析世界。发展新时代的马克思主义，青年要接过历史的"接力棒"，面向实际、深入实践，严谨务实、苦干实干，坚持学以致用、以用促学。

---

① 习近平：《在庆祝中国共产党成立 95 周年大会上的讲话》，人民出版社 2016 年版，第 8 页。
② 习近平：《学习马克思主义基本理论是共产党人的必修课》，《求是》2019 年第 22 期。
③ 《毛泽东选集》第 3 卷，人民出版社 1991 年版，第 789 — 790 页。
④ 《习近平谈治国理政》第 2 卷，外文出版社 2017 年版，第 270 页。

青年最富有朝气，同时也最富有梦想。自近代以来，中国青年始终与振兴中华的历史进程紧密相连，始终追寻时代的步伐，始终不懈追求美好的梦想。在革命战争年代中，广大青年紧紧跟随中国共产党，满怀革命理想，为争取民族独立、人民解放冲锋在前、抛洒热血；在社会主义革命和建设时期，广大青年响应党的号召，向科学进军、向困难进军、向荒原进军，保卫祖国、建设祖国，在新中国的广阔天地忘我劳动、艰苦创业，谱写了一曲青年服务祖国的赞歌；在改革开放和社会主义现代化建设新时期，广大青年发出"团结起来、振兴中华"的时代强音，在中国共产党的领导下，积极为祖国的繁荣富强锐意进取、奋进创新。

"一切历史都是当代史"，意大利史学家、哲学家克罗齐这样来表述历史与现实的联系。青年一代在思接千载、视通万里的同时，更需立足现实、脚踏实地，把青春汗水挥洒在祖国大地，把理想信念镌刻于实干的征途。创立于 1993 年的"中国青年志愿者行动"不断深化拓展，覆盖西部开发、社区服务、大型赛会、抢险救灾等多个领域，培育了中国青年志愿服务交流会等工作项目。截至 2020 年，全国经过规范注册的青年志愿者总数已达到 6770 万人，每年向社会提供约 7 亿小时的志愿服务。随着各类宣传教育活动的持续深入开展，推动了正确的世界观、人生观、价值观在新一代青少年中不断落地生根。

习近平总书记对当代青年寄予厚望，他说："展望未来，我国青年一代必将大有可为，也必将大有作为。这是'长江后浪推前浪'的历史规律，也是'一代更比一代强'的青春责任。广大青年要勇敢肩负起时代赋予的重任，志存高远，脚踏实地，努力在实现中华民族伟大复兴的中国梦的生动实践中放飞青春梦想。"①

---

① 习近平：《同各界优秀青年代表座谈时的讲话》，《人民日报》2013 年 5 月 5 日。

🗨 名言金句

吾心信其可行，则移山填海之难，终有成功之日；吾心信其不可行，则反掌折枝之易，亦无收效之期也。

——孙中山

最可怕的敌人，就是没有坚强的信念。

——罗曼·罗兰

古之立大事者，不惟有超世之才，亦必有坚忍不拔之志。

——苏轼

太山在前而不见，疾雷破柱而不惊。

——欧阳修

人，只要有一种信念，有所追求，什么艰苦都能忍受，什么环境也都能适应。

——丁玲

志不强者智不达。

——墨子

支配战士的行动的是信仰。他能够忍受一切艰难、痛苦，而达到他所选定的目标。

——巴金

由百折不挠的信念所支持的人的意志，比那些似乎是无敌的物质力量具有更大的威力。

——爱因斯坦

第四篇

锤炼品德

2021年4月19日，习近平总书记在清华大学考察时指出："要锤炼品德，自觉树立和践行社会主义核心价值观，自觉用中华优秀传统文化、革命文化、社会主义先进文化培根铸魂、启智润心，加强道德修养，明辨是非曲直，增强自我定力，矢志追求更有高度、更有境界、更有品位的人生。"

一、青年锤炼品德至关重要

人无德不立，品德是为人之本。青年是社会主义现代化强国的建设者和接班人，不仅要在物质上强，更要在精神上强。锤炼品德可以让青年具有更持久、更深沉、更有力量的精神支撑。

锤炼品德提升培根铸魂的质量

锤炼品德能擦亮理想信念的底色。一个国家、一个民族不能没有灵魂。在年幼的时候，人的认知能力有限，并不能够理解理想信念到底是什么。这个时候，无论是家人还是老师，都是通过锤炼孩子良好的道德品质来让其不断接近理想信念，逐步理解理想信念。这是一个不断深化的过程。在成长的过程中，青少年会在奋进的历史中、在先进人物身上汲取正能量，同时把这些融汇在自己的经历中、思考中，不断去体悟锤炼品德与理想信念的关系，在锤炼品德的同时让自己的理想信念底色愈加鲜亮。

锤炼品德是人生奋进的经历。锤炼品德是一个亲身实践的过程，只有不断地在实践中、劳动中完善自己，才能达到锤炼品德的效果。因此，锤炼品德的过程就是我们贴近现实、深入现实的过程。在锤炼品德的实践中，我们可以感受到酸甜苦辣的人生百态，自己的内心也会经历多重的情绪变化、意志变化等。这都能在我们接触现实过程中真正增强培根铸魂的现实感、有效性。当我们不断去养成热爱劳动、敢于吃苦、勤奋好学、争做先进的习惯和意识之时，这些优良的道德品格会让我们在实践中加深对现实社会、人生百态和家国理想的理解。

锤炼品德凸显青年成长的特点。每个人都想通过自己的努力和奋斗追求更美好的人生。青年时期正是需要付出最多辛勤和汗水的阶段，这与锤炼品德高度契合。这一时期，锤炼优良的道德品格往往能够转化为积极向上的精神力量，给青年带来不断努力的动力和事半功倍的奋斗效果。锤炼优良道德品格和意志品质，能够激发青年在成长成才过程中的昂扬斗志。这种意志品质突出体现为自觉性、果断性和自制力。成长的过程中青年会面临很多选择，优良的道德品格能够指导青年的行动，帮助青年明辨是非，作出最佳选择。

锤炼品德奠定启智润心的基础

锤炼品德为启智润心提供坚实基础。锤炼青年的品德与启智润心的过程都是一种人生的沉浸式过程。锤炼品德的过程就是启迪青年自身的过程，这一过程与传统的教育不同，不是填鸭灌输，不是枯燥的作业和强化训练，更不是把青年关在教室和书房两耳不闻窗外事，而是让青年走进社会现实、走进生活本身、走向田间地头，在沉浸式体验中自己去发现问题、剖析问题、思考问题、解决问题。

锤炼品德为启智润心提供人文关怀。锤炼品德不是一种强制性的行为与被动性的接受，而是启迪青年人在自己热爱的、感兴趣的、具有特长的方面尽情发展自己。锤炼品德是在引导青年具有热爱的能力，是在人文情怀的层面对青年进行柔性塑造，是在具有人文关怀和内心兴趣的事情上对青年生命质量的提升，达到精神世界的丰满。

锤炼品德为启智润心提供鲜活智慧。获取知识是青年成长的重要组成部分，不可或缺。但是如何把知识转化为活的智慧是青年成长成才的关键。锤炼品德是一个富有创造性、贯通性的过程，能够在对美德的追求过程中对知识进行再加工和再深化。这个过程就是通过青年对真善美的追求把知识转化为智慧、智谋、策略等智慧方法论的过程。这是锤炼品德的本质所决定的，不是追求一时的获得，而是追求人生的长效。也就是说，对青年的培育和锤炼是一种润物无声、授人以渔的启发式"活"的智慧。

锤炼品德为启智润心提供情感基础。锤炼品德的情感体验，能够增强青年在成长成才过程中启智润心的情感体验。青年在自己坚定的道德信念驱动下发生的行为，一定会产生道德情感。这种积极的情感体验会内化为人们的喜、悦、爱、得意、振奋、热情、崇敬、自豪等。就如同积极的心理暗示一样，积极的情绪能够把人引向更高更好的方向。在日常的学习和生活中，我们不断增加优良道德品格的情感体验，就会形成双向的良性互动。例如，在热爱祖国中汲取正能量，在团结集体中收获责任感，在和睦家庭中体验亲情。那么，我们就会把这些美好的情感体验更好投入成长成才的各个过程和环节，随着品德的加强，启智润心的过程也会更加丰盈。

锤炼品德明确明辨是非的准绳

锤炼品德为明辨是非提供底线思维。明辨是非是青年成长成才的关键，在锤炼品德过程中教会青年判断是与非、真与假、好与坏、美与丑等是非常重要的内容。是非判断是锤炼品德的第一步，因为只有懂得辨别是非对错这一底线才可能进入对品德的培育和塑造。在青少年时期，家庭、学校和社会等对于我们的品德锤炼首先就是从对"是非"和"对错"的判断中开始的。这一时期，青少年的认知水平有限、社会阅历尚少，因此在价值引导、人物判断、事物认知等方面是较为简单的思路和单线思维，即"非黑即白"抑或"非此即彼"的"英雄"与"恶魔"两个鲜明的是非问题。

锤炼品德为明辨是非提供价值内容。锤炼品德最主体的内容是引导青年在是非判断中树立"荣辱观"，在好坏判断中树立"善恶观"，在辨别是非的同时追求价值性的真善美。是非观的底线是我们初步判断人、事、物的一个基本框架和思路，当青年人的生活阅历愈加丰富、接触人事愈加复杂，对于是非的辨别并非都是"对就是对""错就是错"。是非辨别关乎人的情感、价值观、利益出发点、知识结构、所处时空等多重因素，这就为辨别是非提出了价值性的要求。锤炼道德品德正是在引导青年将是非问题与自身的知识、体悟、情感与价值去进一步结合，以向上向善的追求和温暖多元的标准，把复杂多元的现实问题通过价值温度、思想力度、情感精度等进行综合性评价。

锤炼品德为明辨是非提供责任担当。青年人明辨是非是认识世界、参与世界、融入世界和引领世界的重要过程。贯穿这一过程的是青年在思考品德、选择品德和塑造品德中认同自己的选择，为自己的选择负责。锤炼品德的过程中必然会把对于某一人、某一事的是非功过作为必要的训练过程。在这个过程中，青年可以从自身出发、从自己所处的时空方位出发、从自己所学专业出发、从自己的家庭和社区出发等对社会上的一些人和事进行判断、评价和选择。这个过程就是一个青年担当的过程，无论是非判断还是价值选择，都是明确的认同选择和责任之选，对于成长成才十分重要。

锤炼品德铸就人生追求的境界

习近平总书记在纪念五四运动 100 周年大会上的讲话中对新时代中国青年提出了要树立远大理想、热爱伟大祖国、担当时代责任、勇于砥砺奋斗、练就过硬本领、锤炼品德修为六点要求。这其中，前五点可以理解为锤炼品德修为过程中青年人人生追求的五个境界。

锤炼品德坚定青年树立远大理想。新时代，在实现人生价值的过程中树立远大理想是前提条件，锤炼品德对于远大理想的培育和塑造十分重要。青年锤炼品德就必须树立对马克思主义的信仰、对中国特色社会主义的信念、对中华民族伟大复兴中国梦的信心，到新时代新天地中去，让青春在创新创造中闪光。

锤炼品德激发青年热爱伟大祖国。新时代，青年锤炼品德的过程对于人生境界的追求是根植于党和国家各项事业，与时代发展同向同行的。听党话、跟党走，胸怀忧国忧民之心、爱国爱民之情，以一生的真情投入、一辈子的顽强奋斗来体现爱国主义情怀，让爱国主义的伟大旗帜始终在青年心中高高飘扬。

锤炼品德引领青年担当时代责任。青年是时代最灵敏的晴雨表，锤炼品德的过程会不断融入时代内涵、增加时代特征，让青年具备时代主人翁的意识与行动。让青春在新时代建功立业的广阔天地中绽放，让人生在实现中华民族伟大复兴的奋进中展现出勇敢奔跑的英姿，让青年努力成为德智体美劳全面发展的社会主义建设者和接班人。

锤炼品德培育青年勇于砥砺奋斗。青春是奋斗的青春，奋斗是用汗水浇灌的。锤炼品德能够培育青年不怕苦不怕累的精神品质，能够在奋斗中实现人生价值。新时代，青年人要勇做走在时代前列的奋进者、开拓者、奉献者，在劈波斩浪中开拓前进，在披荆斩棘中开辟天地，在攻坚克难中创造业绩，用青春和汗水创造出让世界刮目相看的新奇迹。

锤炼品德促进青年练就过硬本领。锤炼品德是人生实现价值的精神支撑和意志力量。练就过硬本领是实现人生价值的必备条件。新时代，锤炼品德能够增强青年学习的紧迫感，引领青年努力学习马克思主义立场观点方法，努力掌握科学文化知识和专业技能，努力提高人文素养，以真才实学服务人民，以创新创造贡献国家。

二、青年应该锤炼哪些品德

青年锤炼品德包括全面推进社会公德、职业道德、家庭美德、个人品德建设，持续强化教育引导、实践养成等，在牢固树立中国特色社会主义共同理想中，在践行社会主义核心价值观中，在促进青年全面发展中培养和造就担当民族复兴大任的时代新人。

社会公德

社会公德是指存在于社会群体中间的道德，是全体公民在社会交往和公共生活中应该遵循的行为准则，涵盖了人与人、人与社会、人与自然之间的关系。青年锤炼品德以文明礼貌、助人为乐、爱护公物、保护环境、遵纪守法为主要内容。

青年人当前所处的社会环境与未来面临的挑战，公共生活领域会不断扩大，人与人之间的交往日益频繁，社会公德在维护公众利益、公共秩序，保持社会稳定方面的作用更加突出，成为公民个人道德修养和社会文明程度的重要表现。青年一代要大力倡导以文明礼貌、助人为乐、爱护公物、保护环境、遵纪守法为主要内容的社会公德，自觉养成良好的行为习惯，提高个人素质，让青年人在社会上做一个好公民。

职业道德

职业道德是所有从业人员在职业活动中应该遵循的行为准则，涵盖了从业人员与服务对象、职业与职工、职业与职业之间的关系。青年锤炼品德要大力倡导以爱岗敬业、诚实守信、办事公道、热情服务、奉献社会为主要内容的职业道德，鼓励青年做一个好的职业道德建设者。

青年人都要走上工作岗位，并在岗位中实现人生价值。培养良好职业道德，鼓励青年在工作中做一个好的职业道德建设者，在学习阶段就对标职业道德、涵养品德修为非常重要。未来青年人面对的工作环境日新月异，现代分工的发展和专业化程度日益增强，市场竞争日趋激烈，整个社会对从业人员职业观念、职业态度、职业技能、职业纪律和职业作风的要求越来越高。因此，具备职业道德是青年锤炼品德的必要方面，也是青年成长成才的重要基础。

家庭美德

家庭美德是每个公民在家庭生活中应该遵循的行为准则，涵盖了夫妻、长幼、邻里之间的关系。青年锤炼品德包括推动践行以尊老爱幼、男女平等、夫妻和睦、勤俭持家、邻里互助为主要内容的家庭美德，鼓励青年在家庭里做一个好成员。

家庭生活与社会生活有着密切的联系，正确对待和处理家庭问题，共同培养和发展夫妻爱情、长幼亲情、邻里友情，不仅关系到每个家庭的美满幸福，也有利于社会的安定和谐。"家庭教育涉及很多方面，但最重要的是品德教育，是如何做人的教育。"[①] 当代青年面临的恋爱婚姻、养育子女、家庭教育、孝老敬亲、赡养老人等问题具有新特点新挑战，处理好这些问题，不仅关系到青年的家庭幸福，对其事业发展也影响巨大。家庭是社会的细胞。家庭向善，国家向上。青年应该模范带头，让家庭美德植根每个家庭成员的心灵，以千千万万家庭的好家风支撑起全社会的好风气，每个人、每个家庭都将为中华民族大家庭作出贡献，为实现中国梦凝聚力量。

---

① 习近平：《论党的青年工作》，中央文献出版社 2022 年版，第 133 页。

个人品德

个人品德就是个人的信誉和名片。要推动践行以爱国奉献、明礼遵规、勤劳善良、宽厚正直、自强自律为主要内容的个人品德，鼓励人们在日常生活中养成好品行。尤其随着国家治理体系和治理能力现代化水平的不断提高，个人品德建设中青年的个人信用的作用日益彰显。

青年要主动了解和学习社会诚信建设、道德评价体系等相关内容，要以社会主义核心价值观和自身的品德修养为重要内容，去推动公民道德建设。青年要主动通过多种途径接受道德教育。在校园里以德立学，以学习道德楷模为风尚；在家庭中践行良好家教家风，涵养道德品质；日常活动中，青年要把诚信落实到生活的方方面面，做到言行处处不违诚信，保持个人良好信用。

三、青年如何锤炼品德

2013年5月4日，习近平总书记在同各界优秀青年代表座谈时强调："广大青年要把正确的道德认知、自觉的道德养成、积极的道德实践紧密结合起来，自觉树立和践行社会主义核心价值观，带头倡导良好社会风气。"新时代，青年人锤炼品德应该从道德认知、道德情感、道德信念、道德行为四个方面和整体的过程展开培育。品德高尚并不是一个静止的状态，而是一个动态的呈现。品德高尚是一种修炼，修炼正确的世界观、人生观、价值观；品德高尚是一种选择，选择正确光明的方向，与有志向的人同行；品德高尚是一种坚守，坚持做对自己负责、对他人善良、对社会有益的事；品德高尚是一种担当，主动承担社会责任，热忱关爱他人，以实际行动促进社会的进步发展。

从楷模身上学习正确的道德认知

一要从历史楷模人物中汲取认知源泉。中华民族浩瀚历史长河中涌现出的各行各业群星璀璨的历史人物，是青年能够形成正确道德认知的重要来源。在青少年接受教育、成长成才的过程中，历史人物以"宽仁礼义""家国情怀""克己修为""保家卫国""创业创新"等构建起新时代青年所需的道德认知框架。青年应该抓住各种机会，从历史书本、历史展览、历史场景、历史景点等方方面面全力汲取楷模人物的道德风尚，从中树立起全面、科学、深刻、先进的道德认知体系。

二要从身边榜样身上学习道德日常。道德认知是一个潜移默化、润物无声的过程，青年大部分道德认知都来源于日常生活中接触的家人、老师、朋友、社会现象等。因此，在日常生活中青年要拥有一双发现"道德美"的眼睛，在自己的身边学习道德日常。同学中乐于助人、热情待人的好人好事值得学习，长辈珍惜粮食、节约用水、艰苦朴素的生活作风值得学习，路上随手捡起垃圾、扶起告示牌、为弱者提供必要帮助等值得学习，地铁公交上利用碎片化时间处理工作、学习外语等上班族努力的状态也值得学习。如此，就会在身边构建起学习道德日常的沉浸式环境。

三要从当今时代先进中思考道德认知。榜样是奋斗征途的前行者、社会风尚的引领者。新时代，习近平总书记非常注重道德模范、时代楷模等人物对社会风尚的引领，对青年人的引导教育。无论是"七一勋章"获得者，还是道德模范、"时代楷模"，他们都是这个时代在一个个平凡的工作岗位中涌现出的、对时代道德风尚有重要引领作用的人。青年要向他们学习，学习他们脚踏实地、勇做先锋的品行，把每件平凡的事做好，坚信一切平凡的人都可以获得不平凡的人生，一切平凡的工作都可以创造不平凡的成就。

四要从所处领域典型中拓展道德内容。每个青年人都是追梦人，梦想的道路上我们都有自己的专长，未来都有想要跻身的领域和向往的职业。各行各业的行业楷模、劳动模范等是我们道德认识的重要组成部分，他们把自身道德品质与所学专业融汇升华，转化为与时代共同前进的力量。钱学森克服重重困难，选择回到祖国为新中国的导弹和原子弹事业奉献毕生精力，这就在于他把时代发展、国家需要和个人价值紧密地结合了起来。正是这一认知和选择成就了钱学森不平凡的人生。

在集体当中涵养丰沛的道德情感

一要在家庭中涵养家庭美德。家庭是青年成长成才最基本的单元，也是青年在时间和空间上存在最多的场域。这样的持久性为涵养道德情感提供了最深厚的情感土壤。道德情感的产生萌芽于家庭，并在家庭亲情的关心、关爱与融汇中不断转化为个人的情感品德。青年人要热爱自己的家庭、关心关爱自己的家人，在不同的阶段调整不同的角色、处理不同的情感，在家庭中涵养丰沛的道德情感。

二要在班级中涵养友爱美德。学习经历构成了青年成长的重要主题，青少年就是一个个班集体的主人公。在班集体中，大家是一个"共同体"。在这个学习共同体中，大家要积极与每一位同学团结互助、涵养自己的友爱美德。一方面，要学会关爱关心班集体中的成员；另一方面，要主动为班集体的荣誉或者形象，承担自己的责任、作出自己的贡献。

三要在社会中涵养和谐美德。社会是青年生活的基本场域，人们的衣食住行无时无刻不在与社会打交道，也正是人们的交往、沟通等行为构成了万千变化、纷繁多样的社会。和谐社会是一个有情感温度的文明场域，需要大家在其中投入情感、融入情感。一方面，青年要学会在社会大家庭中汲取温暖有爱、积极进取的情感正能量；另一方面，要把积极的情感通过自身的实践投向社会。

四要在工作中涵养职业美德。青年人是要干事创业的，工作和事业是实现和证明我们青春质量的重要标志。工作中与同事、与同行、与各个领域工作人员等的相处是需要和培育涵养职业美德的过程。与同事之间多一些坦诚关系和正能量，与同行之间多一些信任，把正能量的互相竞争与进步作为行业公约，多换位思考，设身处地站在他人的视角考虑问题，用温暖和情感构筑自己职业美德的情感大厦。

五要在友人中涵养爱的美德。人在每个阶段都需要朋友，也能交到很多朋友，青年正是交朋友的旺盛时期。交朋友的过程就是一个"学会爱""感受被爱"的过程，拥有正确的爱的能力是一种美德。青年要在与不同朋友的交往过程中，让自己的感情丰沛起来，激发出自己更多爱的思考、爱的想象和爱的举动，道德情感才会更加丰沛、完整。

厚植爱党、爱国、爱社会主义的情感，铸成坚定的道德信念

人无德不立，品德是为人之本。全面建成社会主义现代化强国，不仅要在物质上强，更要在精神上强。精神上的强才是更持久、更深沉、更有力量的。这也凸显了青年一代具备高尚品德的重要性。

一要全面加强"四史"学习。党史、新中国史、改革开放史、社会主义发展史是一部部生动的教科书，深入学习"四史"，才能坚定理想信念。广大青年要借助书本、资料、影视剧、红色资源、宣讲、展览等，原原本本学历史。在真实的历史事件和鲜活的英雄人物中，了解我们党和国家事业的来龙去脉，汲取我们党和国家的历史经验，正确了解党和国家历史上的重大事件和重要人物。知史爱党，知史爱国。"四史"不是孤立的，而是密切联系的。要把党史、新中国

史、改革开放史、社会主义发展史结合起来学习。在历史这面镜子前，自主回答中国共产党为什么能、马克思主义为什么行、中国特色社会主义为什么好。加强"四史"学习，是坚持爱党、爱国、爱社会主义的前提、启迪和定力。

二要深入把握爱党、爱国、爱社会主义的逻辑关系。加强新时代青年的爱国主义教育，就要深入理解和把握爱党、爱国、爱社会主义的逻辑关系。回顾五四运动以来的历史发展，我们可以得到的结论就是：爱党、爱国、爱社会主义高度统一于实现中华民族伟大复兴的历史实践。当下，青年人也处于这一历史实践之中。在日常的学习、生活和工作中，青年要立足岗位、以己之长，开展爱党、爱国、爱社会主义的具体行动。这些行动都会统一转化为青年的爱国主义情怀。当代中国，爱国主义的本质就是坚持爱国同爱党、爱社会主义的高度统一。广大青年要坚持对马克思主义的信仰、对中国共产党的拥护、对中国特色社会主义的信念、对中华民族伟大复兴中国梦的信心。在扎根人民、服务人民的实践中实现爱党、爱国、爱社会主义的统一。

三要多方展开实践调查。爱党、爱国、爱社会主义是一个知行合一的过程。在学习历史，并深刻感悟三者统一关系的基础上，青年必须投身实践。青年要在实践调查中，从"我认为""我听说"，转变为"我调查发现"。实践出真知，青年要在真实的实践调研中了解中国、体悟人民，在实践中自觉加强爱党、爱国、爱社会主义。青年可以借助各级各类调研平台和机会，走出课堂和书本，积极参与。青年可以走访高精尖企业，探访国之重器，亲访脱贫攻坚一线，全面了解党的事业、国家的发展和社会主义的成就；也可以走进田间地头、街头巷尾，发现现实问题，提出解决方案。由此，在知行合一中把爱党、爱国、爱社会主义具体化为每个人亲身参与的实践。

四要充分利用红色资源。党的事业、国家的发展、社会主义的发展都是真实的历史存在，并保留了大量历史现场。当我们亲身走进这些地方，那种共鸣感、共情力是跨越时空的。青年可以去陕北，从红军长征的落脚点吴起镇出发，途经瓦窑堡、洛川、延安、米脂，到达毛泽东东渡黄河离开陕北的吴堡镇黄河渡口，亲身体验和感悟中国革命走向全面、走向胜利的轨迹。青年可以前往长春第一汽车制造厂、深圳特区、浙江"两山理论"发源地、"一带一路"沿线等，在真实的场景中，增强爱党、爱国、爱社会主义的情感。

五要牢牢锁定个人志向与国家航向。青年人可以有很多的志向，但在青年时期的志向一定是把自己的志向与国家、时代和人民紧紧联系在一起。当代青年处于可以自主选择自己发展方向的时代，青年的选择要紧紧围绕国家和时代的发展需要，与党和国家的需要、人民的需要同频共振。亲历"第一个百年目标"的实现与"第二个百年目标"的推进，这是机遇，更是挑战，是党的事业、国家的发展、社会主义迈向更高台阶时，向新时代青年一代吹响的前进号角。有志青年要坚信个人价值因国家利益和荣誉而更加丰满，坚定地把自己的成长发展融入党、国家和人民的事业中。

以内在自发形成自觉的道德行为

一要明确核心价值观。每个时代都有每个时代的价值观念，青年的价值取向决定着未来社会的价值取向。青年时期是确立价值观的关键时期，要旗帜鲜明地学习和树立社会主义核心价值观。当前，走上街头、来到公共场合等，社会主义核心价值观宣传语随处可见。青年不仅要熟记熟背"富强、民主、文明、和谐，自由、平等、公正、法治，爱国、敬业、诚信、友善"的社会主义核心价值观基本内容，更要将其融化在心灵里、铭刻在脑子中、体现在行动上。

二要匹配新时代要求。身处"强国时代"，定义"强国一代"，高喊"强国有我"，这是新时代赋予当代青年的使命，更是对青年提出的要求。当代青年面对的思想文化环境和价值体系，比以往任何一个时代都要复杂。这就要求青年在树立和践行社会主义核心价值观之时，不断增强思想上、精神上的自我定力。要增强明辨是非的能力、做好克服精神阻力的准备。青年要有意识地、主动地紧跟国家大政方针，深入学习党的创新理论，用马克思主义立场观点方法分析问题、观察时代、理解时代，在动态中自律、自省、前行。

三要用文化滋养品德。锤炼品德，自觉树立和践行社会主义核心价值观，离不开文化的润养和培育。当代中国青年有最为丰富的文化资源用以滋养提升自己。中华优秀传统文化、革命文化、社会主义先进文化，都是树立和践行社会主义核心价值观的生动教材。这种潜移默化是中国人道德养成的思维方式和行为方式，需要新时代的青年去继承和强化。青年要在中华优秀传统文化中学习"富足""为民""家国""统一"等观念，在革命文化中感受对"平等""安定"的憧憬，在社会主义先进文化中体悟"爱国""敬业""拼搏"的精神。历史和文化的滋润是深层次的、持久的。对于青年树立和践行社会主义核心价值观，具有重要的启发作用和实际指导作用。

四要以品德追求人生。要选择追求更有高度、更有境界、更有品位的人生，这是锤炼品德、自觉树立和践行社会主义核心价值观的目标。养大德方可成大业，担当民族复兴重任的青年一代必须要以更大的志向、更高的要求去激励自己。锤炼品德会伴随我们的一生，要把锤炼品德与追求更有高度、更有境界、更有品位的人生结合起来；要在学习中下苦功夫，既要专攻博览，又要关心国家和人民，学会担当；要在干事中扎扎实实，把艰苦作为磨炼意志的机会，提高境界；要用品德追求人生，坚守原则，在建功立业中成就人生。

💬 名言金句

形不正德不来，中不静心不治。

——《管子》

应知学问难，在乎点滴勤。尤其难上难，锻炼品德纯。

——陈毅

道德品格的完善在于，把每一天都作为最后一天度过，既不对刺激做出猛烈的反应，也不麻木不仁或者表现虚伪。

——马可·奥勒留

欲做精金美玉的人品，定从烈火中锻来。

——洪应明

那些立身扬名出类拔萃的，他们凭借的力量是德行，而这也正是我的力量。

——贝多芬

把自己的私德健全起来，建筑起"人格长城"来。由私德的健全，而扩大公德的效用，来为集体谋利益。

——陶行知

才能最好于孤独中培养；品格最好在世界的汹涌波涛中形成。

——歌德

闭心自慎，终不失过兮；秉德无私，参天地兮。

——屈原

大学之道，在明明德，在亲民，在止于至善。

——《大学》

品格是一种内在的力量，它的存在能直接发挥作用，而无须借助任何手段。

——爱默生

第五篇

勤奋学习

习近平总书记教导广大青年："学习是成长进步的阶梯，实践是提高本领的途径。""青年人正处于学习的黄金时期，应该把学习作为首要任务，作为一种责任、一种精神追求、一种生活方式，树立梦想从学习开始、事业靠本领成就的观念，让勤奋学习成为青春远航的动力，让增长本领成为青春搏击的能量。"未来属于青年，青年要赢得未来必须做好准备。勤奋学习就是青年为未来做的最好准备。

一、是任务，也是责任
——勤奋学习决定青年成才

2014年五四青年节，习近平总书记在北京大学师生座谈会上对学生们谆谆教诲："我国古人说：'非学无以广才，非志无以成学'大学的青春时光，人生只有一次，应该好好珍惜。为学之要贵在勤奋、贵在钻研、贵在有恒。"

学习是青年的首要任务

青年正处于人生的积累阶段，需要像海绵吸水一样汲取知识，青年的基本任务就是读书学习，以读书学习长知识、长本领。青年时期累积的学识，往往直接影响人一生的高度。

"80后"殷平是RNA表观遗传学研究的领跑者之一，2016年，获得"长江学者"青年学者称号。学术圈的激烈竞争是常态，实验室的勤奋便是这种常态下的进取之道。殷平说："项目组博士生王祥和另外1位研究生、1位本科生，3人的日均工作时间之和超过40小时，平均每人每天13至14小时。"殷平也是用无数个在实验室打拼的日夜最终发表了华中农业大学首篇 *Nature* 论文。

研究生要做实验，要发现问题，要提高实验的工作效率，就必须有扎实的基础，而这个扎实的基础，有赖于他们高中以及大学时期的学习。打基础的过程，不仅仅是学习知识的过程，更是训练思维的过程，训练分析问题和解决问题的能力的过程。

学习是一种责任

学习是文明传承之途、人生成长之梯、政党巩固之基、国家兴盛之要。学习不仅仅是为了个人成长和进步，它还关乎文明的传承、政党的巩固、国家的兴盛。青年学习也是一种责任。

历史上凡是学有所成之人，他们在青少年时期无不是勤奋刻苦、孜孜不倦的学习之辈。匡衡凿壁偷光，李密牛角挂书，他们那样刻苦攻读也是因为身上有着一种使命感、责任感。今天我们的学习条件非常优越，更需要惜时如金，投入到学习中去。

1990 年出生的刘明侦，23 岁时就在钙钛矿太阳能电池实验中大获成功。取得牛津大学博士学位后，她毅然返回祖国，到电子科技大学任教。刘明侦说："我们已经享受了足够多的社会和国家资源，是时候为这个社会和国家多做一些事情了！我们对这个社会和国家，是有使命的，也是有责任的！"

习近平总书记在欧美同学会成立 100 周年庆祝大会上指出："梦想从学习开始，事业从实践起步。当今世界，知识信息快速更新，学习稍有懈怠，就会落伍。有人说，每个人的世界都是一个圆，学习是半径，半径越大，拥有的世界就越广阔。"

学习是一种精神追求

2013 年，习近平总书记在中央党校建校 80 周年庆祝大会暨 2013 年春季学期开学典礼的讲话中号召："领导干部应该把学习作为一种追求、一种爱好、一种健康的生活方式，做到好学乐学。有了学习的浓厚兴趣，就可以变'要我学'为'我要学'，变'学一阵'为学'学一生'。"

习近平总书记说："我的爱好挺多，最大的爱好是读书，读书已成为我的一种生活方式。"不仅习近平总书记，历史上的很多名人，他们都把读书当成最大的爱好，他们将读书作为一种精神追求，学习本身就是一种幸福。

王中林获得 2019 年度"阿尔伯特·爱因斯坦世界科学奖"后，有人曾问他，从贫苦农村到世界顶级科学家，成功的秘诀是什么？他这样回答："任何事情想要做得有声有色，每天只投入 8 小时是远远不够的。我热爱科研，更享受科研，几十年里，几乎无时无刻不想着研究。科研就是我的生活，是我快乐的源泉。"

学习之路需要耐得住寂寞，需要专注。学习有时是很枯燥的，尤其是在学习上遇到困难时，只有真正对学习感兴趣，才能够坚持长时间地学习。如果感觉学习苦不堪言，很有可能半途而废。

学习是一种生活方式

当我们把学习作为一种任务、作为一种责任、作为一种精神追求，我们也就逐渐将学习融入了我们的生活中，学习逐渐成了一种生活方式。以学习来安排自己的生活。生活即学习，学习即生活。

韦东奕 1991 年出生于山东一个高级知识分子家庭，父亲是大学数学教授。受父亲影响，韦东奕从小就接触数学，显露出很高的数学天赋。2008 年 7 月，韦东奕参加了在西班牙马德里举行的第 49 届国际数学奥林匹克竞赛，以满分获得金牌，韦东奕也因此一战成名。后来，由于竞赛成绩突出，韦东奕被保送北京大学。

韦东奕每天要保证 12 个小时的研究时间，完全沉浸在数学的世界里。他内心里有一种难得的纯粹以及难能可贵的沉静，他的世界里只有数学，没有微信。在精神世界和现实世界中，韦东奕选择了数学，生活即数学，数学即生活。

在这个浮躁的年代，需要这么一群人，耐得住寂寞，守得住初心，少一些迎来送往，多一些脚踏实地，因为人类的未来能到达何种高度就靠这样一群人！

二、又博又专——青年该学些什么

2018 年 5 月 2 日，习近平总书记在北京大学师生座谈会上的讲话中指出："学习就必须求真学问，求真理、悟道理、明事理，不能满足于碎片化的信息、快餐化的知识。要通过学习知识，掌握事物发展规律，通晓天下道理，丰富学识，增长见识。"

青年学习的新特征和新挑战

在移动互联网时代，人类的学习方式发生了很大的变化，比如由以前的纸质阅读变成了现在的网络阅读，而互联网世界是一个争夺注意力的地方。短视频、微信、微博等各种社交软件由于更具即时快感和社交性，都在争夺青年的注意力。互联网像一湾深海，如果没有高超的游泳技术和掌控能力，可能会被互联网淹死。

移动互联网时代，青年的学习有以下几个特征：学习数字化、学习碎片化、学习浅层化，缺乏深度学习、系统学习、独立学习。当前，青年的学习存在以下挑战和不足。

一是将学习简单理解为学习知识。学习"内卷"就是一种明显的体现，学习不再是为了扩展视野、增长见识，而是希望获得高绩点。如果将这些时间用于学习其他的内容，可以极大地促进个人的进步。

二是学习过于碎片化。从某种程度上来说，刷知乎、刷微博、刷朋友圈，看微信公众号文章，听直播、听微课、听演讲，听"喜马拉雅""荔枝""得到"等知识服务软件都是一种碎片化学习。碎片化学习缺乏系统性，只能作为系统性学习的一种辅助和补充。

三是学习浅层化。碎片化学习必然是一种浅层化学习。还有些人只是匆匆阅览，只求速度、不求深度，只求数量，不求质量，没有停下来反复阅读思考，这只能停留在浅层学习上，导致能力积累的深度不足。深度学习要求在理解的基础上进行批判性、系统性学习，是从现象到本质的一个认识过程。

学习要读经典

经典是时代、民族文化的结晶，是经过时间的大浪淘沙，是一个学科或者领域内的开创之作或集大成者，或者是表现人类对世界及自身探究的具有划时代意义的作品。人类文明的成果，就是通过经典的阅读而代代相传的。

随着互联网的发展，越来越多的人开始忽视经典的价值。微博、微信朋友圈等的文章，各种新媒体平台上的快餐式资讯，无时无刻不断更新，人们的阅读越来越碎片化，也越来越难以保持长久的兴趣。因此，对泛滥的资讯应该保持警惕，把更多的目光投向那些被时间筛选过的经典作品上，从原本追寻"即时兴奋"的信息模式，切换到追求"长久受益"的信息模式。

当下的青年学生不乏努力奋进者，不过普遍比较浮躁，甚至急功近利，研究生不读经典在高校是非常普遍的现象。虽然阅读一本经典著作需要较长的时间，但对于成长进步其实是最快的方式。

2019年3月1日，习近平总书记在2019年春季学期中央党校（国家行政学院）中青年干部培训班开班式上的讲话中指出："学习理论最有效的办法是读原著、学原文、悟原理，强读强记，常学常新，往深里走、往实里走、往心里走，把自己摆进去、把职责摆进去、把工作摆进去，做到学、思、用贯通，知、信、行统一。"

根深叶茂。打好根基，才能强壮树干。从经典学起，从源头读起，是重要的学习途径。看大量的红学研究成果，都不如拿起一本《红楼梦》，仔仔细细认真阅读。看再多的明朝小说，不如拿起一本《万历十五年》，扎扎实实学习思考。当我们走进经典，我们也就开始慢慢学会用自己的眼光分析问题。

学习要广博

习近平总书记指出，"为学之要贵在勤奋、贵在钻研、贵在有恒"[①] "广大青年抓学习，既要惜时如金、孜孜不倦，下一番心无旁骛、静谧自怡的功夫，又要突出主干、择其精要，努力做到又博又专、愈博愈专"[②]。

我们可以看看胡适的读书经历。关于读《诗经》，他写道："讲到《诗经》，从前以为讲的是男女爱情、文王后妃一类的事，从前是戴了一副黑眼镜去看，现在换了一副眼镜，觉得完全不同。现在才知道《诗经》和民间歌谣很有关系。……我们如果能把歌谣的文章、社会学、人类学研究一下，就可以知道幼稚时代的环境和生活很有趣味……所以书是越看越有意义，书越多读越能读书。"

吴健雄被称为中国的居里夫人，胡适是吴健雄的老师，他对吴健雄的影响既深且长。胡适勉励吴健雄："希望你能利用你的海外往留期间，多注意此邦文物，多读文史的书，多读其他科学，使胸襟阔达，使见解高明，做一个博学的人。凡一流的科学家，都是极渊博的人，取精而用弘，由博而反约，故能大有成功。"

学习要精深

"旧书不厌百回读，熟读深思子自知。"在"知识快餐"的时代，

---

① 习近平：《青年要自觉践行社会主义核心价值观——在北京大学师生座谈会上的讲话》，《人民日报》2014 年 5 月 5 日。
② 《立德树人德法兼修抓好法治人才培养　励志勤学刻苦磨炼促进青年成长进步　习近平在中国政法大学考察》，《人民日报》2017 年 5 月 4 日。

一些人抱怨精读耗时太长、单位时间内获取知识量太少，实则不然。只有真正内化于心的知识才会有助于一个人的成长，只追求学习数量、不追求学习质量，即使学了很多知识，但却没有消化，对个人成长也没有任何促进作用，虽看着"快"，但实际却是"慢"了。

正如朱光潜所言："少读如果彻底，必能养成深思熟虑的习惯，涵泳优游，以至于变化气质；多读而不求甚解，则如驰骋十里洋场，虽珍奇满目，徒惹得心花意乱，空手而归。"①

华罗庚自学成才，正是通过独立的、艰苦的阅读钻研，极大地发挥了他的学习主体性，锻炼了数学思维能力和创造力，形成了一套对数学的独特见解。

华罗庚16岁无奈辍学回到县城，守着一家小店。到19岁去中学工作的4年间，废寝忘食、如饥似渴地学数学。他最初只有3本书在身上——《微积分》《大代数》《解析几何》，但是他每天只睡4个小时，其他十几个小时都在柜台前看书。三分天分，七分勤奋。他用4年时间，自学完成了高中和大学低年级的数学。

后来，华罗庚进入清华大学，做数学系图书馆助理馆员，他用5年时间读完了馆内所有的数学书，并把每一本都归类放置在书架上。他说自己闭着眼睛手一摸，就知道哪本是什么书。他从各个角度去学习数学，晚上在煤油灯下学，熄灯以后在自己的脑子里继续学习。他既是天才，更是终身学习者。华罗庚由于是自学，没有指导老师，只能自己熟读精思，反复推演，这反而锻炼了他的数学思维能力。

互联网对我们的学习和思考是把双刃剑，它可以让我们快速获取信息，但是同时也给了我们拐杖，让我们习惯于依赖互联网，而不是自己探索、自己动脑。

精深阅读需要独立阅读，不借助于其他手段，自己去钻研和思考，这需要长时段的专注力和忍耐力，短时间很难读出要领，还没进

---

① 朱光潜：《谈修养》，译林出版社2020年版，第100页。

入思考状态阅读就结束了。

所以，精深阅读是需要长时间坚持的，这样才能培养专注力和忍耐力。正如理查德·费曼所言："你从头读，尽量往下读，直到你一窍不通时，再从头开始，这样坚持往下读，直到你能完全读懂为止。"

三、求真学问，练真本领
——青年如何勤奋学习

习近平总书记指出："青年时期是培养和训练科学思维方法和思维能力的关键时期，无论在学校还是在社会，都要把学习同思考、观察同思考、实践同思考紧密结合起来，保持对新事物的敏锐，学会用正确的立场观点方法分析问题，善于把握历史和时代的发展方向，善于把握社会生活的主流和支流、现象和本质。"[①]

学习首先要立志

学习首先要立志。立志就是要立志向、下决心，即要弄清楚为什么要学习，一定要学习什么，这样学习才有动力，才会想办法战胜困难和挫折，才会下大功夫去学习。否则，整天浑浑噩噩、一日十曝地读书，很容易迷失方向，最终没有收获，只能甘于平庸，甚至被快速发展的时代所淘汰。

苏轼在《晁错论》中指出："古之立大事者，不惟有超世之才，

---

① 《立德树人德法兼修抓好法治人才培养 励志勤学刻苦磨炼促进青年成长进步 习近平在中国政法大学考察》，《人民日报》2017年5月4日。

亦必有坚韧不拔之志。"曾国藩也说:"我欲为孔孟,则日夜孜孜,惟孔孟之是学,人谁得而御我哉?若自己不立志,则虽日与尧舜禹汤同住,亦彼自彼,我自我矣,何与于我哉!"

在这个价值多元化时代,由于人生的选择多了,反而容易迷失方向,在不同的选择间反复摇摆,结果浪费了大好青春。"纳米飞人"王中林对浮躁学风深恶痛绝,有一次学生向他抱怨,平时杂事多影响了做科研,他竟劈头盖脸教训道:"浮躁从你浮,今天晚上同学叫你卡拉 OK,你去了,明天同学又叫你喝茶,你也去了,杂事多,你不去不就完了嘛!"

朱熹说:"为学须先立志。志既立,则学问可次第着力。立志不定,终不济事。"青年要成为社会主义建设者和接班人,必须树立正确的世界观、人生观、价值观,把实现个人价值同党和国家前途命运紧紧联系在一起。

习近平总书记教导广大青年:"青年人正处于学习的黄金时期,应该把学习作为首要任务,作为一种责任、一种精神追求、一种生活方式,树立梦想从学习开始、事业靠本领成就的观念,让勤奋学习成为青春远航的动力,让增长本领成为青春搏击的能量。"[①]

学习有不同的层次,从个体层面来看,学习首先是一项任务,学生通过学习获取知识、训练思维。从国家和社会层面来看,学习就不是一种个体行为,而要将个人的学习和祖国的前途命运紧紧联系在一起,学习是一种责任,是一种精神追求。而当我们把学习内化为一种责任、一种精神追求时,学习就成了一种生活方式,和我们的日常生活融合在一起。

学习要同思考相结合

习近平在中央党校 2009 年春季学期第二批进修班暨专题研讨班

---

① 习近平:《在同各界优秀青年代表座谈时的讲话》,《人民日报》2013 年 5 月 5 日。

开学典礼上强调："书本上的东西是别人的，要把它变为自己的，离不开思考；书本上的知识是死的，要把它变为活的，为我所用，同样离不开思考。"正所谓"学而不思则罔，思而不学则殆"。

毛泽东读书就非常善于思考。毛泽东特别爱读《二十四史》，他阅读时经常批画、圈点、批注，有感而发。而且他是带着问题、带着视角去读《二十四史》的，毛泽东从政治的视角去读，从政策和策略的视角去读，从战略和战术的视角去读，从外交的视角去读，从组织工作选人用人的视角去读，从生产生活的视角去读，从民族统一和民族团结的视角去读，等等。因为毛泽东读《二十四史》的视角多、思考多，所以，他越读越有兴趣，常读常新。他还运用比较方式去读，把两种或两种以上的书对比、对照着读，从对同一个历史人物、同一个历史事件的不同记述、评价中考察历史的真相，考察哪种史书写得更真实些、更好些。多读与多思相结合，应成为青年一代读书求知的好方法、好习性。

学习要同实践相结合

我们不仅要读书，还要读社会这本无字书，只有知行合一，通过身体去实践，才能够真正地理解书里的知识，否则即便能够背下来也无法转化为自己的能力。

旧中国，广大爱国青年都在探索救亡图存之道。他们学习国外的种种道路，可是都走不通。为了寻找心中的答案，青年毛泽东"沉"到人民群众中去，对整个中国社会做了大量的调查研究并深入思考。

早在 1917 年暑期，尚不满 24 周岁的毛泽东邀了萧子升，外出"游学"，他们没带分文，历时一个多月，走了 900 多里路，游历了长沙、宁乡、安化、益阳、沅江五个县的不少乡镇。途中，结交了农民、船工、财主、县长、老翰林、劝学所所长、寺庙方丈各色人等，写了许多笔记。类似的调查研究还有很多，几年间毛泽东访遍了中国社会各类人群，并做了详细的记录。正是有充分的调查研究做支撑，他才对整个中国的问题及其未来的前途与命运豁然开朗。

读万卷书，还要行万里路，不去搞充分的调查研究，不去靠实践来消化所知所学，只是在本本上画线线、勾圈圈，是没有用的。毛泽东后来又进行了长岗调查、兴国调查、才溪调查，不知行了多少路、记了多少笔记，对中国革命的道路的认识也越来越清晰。

习近平在梁家河那七年，正好是同龄人上高中、上大学加在一起的时间。习近平曾表示，自己上的是梁家河的高中、梁家河的大学。"上了这个高中和大学，对老百姓才会有很深的感情。"22岁离开黄土地时，习近平已经有了坚定的人生目标——"要为人民做实事"。"我们读了很多书，但书里有很多水分，只有和群众结合，才能把水分蒸发掉，得到真正的知识。"[1]

观察是一种实践，也是一种重要的学习方式。罗丹在《罗丹艺术论》中提道："所谓大师，就是这样的人：他们用自己的眼睛去看别人见过的东西，在别人司空见惯的东西上能够发现出美来。"

观察力是一项需要训练的能力，经常观察，做好观察记录，有利于观察能力的提高。我们要认识社会、认识生活，不能仅仅关在屋里冥想去挤榨自己那点可怜的生活积累，而要走出去，深入到取之不尽、用之不竭的丰富多彩的生活源泉中，开阔视野。

狄更斯就经常深入生活，寻找素材。而这也正是狄更斯在文学创作上经久不息的生命力。

学习要持之以恒

观察、读书、实践、思考都是学习的重要方式，我们不仅需要学习，而且需要持之以恒地学。荀子说："不积跬步，无以至千里；

---

[1] 中央党校采访实录编辑室：《习近平的七年知青岁月》，中共中央党校出版社2017年版，第81页。

不积小流，无以成江海。骐骥一跃，不能十步；驽马十驾，功在不舍。锲而舍之，朽木不折；锲而不舍，金石可镂。"

　　读书是习近平总书记的一个爱好，读书也成为他的一种生活方式。不仅在学生时代读书，在当知青时，在工作以后，他也一直坚持读书。2013 年 5 月 4 日，在中国航天科技集团公司中国空间技术研究院同各界优秀代表座谈时，习近平总书记谈起他的读书经历："我到农村插队后，给自己定了一个座右铭，先从修身开始。一物不知，深以为耻，便求知若渴。上山放羊，我揣着书，把羊拴到山坡上，就开始看书。锄地到田头，开始休息一会儿时，我就拿出新华字典记一个字的多种含义，一点一滴积累。我并不觉得农村 7 年时光被荒废了，很多知识的基础是那时候打下来的。"

　　一个人学习一阵子容易，长年累月地坚持学习并不容易。学习是一个日积月累、循序渐进、由浅入深的过程，要想扎实、系统地掌握知识，必须做到持之以恒，最忌"三天打鱼，两天晒网"。正如习近平总书记曾经指出的："哪怕一天挤出半小时，即使读几页书，只要坚持下去，必定会积少成多、积沙成塔，积跬步以至千里。"

📑 名言金句

　　知识的问题是一个科学问题，来不得半点的虚伪和骄傲，决定地需要的倒是其反面——诚实和谦逊的态度。

——毛泽东

　　没有任何力量比知识更强大，用知识武装起来的人是不可战胜的。

——高尔基

　　生活中有两件事最使人觉得快乐。这两件事一是运动，一是学习。运动使人觉得自己精神旺盛，活力充沛；学习使人觉得自己有进步。这两者都是维持年轻，防止衰老的秘诀。

——罗兰

我们一定要给自己提出这样的任务：第一是学习，第二是学习，第三还是学习，然后是检查，使我们学到的东西真正深入血肉，真正地完全地成为生活的组成部分，而不是学而不用，或只会讲些时髦的词句。

——列宁

读书有三到，谓心到、眼到、手到。心不在此，则眼看不仔细，心眼既不专一，却只漫诵浪读，决不能记，久也不能久也。三到之中，心到最急，心既到矣，眼口岂不到乎？

——朱熹

旧书不厌百回读，熟读深思子自知。

——苏轼

只看一个人的著作，结果是不大好的：你就得不到多方面的优点。必须如蜜蜂一样，采过许多花，这才能酿出蜜来，倘若叮在一处，所得就非常有限，枯燥了。

——鲁迅

古今中外有学问的人，有成就的人，总是十分注意积累的。知识就是积累起来的，经验也是积累起来的。我们对什么事都不应该像"过眼烟云"。

——邓拓

第六篇

艰苦奋斗

　　奋斗是新时代一个最鲜明的特征。2022 年 10 月 16 日，习近平总书记在党的二十大报告中指出："新时代的伟大成就是党和人民一道拼出来、干出来、奋斗出来的！""团结奋斗是中国人民创造历史伟业的必由之路。""团结就是力量，团结才能胜利。"奋斗是青春最亮丽的底色，行动是青年最有效的磨砺。2018 年 2 月 14 日，习近平总书记在 2018 年春节团拜会上指出："我在今年的新年贺词中说过，幸福都是奋斗出来的。今天，我还要说，奋斗本身就是一种幸福。只有奋斗的人生才称得上幸福的人生。奋斗是艰辛的，艰难困苦、玉汝于成，没有艰辛就不是真正的奋斗，我们要勇于在艰苦奋斗中净化灵魂、磨砺意志、坚定信念。""新时代是奋斗者的时代。"

一、奋斗的青春最美丽

"生于忧患而死于安乐"，生活条件的改善会让人们在体验幸福感的同时，无形中丧失奋斗精神，面对困难感觉灰心丧气，无从下手。特别是最近几年，在网络文化和一部分青年中"丧文化""佛系风"日盛，这些看似"与世无争"的"生活智慧"，其实是向生活中的困难妥协，让原本积极阳光、充满奋斗激情的青春时代变得黯然失色、暮气横秋。

现实生活中，没有什么事情可以随随便便成功，更不存在可以不努力就实现的愿望，每一个好结果的背后都是人们为了克服各种困难而付出的无数努力。奋斗，就是人们为了实现自身理想价值和目标而矢志不渝，是克服困难、不懈努力、埋头苦干的过程。奋斗是人生的动力源泉，只有奋斗才能获得幸福的生活，只有奋斗的青春才最美丽。

奋斗是中华民族精神和中华文化的鲜活写照

每个人可能都有这样的记忆，小时候当我们学走路不小心摔倒了时，父母大多会说一句"没事，别哭了，站起来接着走"。这种再小不过的经历和细节，其实就是奋斗精神、奋斗文化在生活中的具体体现。

人类在婴幼儿时习惯爬行，因为爬行比起直立行走要舒服很多，更符合动物的本能。但是，人类偏要选择放弃动物爬行的舒适，非要克服这种困难，站起来，平视这个世界。

回顾中华文明 5000 多年的辉煌历史，我们就会发现，那些至今被我们铭记的伟大先贤都是有着奋斗精神的人物。

孔子作为儒家学派的创始人，不仅提倡奋斗精神，更身体力行。

孔子青年时期曾在鲁国负责仓库管理，对于胸怀天下苍生的孔子而言，这无疑有些大材小用。即使放到今天，可能很多人都会郁闷，想着辞职、跳槽，如果因为各种原因换不了工作，也许有人就会选择消极怠工、直接"躺平"了。但是青年孔子没有这么消极，他觉得这是对自己能力的一种锻炼，承担了这份工作就要克服困难，尽职尽责。他说"会计当而已矣"，翻译成现代汉语就是，（安排我）算账计数（我）必须要准确才行啊！

后来，孔子又被"岗位调整"去做了鲁国主管畜牧的小吏"乘田"。孔子依然是一种积极进取、尽职尽责的态度，他说"牛羊茁壮长而已矣"。意思是说，（安排我）去饲养牛羊（我）必须把牛羊养得肥肥壮壮啊！这段故事被孟子记录在了《孟子·万章下》中，成为孔子尽职尽责、拒绝"躺平"、拒绝随遇而安、坚持奋斗的鲜活事例。

奋斗是实现个人和国家理想追求的精神力量

1883 年 3 月 14 日，马克思主义的创始人之一、无产阶级的精神领袖、国际共产主义运动的开创者卡尔·马克思与世长辞。

按照马克思生前的遗嘱，人们在这位伟大思想家的墓碑上刻上了这样一句名言："哲学家们只是用不同的方式解释世界，而问题在于改变世界。"[①]世界是客观存在的，不随人的意志的改变而改变，不管在心中想得多么好，如果不付诸行动就永远不可能在现实世界中变为现实。这就是为什么马克思说"改造世界"的重要性。

美国的运动品牌耐克公司有一句著名的广告语："Just Do It！"被很多中国青年幽默地翻译成"干就完了！"这就是一种奋斗实干的精神。一万个新奇美好的想法，比不上一个脚踏实地的奋斗。

大到国家民族，小到团体个人，每个群体或个体都有一个美好

---

① 《马克思恩格斯选集》第 1 卷，人民出版社 2012 年版，第 140 页。

的愿望，都有一个自己希望达到的目标。但是，这些美好的目标、心愿并不是随便想想就可以实现的，必须发扬奋斗精神，克服一个又一个的困难才能达成。

北宋大儒张载在《正蒙·乾称篇》中写道："贫贱忧戚，庸玉汝于成也。"这句话的含义就是劝勉人们不管多么贫穷卑贱，遇到多么令人忧伤的外在困难都不要气馁放弃，要积极乐观地面对这些困难，因为，这些客观困难可以磨炼人的意志，激发人的奋斗精神，助力人的成功。

奋斗是人们实现个人理想和追求的重要精神力量。

我们必须努力，才能看起来毫不费力。

2018 年 5 月 2 日，习近平总书记在北京大学师生座谈会上勉励大家："广大青年生逢其时，也重任在肩。我说过，中华民族伟大复兴，绝不是轻轻松松、敲锣打鼓就能实现的，我们必须准备付出更为艰巨、更为艰苦的努力。"是的，没有一个国家、一个民族的现代化是顺顺当当的。而中华民族的伟大复兴之路更是异常艰辛，充满坎坷。

奋斗是新时代最鲜明的时代特征和精神符号

通过一代又一代中国人接续奋斗，中国特色社会主义建设取得了举世瞩目的伟大成就，中国特色社会主义进入了新时代。而新时代一个最鲜明的特征，就是奋斗。

今天的中国日益走近世界舞台中央，以前所未有的大国姿态屹立于世界民族之林，中国已经崛起并平视世界，开始与世界其他国家平等对话了。但是，今天中国发展所取得的成就不是我们放弃奋斗精神、安于现状、坐享其成的资本和理由。

因为世界各国之间的竞争特别是大国之间的竞争从未停止，而且越来越激烈。竞争犹如逆水行舟，不进则退！

奋斗就是为了某种信仰、追求某种价值、向往某个目标而不断努力。任何一个国家、政党或者个人，如果没有确立一个明确的目标与价值追求，或是由于各种原因而放弃过往坚持的信仰、目标和价值，其结果无一例外是迷失前进方向、失去艰苦奋斗的精神，最终的结局就是滑入衰败与颓废的深渊。

因此，习近平总书记多次重申"'赶考'远未结束"，反复强调"天上不会掉馅饼"，一定要"撸起袖子加油干"；不断告诫"我们现在所处的，是一个船到中流浪更急、人到半山路更陡的时候"，千万不能有"喘口气、歇歇脚"的懈怠想法；他激励大家，"伟大梦想不是等得来、喊得来的，而是拼出来、干出来的"，"绝不能有半点骄傲自满、固步自封，也绝不能有丝毫犹豫不决、徘徊彷徨"。归根到底是要让全党全社会时刻保持清醒，时刻保持奋斗，因为，守成者没有前途，奋进者才有未来。

我们在追梦圆梦的路上，必须牢记习近平总书记的谆谆教诲："我们决不能安于现状、贪图安逸、乐而忘忧，必须不忘初心、牢记使命、奋发有为，努力创造属于新时代的光辉业绩！"[①]

奋斗是青春最亮丽的底色，行动是青年最有效的磨砺。新时代是奋斗者的时代，奋斗是伟大新时代最鲜明的时代特征和精神符号，保持奋斗精神就是要居安思危、迎难而上，将中国特色社会主义事业推向新的辉煌。

---

① 习近平：《在第十三届全国人民代表大会第一次会议上的讲话》，《人民日报》2018年3月21日。

二、把汗水洒在祖国的大地上

习近平总书记在党的二十大报告中指出："全党全军全国各族人民要紧密团结在党中央周围，牢记空谈误国、实干兴邦，坚定信心、同心同德，埋头苦干、奋勇前进，为全面建设社会主义现代化国家、全面推进中华民族伟大复兴而团结奋斗！"并号召"广大青年要坚定不移听党话、跟党走，怀抱梦想又脚踏实地，敢想敢为又善作善成，立志做有理想、敢担当、能吃苦、肯奋斗的新时代好青年，让青春在全面建设社会主义现代化国家的火热实践中绽放绚丽之花"。

每一个国家和民族的发展都离不开奋斗，人们要实现个人梦想也离不开奋斗。在这个崇尚奋斗、礼赞奋斗的新时代，作为强国一代的中国青年需要什么样的奋斗呢？新时代的奋斗楷模们已经给了我们明确的答案：把汗水洒在祖国的大地上，让奋斗的青春始终与党和国家的发展同向同行。

家国情怀：把国家利益与个人奋斗有机结合

相信大家在书上看到过这样一句话：个人理想与社会理想是统一关系，个人理想以社会理想为指引。个人的向往和追求只有同社会的需要和人民的利益相一致，才可能变为现实。也许，当时你对这句话没有什么切身的感受，仅仅感觉这是一个考试的"知识点"或者一个习以为常的观点罢了。

但是，这场全球大流行的新冠肺炎疫情让每一个中国人都感受到，国家距离我们是如此之近，我们每个人的幸福都与国家紧紧联系在一起。在这次疫情防控工作中，有数不胜数的英雄人物、先进事迹让我们感动和骄傲，他们一次次义无反顾地向着危险前行，用行动诠释着"舍小家为大家"的社会主义精神。每一个中国人都为自己生长在这片伟大的土地上而感到庆幸与自豪。

"此生无悔入华夏，来生愿在种花家"成为无数"95 后""00 后"中国青少年追捧的网络热语。越来越多的青少年真正从生活中明确了解了国家利益与个人利益的关系：只有国家发展了，才能为个人发展提供安全、稳定、美好的环境；也只有个人发展了，国家的发展才有可能更好。越来越多的中国青少年开始向自己的先辈那样，自觉把青春献给祖国，让青春因奋斗而精彩。

奋斗，就是要在自己的岗位上踏踏实实做事情，不仅为了自己，更是为了我们热爱的祖国！

爱岗敬业：在平凡的岗位上兢兢业业地奋斗

奋斗一定要在那些光鲜亮丽、万人瞩目的岗位上吗？只有那些"高端大气上档次"的工作才值得我们去奋斗吗？显然，这些问题的答案是否定的，或者可以说，这些问题本身就"有问题"。

现代社会是一个高度专业化、精细化、系统化的社会。缺少哪个岗位我们都没有办法正常工作、生活，没有哪个岗位是不重要的，是"低人一等"的。没有外卖送餐员、快递小哥，你怎么可能在炎炎夏日，坐在空调房中刷着手机、喝着奶茶咖啡等美食送上门？没有社区居委会工作人员、志愿者在社区出入口尽职防疫检查，你怎么会在新冠肺炎疫情肆虐时期感到安全和踏实？

我们绝大多数人都要在一个个看似平凡的岗位上度过自己的工作时间，那些在重要岗位上的奋斗者，也大多是在一个个看似普通平凡的岗位上历练、奋斗成长起来的人。所以，我们要珍惜眼前每一个可以奋斗的机会，杜绝好高骛远、眼高手低，摒弃"混日子""干一天算一天"的消极想法。

每一个普通的岗位都值得我们去奋斗，也只有通过这些看似平凡岗位的奋斗才能在点滴中增长才干。"合抱之木，生于毫末；九层之台，起于累土；千里之行，始于足下。"敬业奉献，在平凡的岗位上兢兢业业地奋斗，才是青年一代应有的担当者的模样。

精益求精：用心钻研、追求极致的奋斗

在和平繁荣的新时代，奋斗不再像革命年代那样需要流血牺牲，经历生与死的考验。今天的奋斗，更多的是要在普通的岗位上尽职尽责，用百分之百的努力完成工作职责所要求的任务，用精益求精、追求极致的精神去奋斗，在平凡的岗位上书写不平凡的青春故事。我们身边许许多多的榜样、网络达人都是这样的普通人，他们用心钻研，把人们习以为常的事情研究到极致。

2022年4月，国务院新闻办公室发表的《新时代的中国青年》（白皮书）指出，青年在与互联网的相互塑造中成长。互联网深刻塑造了青年，青年也深刻影响了互联网。互联网已经成为当代青少年不可或缺的生活方式、成长空间、"第六感官"，也成为青年用心钻研、创新奋斗的新场所和新平台。随着互联网的快速普及，越来越多的青年便捷地获取信息、交流思想、交友互动、购物消费，青年的学习、生活和工作方式发生深刻改变。在网络视频（短视频）、网络直播、网约车用户中，青年都是主体。中国青年日益成为网络空间主要的信息生产者、服务消费者、技术推动者，深刻影响了互联网发展潮流。

作家格拉德威尔指出："人们眼中的天才之所以卓越非凡，并非天资超人一等，而是付出了持续不断的努力。1万小时的锤炼是任何人从平凡变成世界级大师的必要条件。"这就是1万小时定律，它告诉我们，追求卓越必须奋斗！

实事求是：坚持从实际出发，理论联系实际地奋斗

"创业维艰，奋斗以成"，意思就是说，干事创业异常艰辛、困难重重，只能依靠奋斗才能达成创业的目标。事业越做越大，成就越积越多，就难免会产生"船到码头车到站"的"歇歇脚""喘口气"的懒怠思想。而且也容易因为新取得的成绩而沾沾自喜、自以为是，开始躺在原有的成绩上飘飘然，或是凭借经验去分析问题、解决问题。以为以往的成果和业绩可以证明自己的能力和经验的正确性，就不用再辛苦跑一线、去现场了，越来越喜欢依靠所谓"经验""感觉"来干事。这种小富即安、不想吃苦、逃避现实，依赖自己以往经验甚至他人经验来思考办事的经验主义正成为阻碍部分青年坚持奋斗的重要因素。

发扬奋斗精神，就是要戒骄戒躁，虚怀若谷，必须坚持实事求是，尊重客观事实，把自己所掌握的理论、经验与实际结合。这样坚持一切从实际出发，理论联系实际的奋斗才是真正的奋斗。

三、耐得住寂寞，经得住风雨

"看似寻常最奇崛，成如容易却艰辛。""青年的人生之路很长，前进途中，有平川也有高山，有缓流也有险滩，有丽日也有风雨，有喜悦也有哀伤。心中有阳光，脚下有力量，为了理想能坚持、不懈怠，才能创造无愧于时代的人生。"[1]习近平总书记这段话就是教诲我

---

[1]　习近平：《在知识分子、劳动模范、青年代表座谈会上的讲话》，《人民日报》2016年4月30日。

们：广大青年要不惧风雨、勇挑重担，让青春在党和人民最需要的地方绽放绚丽之花。然而，由于部分青少年群体难以适应初涉社会的高强度竞争和生活压力，也导致了当前以"躺平""佛系"等为代表的"颓废文化"在一些青年群体中弥漫。面对困难，消极逃避、随遇而安、安于现状成了他们的"新生活方式"，顽强拼搏、积极进取、努力奋斗反而被他们视为"无谓挣扎"。这样的思维方式和生活态度其实就是懦弱妥协的"鸵鸟心态"，已经被无数的事实证明只会让困难越积越多，必然导致失败的人生。在崇尚奋斗的新时代，只有做一个积极、阳光的奋斗好青年才能给自己争取更多的机会，也才有可能去服务更多的人，为社会发展贡献更大的力量。从方法论角度看，青年一代要保持奋斗精神，就要耐得住寂寞，经得住风雨，就要在日常学习和工作中志存高远、勤奋学习、脚踏实地、实事求是、敢于创新。

志存高远，明确奋斗的方向

奋斗是实现理想目标、践行价值信仰的过程，是从现在的此岸走向未来的彼岸的过程。因此，奋斗的第一步就要明确目标方向，我们为什么奋斗，奋斗的目标是什么，这就涉及人生立志的问题。关于立志，早在春秋时期，孔子就强调了其重要性："三军可夺帅也，匹夫不可夺志也。"正是因为立志重要，所以青年人应该立常志，志存高远。

仅仅为了一己私利的"小志"是不可取的。"小志"在本质上是短期目标，可能三五年就会实现，很多人在"小志"达到后便迷失了方向，不知道未来何去何从。我们可能听说过一些高中表现很好的学生在进入大学后就好像"变了一个人"。他们不再刻苦学习，反而开始逃课、睡觉、打游戏，有些同学最后甚至辍学了……有人研究过这些让人惋惜的事例，它们背后都有一个共同的特点：没有长远的人生志向，只是以考入好大学为奋斗目标。所以，当他们实现了上大学的目标之后就突然感觉迷茫，不知道自己为什么要读大学，毕业后要做什么。究其原因，他们的问题就在于没有"立常志"。

新时代青年的奋斗之路始于立志，要立常志，志存高远。

2020 年 7 月 7 日，习近平总书记在给中国石油大学（北京）克拉玛依校区的毕业生回信中嘱咐青年人一定要懂得"志不求易者成，事不避难者进"的道理。前进的道路从不会一帆风顺，实现中华民族伟大复兴的中国梦需要一代代青年矢志奋斗。

勤奋学习，提高奋斗的能力

想象一下，如果三天不上网浏览最新的资讯你是什么感觉？你可能会感觉自己成了一个"奥特曼"（OUTMAN，网络用语，意为"落伍之人"），不能第一时间理解网上用语的含义了，错过了人们对一个事物的最新理解和认识，似乎已经快要和这个世界"脱轨"了。

互联网信息时代是一个科技、生活、世界都在以最快速度运行、发展和变化的时代。变化存在于时时事事，"改变"成为今天唯一不变的东西。

我们要适应今天这个飞速发展变化的世界，想要更好工作学习生活，就必须不断地更新自己，不断学习，让学习成为一种生活的常态。

美国科技公司 IBM 的研究结果显示，1440—1900 年，人类知识倍增的时间大概是 400 年；1900—1950 年，人类知识倍增的时间大概是 50 年；1950—1970 年，人类知识倍增的时间被缩短到了大约 20 年；2017 年后，这个时间已经是 13 个月。而科学家们曾预测，由于市场、信息和培训的阻碍越来越少，人类社会在 2020 年会进入后信息时代，此时人类知识倍增的时间将会被压缩为 12 小时。从理论上讲，今天的知识保鲜期可能只有 12 小时。而我们要适应知识快速更新的后信息时代就必须以谦虚的态度，不断地进行学习，补充新知识，也只有不断学习新知识，才能更好使用新知识来面对新情况、解决新问题。

习近平总书记就十分重视学习，也十分擅长学习。他说："学习是文明传承之途、人生成长之梯、政党巩固之基、国家兴盛之要。""中国共产党历来重视学习、善于学习，党领导中国革命、建设和改革的历史就是一部创造性学习的历史。"①"我们读了很多书，但书里有很多水分，只有和群众结合，才能把水分蒸发掉，得到真正的知识。"②

当代青年要认真领会习近平总书记学习的方法与体会，通过勤奋学习来提高干事创业的能力，让自己乐于奋斗也善于奋斗。

实事求是，以脚踏实地的态度奋斗

奋斗，除了要确立志向，明确奋斗的目标，还要客观理性地了解自己的客观条件，"量体裁衣"，适可恰当为自己确定奋斗的目标，不可盲目自大，也不要妄自菲薄。同时，不因一时的成绩而自满，也不因偶尔的失利而消沉。这就要求我们尊重客观事实，坚持实事求是，以脚踏实地的态度去拼搏奋斗。

习近平总书记指出："实事求是，是马克思主义的根本观点，是中国共产党人认识世界、改造世界的根本要求，是我们党的基本思想方法、工作方法、领导方法。"③坚持实事求是，首先要深刻理解把握它的科学内涵和基本要求。毛泽东同志说："'实事'就是客观存在着的一切事物，'是'就是客观事物的内部联系，即规律性，'求'就是我们去研究。"④毛泽东同志把实事求是形象地比喻为"有的放矢"。坚持实事求是，还要切实把握它的基础和关键。坚持实事求是的基础在于搞清楚"实事"，就是要深入了解实际、掌握实情。这要求我们

---

① 中共中央文献研究室编：《十七大以来重要文献选编》（中），中央文献出版社 2011 年版，第 252、254 页。
② 中央党校采访实录编辑室：《习近平的七年知青岁月》，中共中央党校出版社 2017 年版，第 81 页。
③ 习近平：《在纪念毛泽东同志诞辰 120 周年座谈会上的讲话》，《人民日报》2013 年 12 月 27 日。
④ 《毛泽东选集》第 3 卷，人民出版社 1991 年版，第 801 页。

必须不断对实际情况作深入系统而不是粗枝大叶的调查研究，真正掌握全面、真实、丰富、生动的第一手材料，真正掌握客观实际中的"实事"，做到耳聪目明、心中有数。

对于个人而言，在奋斗中坚持实事求是主要从两方面入手。一方面，要全面认识自身的优点和不足，结合自己的奋斗目标，积极主动发挥自身优势，通过学习、寻求帮助等方法尽全力弥补自己的短板。另一方面，还要通过科学、系统调研分析，了解自己所处环境的真实情况，客观分析环境中的因素，分清楚哪些是利于奋斗目标达成的积极因素，哪些是阻碍奋斗目标实现的消极因素，通过自己的努力，创造条件，把消极因素的影响降到最低，调动一切积极因素来助力自己的奋斗。

总之，当代青年要坚持实事求是，以脚踏实地的态度去奋斗，就务必牢记"空谈误国、实干兴邦"，务必立足本职、埋头苦干，从自身做起，从点滴做起，用勤劳的双手、一流的业绩成就属于自己的精彩人生。

敢于创新，以创新驱动持久的奋斗

现代社会高速发展变化，我们时时刻刻都面临着未知的新问题，迎接不曾见过的新挑战。要想赢得挑战，实现奋斗目标，只依靠勤奋学习是不够的，还要善于创造性地运用现有知识，还必须敢于提出新的观点，以创新的方式应对新问题新挑战。

党的十八大以来，在习近平总书记的公开讲话和报道中，"创新"一词出现超过千次，可见创新的重要以及受重视程度。"创新是一个民族进步的灵魂，是一个国家兴旺发达的不竭动力，也是中华民族最深沉的民族禀赋。在激烈的国际竞争中，惟创新者进，惟创新者强，惟创新者胜。"[①] 同样地，创新也是个人拼搏奋斗的不竭动力和制胜法宝。

---

① 习近平：《在欧美同学会成立 100 周年庆祝大会上的讲话》，《人民日报》2013 年 10 月 22 日。

要自觉培养创新精神，立志敢于创新。首先，要克服自满情绪，敢于不断进行自我否定，走出"自我舒适区"去挑战自我。走出自己已经得心应手的领域，尝试相关但又具有挑战的工作，是激发个体创新动力和奋斗拼搏精神的第一步。

其次，要不断地历练自己敏锐的洞察力，对不懂不明白的事情要保持好奇心，以认真和谨慎的态度，"处处留心皆学问"。实践反复证明，很多大的创新就是源自于对我们身边习以为常的小事的质疑与钻研。

青年人要有敢为人先的锐气和丰富想象力，敢于突破常识和习惯的限制，用不同的视角去思考问题，以持之以恒的进取精神投入创新实践中去。

在平常的学习工作中，要有问题意识，培养家国情怀，心系祖国人民，把自身所学与社会发展、人民需求结合起来，把先进的科学技术与我国重大战略需求、实际问题相结合，坚持问题导向，发挥需求的推动作用，力争有所突破、有所发展、有所建树，真正使创新创造落地生根、拼搏奋斗开花结果。

🗩 名言金句

青年之文明，奋斗之文明也。与境遇奋斗、与时代奋斗、与经验奋斗。故青年者，人生之王、人生之春、人生之华也。

——李大钊

与天奋斗，其乐无穷；与地奋斗，其乐无穷；与人奋斗，其乐无穷。

——毛泽东

希望你们年青的一代，也能像蜡烛为人照明那样，有一份热，发一份光，忠诚而踏实地为人类伟大的事业贡献自己的力量。

——法拉第

历史的道路不是涅瓦大街上的人行道，它完全是在田野中前进的，有时穿过尘埃，有时穿过泥泞，有时横渡沼泽，有时行经丛林。

——车尔尼雪夫斯基

吃苦在前，享受在后，不同别人计较享受的优劣，而同别人比较革命工作的多少和艰苦奋斗的精神。

——刘少奇

一个人做点好事并不难，难的是一辈子做好事，不做坏事，一贯地有益于广大群众，一贯地有益于青年，一贯地有益于革命，艰苦奋斗几十年如一日，这才是最难最难的啊！

——毛泽东

能力愈运用而愈大，困难愈奋斗而愈小。

——恽代英

奋斗是万物之父。

——陶行知

伟大的事业是根源于坚韧不断的工作，以全副精神去从事，不避艰苦。

——罗素

天行健，君子以自强不息；地势坤，君子以厚德载物。

——《周易》

第七篇

创新创造

习近平总书记指出："青年是常为新的，最具创新热情，最具创新动力。""综合国力竞争归根到底是人才竞争。哪个国家拥有人才上的优势，哪个国家最后就会拥有实力上的优势。""未来总是属于年青人的。拥有一大批创新型青年人才，是国家创新活力之所在，也是科技发展希望之所在。"

一、惟创新者强

创新创造能够推动国家发展，促进青年成长成才。青年是创新创造的蓬勃力量。当前，中国迎来世界新一轮科技革命和产业变革。要在这场变革中实现创新超越，关键在于青年。

形势逼人，挑战逼人，使命逼人

中国逐步发展起来以后，越来越成为美国的遏制目标。美国对我国高科技公司的打压无所不用其极，手段之恶劣，让世界为之侧目。

人们越来越清晰地认识到，"卡脖子"技术是要不来、买不来、讨不来的，中美博弈的关键在于科技创新能力的竞争！

改革开放以来，我国在科技创新上取得了骄人的成绩。但我们必须清醒地认识到，我国实体经济远未摆脱高投入、低产出的粗放发展模式，产业发展主要依靠增加人力、物力、财力等要素投入，创新资源所占比重偏低，某些国际前沿核心技术仍受制于人。

中国创新能力建设的特点是进步大，差距也大。世界知识产权组织发布的《2022 年全球创新指数报告》显示，我国排在第 11 位，虽已连续 10 年上升，但与我国的经济体量并不匹配。

习近平总书记在庆祝中国共产党成立 100 周年大会上的讲话中指出："1840 年鸦片战争以后，中国逐步成为半殖民地半封建社会，国家蒙辱、人民蒙难、文明蒙尘，中华民族遭受了前所未有的劫难。"

究其原因，中国近代以来的屈辱很大程度上来自于科技创新能力的不足。农耕文明败给了工业文明，冷兵器败给了西方列强的坚船利炮。

今天，面对新一轮科技革命和产业变革，我们既面临千载难逢的历史机遇，也面临差距拉大的严峻挑战。

习近平总书记在党的二十大报告中指出："教育、科技、人才是全面建设社会主义现代化国家的基础性、战略性支撑。"并强调，"必须坚持科技是第一生产力、人才是第一资源、创新是第一动力"。广大科技工作者特别是青年一代必须大力开展科技创新，努力实现关键核心技术自主可控，把创新主动权、发展主动权牢牢掌握在自己手中。

创新创造是青年成才的必备条件

一部人类文明史，就是一部创新创造史。不创新创造，新的思想无法产生，不创新创造，新的产品无法问世，人类就只能在低级阶段徘徊。

创新改变了世界、造就了辉煌。那么，到底什么是创新呢？

简单说，创新就是抛弃旧的东西，创造新的事物。创新是遵循事物发展的普遍规律，从无到有、从有到无的过程。创新，是对前人和自我的超越，创新的本质就是开拓进取、打破常规、进步发展。创新就是想出新方法、新点子来处理我们所面对问题的能力。

创新是一个民族的灵魂，是一个国家兴旺发达的不竭动力。创新能力的强弱，对于个人而言往往成为区分人才和庸才的分水岭。创新能力是人才的根本属性，只有那些敢为天下先，以创新精神和创新方法做出新业绩的人，方可称为人才。每位青年都应树立这样一个观念："不创新，就无法成为真正的人才。"

创新能力是检验青年是否成才的关键指标。哈佛大学前校长普西认为，"一个人是否具有创造力，是一流人才和三流人才的分水岭"。成才是青年发展需求中最本质和最重要的需求。青年要成才，就要不断加强各方面的学习，学习科学知识，培养各种能力，而其中的关键是学习各种新知识、新科技，以求知识的常新，培养创新能力，以求成为一流的人才。

新时代青年有着明显的时代特征，独立自主、思维敏捷、想象力丰富，有着鲜明的个性追求、乐于接受新事物，普遍具有一定的创新热情，但在创新创造能力的发展上也存在两大问题。

一是缺乏主动探索精神。法国生理学家贝尔纳认为："构成我们学习最大障碍的是已知的东西，而不是未知的东西。"长期以来，我国以考试为中心的应试教育强调的是对书本知识的生硬记忆、不断模仿和重复练习，长此以往，就容易形成一种习惯性思维，难以突破原有知识框架的局限，缺乏创新性思维，阻碍了我国青年创新创造能力的培养和提升。

二是缺乏高质量创新教育。当前，大部分青年的创新潜力没有得到及时的发现和肯定，没有得到专业的引导和科学的培养，创新能力没有得到充分的拓展和迸发。

青年是创新创造的蓬勃力量

青年时期被誉为"人生的春天"，是人生最富创新能力的黄金阶段，"发展的希望在创新，创新的希望在青年"。实践和研究表明，在社会发展和科技创新方面，广大青年是生力军和突击队，发挥着巨大作用。

每当改革的潮流涌来，青年总是走在时代的前列。

习近平总书记在纪念五四运动100周年大会上指出："自古英雄

出少年。在漫漫历史长河中，人类社会青年英雄辈出，中华民族青年英雄辈出。"

马克思、恩格斯发表《共产党宣言》时分别为 30 岁和 28 岁，列宁最初参加革命时只有 17 岁。贾谊写出"西汉一代最好的政论"时不到 30 岁，王勃写《滕王阁序》时才 20 多岁。邹容写《革命军》时才 18 岁。李大钊发表《我的马克思主义观》时是 29 岁。中共一大召开时毛泽东是 28 岁，周恩来参加中国共产党时是 23 岁，邓小平参加旅欧中国共产党时是 18 岁。杨靖宇牺牲时是 35 岁，赵一曼牺牲时是 31 岁，江姐牺牲时是 29 岁，陈树湘牺牲时是 29 岁，邱少云牺牲时是 26 岁，雷锋牺牲时是 22 岁，黄继光牺牲时是 21 岁，刘胡兰牺牲时只有 15 岁。

…………

在科技创新方面，青年的作用更加突出。许多富于革命性的新思想、新理论、新技术、新发明，都出自于那些有创新能力的青年：伽利略 17 岁发现摆钟原理，24 岁写出《固体的重心》；牛顿 22 岁发现微积分，24 岁发现万有引力定律；爱迪生 29 岁时发明了留声机，31 岁时发明了电灯泡；达尔文开始环球旅行时是 22 岁；贝尔 29 岁发明电话；爱因斯坦 26 岁提出狭义相对论……

美国研制出人类第一颗原子弹的科学家们，平均年龄只有 25~26 岁……

中国科学院一个平均年龄不到 30 岁的团队，用了不到两年的时间，研制出了真正的"中国芯"——龙芯。龙芯的诞生，结束了中国人只能用国外的 CPU 制造计算机的历史……

新时代中国青年奋力走在创新创业创先的前列，一批具有国际竞争力的新时代中国青年科技人才脱颖而出，在"天宫""蛟龙""天眼""悟空""墨子""天问""嫦娥"等重大科技攻关任务中担重任、挑大梁，北斗卫星团队核心人员平均年龄 36 岁，量子科学团队平均年龄 35 岁，中国天眼 FAST 研发团队平均年龄仅 30 岁。在工程技术创新一线，每年超过 300 万名理工科高校毕业生走出校门，为中国工程师队伍提供源源不断的有生力量……在信息技术服务业、文化体育娱乐业、科技应用服务业等以创新创意为关键竞争力的行业中，青年占比均超过 50%，一大批由青年领衔的"独角兽企业""瞪羚企业"喷涌而出。中国青年自觉将人生追求同国家发展进步紧密结合起来，在创新创业中展现才华、服务社会。

有学者在万名世界名人中抽取 2000 个样本进行研究。研究表明，世界名人"首次出成果"的人数，最高值在 20~30 岁期间，这表明人的青年时代是人生最富创新能力的黄金时期的立论具有相当的普遍意义。这也是"创新的希望在青年"的现实依据。

正如习近平总书记指出的那样："我们要用欣赏和赞许的眼光看待青年的创新创造，积极支持他们在人生中出彩，为青年取得的成就和成绩点赞、喝彩，让青春成为中华民族生气勃发、高歌猛进的持久风景，让青年英雄成为驱动中华民族加速迈向伟大复兴的蓬勃力量！"[1]

创新创造的要求与青年的特点高度契合

创新是从 0 到 1 的活动，是"无中生有"。创新是青年人的特质，世界上许多重大创新都是青年人做出的。

相比于其他群体，青年思维更加敏捷、视野更加开阔，善于发现新现象、接受新事物，拥有创新创造特质和条件，是无可替代的创新创造主力军。面对国际国内的新环境，青年已成为"社会上最富活力、最具创造性的群体，理应走在创新创造前列"。

创新创造是人类一种极其复杂的综合行为，有其内在规律，对人的素质提出很高的要求。创新创造的要求与青年的特点高度契合。

---

① 习近平：《在纪念五四运动 100 周年大会上的讲话》，《人民日报》2019 年 5 月 1 日。

第一，思维活跃。青年始终是社会发展中最积极、最有生气的力量，他们具有活跃的思维能力，这是青年时期智力高度发展的结果。青年处于人生的上升期，生理和心理的发育都呈蓬勃之势，因而思想活跃、感觉敏锐、充满理想，表现出强烈的求新意识和创造精神，具备了创新的必要条件。

第二，挑战精神。青年人脑子里较少有条条框框，善于和乐于接受新的生产和生活方式，面对社会中存在的各种弊端和不合理因素表现出极大的敏感和反感。青年是整个社会中最不满足现状，强烈要求改革的人群，也是最向往美好未来、热烈追求和创造明天的人群。

第三，丰富的想象力。爱因斯坦说过，想象力比知识更重要，因为知识是有限的，而想象力概括着世界上的一切，推动着进步，并且是知识进化的根源。青年具有丰富的想象力，既有生理和心理的原因，也有其社会地位不确定带来的影响，各种可能性存在于青年的周围，吸引青年不断去思索、追求。

二、青年如何培养创新精神

习近平总书记在党的二十大报告中指出，"在全社会弘扬劳动精神、奋斗精神、奉献精神、创造精神、勤俭节约精神"。创新精神是青年从事创新活动的内在动力，是创新积极性的源泉。创新精神是青年在创新活动中所具有的自觉的意识、强烈的愿望和积极的情绪。培养青年的创新精神，就要培养青年高度的自信、坚定的意志、质疑的勇气。

高度的自信

生活会将更多的机遇留给善于和勇于创新创造的人们，而培养创新创造精神，要从培养青年的高度自信做起。

自信是成才的第一秘诀。每个人都有巨大的潜能，自信是潜能的放大镜和开发器。具有高度自信的人，能很好地开发自己的潜能，做出一番成绩，就能勇于创新创造，干出一番事业。实现中华民族的伟大复兴，需要一代又一代青年人以高度的自信，以开拓进取、勇攀高峰的精神研究新情况、解决新问题、找到新出路。对于青年个体而言，为国家梦想、民族梦想而努力，其实也就是实现自我梦想的过程，实现自我成长成才的过程。青年一代要以自信的精神锻造自身，争做新时代的开拓者和奋进者。

自信者勇于担当使命。勇于担当使命的青年，往往是具有高度自信的青年。当代青年亲历中华民族伟大复兴的关键时期，承载着特殊的历史际遇和光荣的时代使命。生逢盛世当不负盛世，生逢其时当奋斗其时。

自信者敢为人先。创新创造必然要敢为人先，自信者往往敢为人先。解放思想、敢为人先、勇于探索应该成为青年的青春本色、人生底色。身处伟大时代，立足伟大国家，当代青年比以往更有理由坚定自信，更有底气自立自强，更有机会大有作为。

培养自信有方法。李开复认为，青年可以通过六个步骤培养自信心。第一步：尊重自己，鼓励自己；第二步：赞美自己，从潜意识做起；第三步：用言行激发自信；第四步：从成功中获得自信，从失败中获得自觉；第五步：制定具体目标，由自觉达到自信；第六步：发挥优势，放飞自我。

坚定的意志

坚定的意志是指创新创造者为达到目标而克服各种困难的心理

状态。意志是成功者的必备品质，意志是创新者的关键素质。

通往创新成功彼岸的道路是曲折而漫长的，充满挑战和风险。一些人面对挫折马上就败下阵来，放弃了努力，这样的人是绝对不可能有什么创新创造的；一些人面对困难和挑战会拼搏一段时间，但最终停滞不前，用"差不多了"给自己找借口；另外一些人面对困难时则意志坚强、充满信心、毫不动摇，他们才会取得创新创造的甘美硕果。

意志是一种信念，也是一种力量！

为了研究放射性元素，居里夫妇数年如一日，百折不挠，坚持不懈地进行着繁重的工作，一公斤一公斤地炼制铀沥青矿的残渣，终于从数吨铀矿残余物中提取出几厘克纯镭氯化物，实现了科研上的突破，获得诺贝尔物理学奖，后来居里夫人独获诺贝尔化学奖。他们的工作条件十分艰苦，一位叫奥斯特瓦尔德的科学家参观了居里夫妇的实验室后觉得实验室就像"马厩或者马铃薯窖"。他们能在这样艰苦的条件下取得划时代的创新成果和伟大的成就，靠的就是坚定的意志。

意志有多坚定，决定了青年能走多远，能攀登多高的科学高峰。

创新创造的过程是一个必须付出艰辛努力的过程。重大的发明创造，总是长期积累、长期奋斗的结果。"不积跬步，无以至千里；不积小流，无以成江海。"只有在平凡的工作岗位上辛勤耕耘、默默用功，在困难和挫折面前不畏艰难、勇往直前，才能积小胜为大胜，不断地有所发现、有所发明、有所创造、有所前进。

质疑的勇气

真理的长河永无穷尽，人类的创新发展都是在不断质疑和反思中形成和前进的。任何伟人大师都是生活在一定的社会条件下，因而他的思想总会带有某种局限性。

《唐本草》中记载，如果把北方的芜菁移植到南方，就会变成白菜，移植是无法成功的。数百年间，人们对此深信不疑。700 年后，有一位叫徐光启的明朝科学家偏偏不信，他试着把芜菁种在了南方，几年之后，并没有变成白菜，反而可以在南方大量培植，造福南方人民。

古希腊伟大哲学家、科学家亚里士多德曾指出："推一个物体的力不再推它时，原来运动的物体便归于静止。"这个似是而非的论断，一直被人们视为真理，直到 1000 多年后被伽利略质疑。伽利略在生活现象中找到了反面的例子，他想：如果有人推一辆小车在路上走，当他停止推车时，车子并不会马上停下来，往往还会运行一段路程。这是生活中经常见到的现象，但人们因为缺乏质疑权威的思维和勇气，理所当然地认为亚里士多德的论断是不会错的。伽利略的伟大之处在于，他不仅质疑权威，还从这个命题出发，完成了物理学上的伟大发现。

"杂交水稻之父"袁隆平院士，基于自身的研究实践，对经典遗传学理论提出质疑和挑战，发表论文否定水稻等"自花授粉作物没有杂种优势"的传统观点，实现了对杂交水稻研究的突破。他说："如果老是迷信这个迷信那个，害怕这个害怕那个，那永远只能跟在别人后面。只有敢想敢做敢坚持，才能做科技创新的领跑人。"

古人云："学贵知疑，小疑则小进，大疑则大进。疑者，觉悟之机也。"存疑、质疑、解疑的过程，就是不断接近真理、认识真理的过程。

创新的核心是创新思维。创新思维要求创新者大胆质疑，多角度思考。创新的智慧源于问题的提出，也就是质疑。遇到问题要多问几个"为什么"，激发创新兴趣，培育创新能力，敢于疑人所不疑，善于想人所不想。

做勇于创新创造的青年，就要在工作中敢于质疑不盲从，从不同角度思考问题，认识世界，把自己的创新潜能充分发挥出来。

三、青年如何提升创新能力

青年提升创新能力，没有什么捷径可走，首先要有主动的习惯和强烈的创新愿望，其次要乐于吃苦、勤于钻研，在日积月累中学习科学知识。

养成主动的习惯

在信息化时代，更多人享有了知情权、决策权，也有更多人必须在思考中不断创新。大多数人的工作不再是机械重复的劳动，而是独立思考、主动决策的复杂过程。人们拥有了更多的选择，也必须积极地管理自己，养成主动的习惯。

要主动尝试。创新往往来自创新者的兴趣和主动尝试的精神，而不是外在的要求。创新的过程中会有很多挫折，也会有很多机遇，机遇就藏在挫折之中，青年人只有去主动尝试，才是抓住机遇的最好方法。

要主动沟通。每个人都有局限性，在创新创造的过程中，积极主动的有效沟通可以修正自身错误、弥补不足。沟通能力的培养主要有三个要素：一是要有沟通的意识，二是要学会悉心倾听，三是掌握沟通的艺术。

要主动融入团队。今天的创新靠单枪匹马已经无法实现。青年在进行创新实践中，要避免单兵作战，要通过跨学科、跨专业的合作，形成优势互补、合作共赢的局面。

练就过硬的本领

创新创造不是所谓灵光一现，而是基于过硬的本领。做勇于创新创造的青年，就要练就一身过硬的本领。培养创新能力离不开知识储备，知识储备是培养创新能力的基础，是人类思维的原材料。要产生创新思维，就必须具有深厚的知识储备。

青年增长创新本领，提高创新能力的关键是加强学习。

当今时代，知识更新的速度与知识生产的速度都大大加快。有一种观点认为，20世纪上半叶，人类生产的知识每50年翻一番。20世纪50—70年代，人类生产的知识每3年翻一番！进入21世纪，知识更新速度进一步加快。

在知识更迭日益加快的信息时代，青年必须树立终身学习的理念。"终身学习"的理念自1965年由联合国教科文组织正式提出以来，已在世界范围内形成共识。人们面对不断变化的世界，需要不间断地接受教育和学习，只有具备了比别人学得更多更快更好的能力，才能保持竞争优势。

青年在学习中要学会选择。在一个知识爆炸的时代，个体是无法学完那浩繁无尽的知识的，因而必须学会选择性学习。选择性学习是一种个性化的学习，学习中要把学习与创新创造结合起来，多学有用的新知识，使自己始终站在本领域的前沿。

习近平总书记强调，"广大青年要如饥似渴、孜孜不倦学习，既多读有字之书，也多读无字之书"①。青年无论干什么工作、在什么岗位，都要持之以恒地学习，坚持多读书、读好书，不断增长知识，不断更新知识储备，为提升创新创造能力打下坚实基础。

宽广的视野是创新创造的基础条件。只有站得高，才能看得远，才能形成与众不同的观点和思路，才能在创新创造中处于领先位置。

---

① 习近平：《在知识分子、劳动模范、青年代表座谈会上的讲话》，《人民日报》2016年4月30日。

王安石曾说："不畏浮云遮望眼，自缘身在最高层。"而青年要拥有宽广的视野，也必须加强学习。

掌握科学的方法

创新创造虽然很难，但也是有其规律和方法的。

毛泽东同志说过："我们不但要提出任务，而且要解决完成任务的方法问题。我们的任务是过河，但是没有桥或没有船就不能过。不解决桥或船的问题，过河就是一句空话。不解决方法问题，任务也只是瞎说一顿。"[①] 方法就是人们渡河的"船"和"桥"，掌握正确的、科学的创新方法对于提升青年创新能力十分重要。

曾风靡全球的《学习的革命》一书中提到，一个新想法是旧的成分的新组合，没有新的成分只是新的组合。把这句话记下来，画上重点号，牢记它。它应该是记下来的最重要的句子。它会是你开启新想法大门的钥匙。

想想遍布世界的上千本不同的食谱，每一本书中的每一种烹饪法都是已有配料的不同组合。当需要解决某个问题时，就想想这个例子。

因为一个想法是旧的成分的新组合，所以最杰出的创意者总是专心于新的组合。

创新创造方法最关键的步骤包括以下几步。

第一步：界定问题。明确而清晰地界定问题的内涵和外延。一个问题被清晰界定了，那么一个老的成分的新组合就可能解决它。

第二步：收集所有的材料。去收集所能收集到的一切材料。就像做一个课题，尽量多地了解这个领域的信息，才会在前人的基础上更进一步，而不是做无用之功。

第三步：打破模式。要创造性地解决问题，必须开辟新的道路、寻找新的突破点、发现新的联系，必须打破原有模式。最简单的方法

---

① 《毛泽东选集》第1卷，人民出版社1991年版，第139页。

是，从那些能改变思路的问题开始，试着抛弃那些先入为主的看法，试着走出自己的领域。

第四步：尝试各种各样的组合。因为一个新想法是老的要素的新组合，所以去尝试各种各样的组合。

第五步：使用所有的感官，比如利用音乐或自然放松。有意识地试着投入所有的感官，听一些轻松的古典音乐，或者去散散步，都会有效果。凡是能让头脑开始做新的组合的事都可试试。

第六步：它往往会突然出现。你或许在刮胡须，或许在淋浴，或许在睡觉，突然之间，答案已经显现。

第七步：再检验它。当新的答案突然出现后，再检验它。它是不是完全解决了之前的问题？你能否修正它或改进它？

这些步骤，就是在学业、商业以及生活中产生绝妙创意的方法，是创新创造的基本路径。

常用的创新方法还包括自由联想法、头脑风暴法、设问法、分析法、类比法等。

下面再给读者介绍一下上海创造学会研究出来的"十二聪明法"，也叫思路提示法。该方法获得日本创造学会和美国创造教育基金会承认并译成日文、英文在世界各国流传和使用。

"十二聪明"法共12条36个字：加一加，减一减，扩一扩，缩一缩，变一变，改一改，联一联，学一学，代一代，搬一搬，反一反，定一定。仔细研读，这36个字颇有深意。

🗨 名言金句

想象力比知识更重要，因为知识是有限的，而想象力概括着世界上的一切，推动着进步，并且是一切知识的源泉。

——爱因斯坦

一个具有天才的禀赋的人，绝不遵循常人的思维途径。

——司汤达

想出新办法的人在他的办法没有成功以前，人家总说他是异想天开。

——马克·吐温

一些陈旧的、不结合实际的东西，不管那些东西是洋框框，还是土框框，都要大力地把它们打破，大胆地创造新的方法、新的理论，来解决我们的问题。

——李四光

一个人想做点事业，非得走自己的路。要开创新路子，最关键的是你自己会不会提出问题，能正确地提出问题就是迈开了创新的第一步。

——李政道

伟大的以及不仅是伟大的发现，都不是按逻辑的法则发现的，而都是由猜测得来，换句话说，大都是凭创造性的直觉得来的。

——福克

作出重大发明创造的年轻人，大多是敢于向千年不变的戒规、定律挑战的人，他们做出了大师们认为不可能的事情来，让世人大吃一惊。

——费尔马

学者当自树其帜。

——郑板桥

第八篇

责任担当

2020 年 3 月 15 日，习近平总书记在给北京大学援鄂医疗队全体"90 后"党员的回信中指出，青年一代有理想、有本领、有担当，国家就有前途，民族就有希望。2019 年 4 月 30 日，在纪念五四运动 100 周年大会上的讲话中，习近平总书记强调："新时代中国青年要担当时代责任。时代呼唤担当，民族振兴是青年的责任。"青春至美是担当，青年是否负责任、有担当，是决定青年能否成才、能否实现人生价值的重要因素。

一、责任与担当的重要性

"责任"这个词听起来容易，做起来就是一份"担当"。无论什么时候，青年对于工作、家庭都需要一份责任和担当。责任与担当是青年一代最动人的品格，推动一代又一代青年的成长成才，也是我们各项事业充满蓬勃生机活力的生动体现。

"责任"与"担当"之内涵

什么是责任？有人诠释得很精妙——它包括两个基本方面："责"和"任"。

就"责"而言，如果没有做好自己分内的事，就应该承担相应后果而受到责罚；就"任"而言，如果主动承担并完成好相应的任务，必然就能得到相应的奖励或荣誉。

从本质上说，责任是一种与生俱来的使命，它伴随着每一个生命的始终，是生命价值的体现。人可以不伟大，也可以不富有，但不可以没有责任。扛起了责任，就是扛起了信念，扛起了生命的价值。

在我们生活的环境中，我们从小到大都扮演着不同的角色。从幼儿园开始，老师就教育我们"自己的事情自己做"，从点滴小事中引导我们要成为一个自己能够承担相应责任的人。

可是在现实中，在复杂的环境下，青年又是否能够真正认识到责任与担当的存在呢？放眼社会，总会看到有人逃避自己应尽的责任的现象。比如，不赡养父母，比如，开车撞人后还逃之夭夭。这种事情不断地发生在我们的周围，已不容忽视，我们必须正视自己所要承担的责任。

然而，责任是沉重的，要背负起"责任"这两个字并不轻松，也许这就是众多人不敢承担责任的原因吧。担当责任是高尚的，它能促使人成长。毫无疑问，责任是不能逃避和推脱的，只有勇于承担，人生才会饱满充实。

责任也是一种使命，对于应负的责任，迎着风险也要担当。青年要实践担当的精神，提升担当的能力，做到敢担当、能担当、会担当。担当就是要敢于负责，勇于担当决定着对工作的态度。真正的担当，不是一个口号，也不是只凭说说而已，是需要落实在具体行动中。

一个人若无所担当，看似轻松，但于己、于家、于国皆是无益之人，定然不会有存在的价值。

比如，司马迁担当起父亲著书立说之责，遂成千古盛名。"人固有一死，或重于泰山，或轻于鸿毛。"若司马迁受宫刑之后便一死了之，那么世上只会有一个令家人悲伤的人，而不会有那令千古盛赞的司马迁了。文天祥"不指南方不肯休"，高昂着不屈的头颅，为国担当，宁愿赴死，也不投降。谭嗣同敢于担当振兴国家之重任，愿做变法牺牲第一人……

是什么使他们获得盛名流芳百世呢？是勇于担当的精神。祖国危难之时，他们置个人生死于不顾，勇敢地担当起自己应尽的责任，纵使他们失败乃至失去生命，但他们勇于担当的精神，已注定了他们的胜利，他们的精神不会消亡，他们的美名定会随着万千敢于为国担当的人而流传于后世。

英雄军官孟祥斌在危急时刻为了别人的生命，勇于担当自己作为军人的职责，纵身跳进滚滚江水中，不幸献出了自己年轻的生命。

同为遇人危难，有的人勇于担当，舍生忘死；有的人却置别人生命于不顾，一心想着保全自己，不尽举手之劳。这两种人的价值和人格有云泥之别。

青年是担当起时代责任的主力军

"青年者，国之魂也。"青年是新时代的主力军，是民族复兴的中坚力量。

当代青年，面对世界百年未有之大变局和中华民族伟大复兴的伟业，要学会担当起自己应尽的责任。

正如习近平总书记所指出的，"新时代中国青年处在中华民族发展的最好时期，既面临着难得的建功立业的人生际遇，也面临着'天将降大任于斯人'的时代使命"，希望"新时代中国青年要担当时代责任"。[①]

鸦片战争以后，中国便处于民族存亡、国家动荡的危机之中。生死存亡之际，一个又一个觉醒的中国人站了出来，而一大批先进青年便是觉醒者的主力军。从1919年的五四运动，到1921年建立中国共产党，再到1949年新中国成立，这些历史大事变中都充满了青年的奉献和牺牲。

新时代，从新冠肺炎疫情防控一线到抗洪救灾现场，我们都目睹了青年的责任与担当。他们踊跃投身在各个战线，哪里有需要，哪里就有他们的身影。他们脱下校服、工作服，化身"志愿红"和"大白"，不怕牺牲，挺身而出。

曾看到这样一句话："一个人的理想只有同国家的前途和民族的命运相结合才有价值，一个人的追求只有同社会的需要和人民的利益相一致才有意义。"是的，青年人最重要的责任与担当便是热爱祖国。我们需要记住，脚下的每一寸土地，都是先辈热血和汗水挥洒过的地方，爱国是每个中国人与生俱来的品质。

新时代的青年，成长在国家安定、富强的年代，我们是幸运的。

---

① 习近平：《在纪念五四运动100周年大会上的讲话》，《人民日报》2019年5月1日。

我们要谨记先辈的付出，明白如今的一切都来之不易，切实承担起实现中华民族伟大复兴的光荣使命。

责任重于泰山，时代呼唤担当。青年只有勇于承担自己的责任，在担当中经风雨、见世面，增长才干，成长成才，我们的国家才会越来越好。

能负责任是青年成才的必备条件

责任是一个人对他人、集体、国家应承担的义务，也是一份内心的良知。

我们的社会需要负责任的人，只有人人都积极地承担起自己的责任，共同把各项工作做好，社会才会进步。

乒乓球运动员张继科经过不懈努力成为奥运会冠军，从名不见经传的普通人成为家喻户晓的体育明星，这其中付出的努力，可想而知。可是张继科并不骄傲，当记者采访他时，他谦虚地说："我很开心，也很骄傲，我付出了汗水，我为国家争得荣誉，这份自豪来源于我对国家的一份责任。"

普通青年亦如此，在生活中遇到大大小小的事情，首先要学会的便是承担责任，这也是青年成才的必备条件。

"小悦悦"事件的当事人陈贤妹，是第一个救小悦悦的人。她的举动为全社会诠释了爱的含义，彰显了责任的意义。她不为名不为利，只为对得起自己的良心，尽自己的责任。正因为社会上有了陈贤妹这样的人存在，我们才不至于在这个世界上饱受心灵的创伤，我们才可以在心情灰暗时看到一缕阳光，感受到一丝温暖！

新时代青年只有不断增强责任感，明确自身对于国家和人民的责任，自觉把自身需要与社会需求相统一、把个人前途与国家命运相结合、把个体发展与民族振兴相联系，才能不断成长成才，担当时代大任。

二、青年责任感培养的影响因素

当前，自身因素的制约，家庭、学校培育手段的不足，社会环境的误导，等等，都是影响青年责任感培养的因素。

自身因素的制约

人的青年阶段具有独特的身心特征，身体正处在发育完善阶段，心理还没有完全成熟，世界观、人生观、价值观正处在形成和完善的关键时期。

如果在青年阶段没有得到正确的价值引导，负面影响将是巨大的。

人在青年时期的情绪还不稳定，情绪变化较大，有时积极、向上、高亢，有时悲观、消极、颓废，这在一定程度上影响了青年社会责任情感的稳定性和社会责任意志的坚定性。

随着生活水平的不断提高，青年的生活、学习环境不断改善，这容易导致青年丢弃艰苦奋斗的优良传统。现在，不少青年是独生子女，优越的家庭条件使青年与社会现实的距离不断拉大，极易受到个人本位主义的影响和感染，出现自私自利、只讲索取不讲奉献、爱慕虚荣等消极的人生观、价值观，而集体主义和国家利益至上的观念则越来越淡薄。

此外，青年的认知水平、分析和解决问题能力的不足，会影响他们对自身承担的社会责任的认知，影响他们对个人与社会发展关系的认知，导致部分青年以自我为中心，社会责任感淡化，缺乏使命意识。

家庭、学校培养手段的缺位

中国科学院心理研究所研究员杨玉芳曾指出："不可否认，青少年责任感缺失，教育方面的失误也是一个原因。责任感不是一个自发的过程，必须通过教育才能实现，我们教育的重心强调对学生的脑训练，忽视对他们心灵的提升，自觉或不自觉地强调成才与个人利益的关系，而很少有意识地培养他们的社会动机，这样也削弱了他们对社会和集体的责任意识。同时，我们在责任感培养上也缺乏必要的手段。在我们的教育中，灌输性的教育占了主导地位，孩子被动接受的多，主动接受的少，很多培养方式也需要改进。"①

可见，学校对孩子自小的教育以灌输式教育为主，人文修养、价值观念和社会责任教育不到位，缺乏对青年学生的正面引导，忽视青年学生在学习和认知方面的主体地位。

另外，一些教师责任心不强，在责任感教育方面不能对青年学生起到率先垂范和潜移默化的作用，导致青年在践行社会责任感时出现偏差。

家庭教育内容的偏差亦是影响青年责任感培养的重要因素之一。现在父母多重视孩子能力方面的培养，而忽视子女责任意识和负责任习惯的养成。

比如，一些青年从小衣来伸手、饭来张口，爷爷奶奶帮着穿衣，外公外婆喂着吃饭，父母帮着收拾房间，等长大成人要结婚时，父母还要帮着买好房子、车子等。父母把孩子必须做的事情都帮着做了，孩子就忘记了自己的责任，从小到大分不清楚自己的角色是什么。人在不同年龄段、不同的场合就应该扮演好不同的角色，承担起不同的责任，否则进入社会后，可能导致工作受挫，婚姻不顺，有些青年甚至因此一蹶不振，变成好吃懒做的"啃老族"，有的甚至成为"混

---

① 王庆环：《青少年责任感缺失背后的反思》，《光明日报》2015 年 5 月 5 日。

"混"，成为不孝子孙，给社会带来了不安定。

社会环境的误导

利益诉求和价值取向的多样化影响了青年责任意识的养成。当前，我国正处于社会转型的关键时期，受社会环境因素的影响，部分青年在价值追求中往往表现出过度现实主义倾向，对承担社会责任缺乏理性的态度，注重眼前利益，缺乏超越现实的社会责任认知。

社会中存在的一些不公平现象影响了青年责任意识的形成。比如，不断在各行各业爆出的"潜规则"等事件，在一定程度上败坏了社会风气，并影响了青年的思想，导致有些青年更加注重眼前利益，忽视长远目标的制定，盲目追求金钱、权力、名利，信奉现实主义，价值取向越来越功利化和现实化。

生存发展压力的不当归因影响了青年责任意识的形成。比如，一部分青年因缺乏技术技能和社会经验，生存压力较大，但又不能做出合理归因，从而对生活失去希望，对社会产生抱怨，出现心理失衡、思想矛盾、道德失范、信仰缺失等现象。这些严重限制了青年社会责任感的养成和社会责任行为的践行。

还有一部分青年，面对生活挑战选择了"躺平"，追求"佛系"的价值取向，丢失了理想信念，在困顿、踌躇与迷茫中随波逐流，这也是一种不负责任的表现。

三、青年如何提升责任担当能力

青年要更好地践行社会责任、提升责任担当能力，就必须夯基垒台，练就过硬本领；脚踏实地，锤炼品德修为；追求进步，勇做时代弄潮儿。

夯基垒台，练就过硬本领

"工欲善其事，必先利其器。"青年不仅要有担当的意识和担当的勇气，更要练就担当重任的过硬本领。

"天行健，君子以自强不息。"勤劳、实干、奋力拼搏一直是中华民族的特质，是中华文化绚丽的底色。中国特色社会主义事业取得的伟大成就不是一蹴而就的，而是扎扎实实干出来的，是踏踏实实奋斗出来的。

青年练就过硬本领，要从以下几方面入手。

要储备知识。正所谓"学习是成长进步的阶梯"，青年正处于学习的黄金时期，应该把学习作为一种责任、一种精神追求、一种生活方式，不断增强知识更新的紧迫感，不断提高与时代发展和事业要求相适应的知识技能，为实现人生价值做好知识储备、打好坚实基础。

要学以致用。实践是提高本领的途径。新时代的伟大征程已经开启，有大量的工作需要青年去完成，这就需要青年掌握学以致用的本领，将书本知识与基层经验结合起来，将扎实的学问和厚实的见识结合起来，将理论学习与实践探索结合起来。只有在实践中学习，在学习中实践，才能不断增强自身的真才实学，从而胜任平凡而精彩的工作。

要勇于担责。责任意识是一个人价值追求的内在动力，责任意识的培养直接影响青年树立怎样的理想和追求。只有能够承担责任、善于承担责任、勇于承担责任的人才是可以信赖的人。决定一个人成功的重要因素不只是智商、领导力、沟通技巧等，还有责任意识。敢负责任、能负责任是青年实现人生价值和走向成功的阶梯。

总之，青年要担当使命，就要练就担当使命的过硬本领，不断在学习文化知识、科技创新、理论研究、专业技术等方面下苦功、下真功，以过硬的本领担负起应尽的职责使命。

脚踏实地，锤炼品德修为

"欲治其国者，先齐其家；欲齐其家者，先修其身；欲修其身者，先正其心。"[①]青年人追寻正确的初心与使命，必须脚踏实地，从小事做起，从自身做起，才能将自己的价值完美展现出来。

习近平总书记在纪念五四运动 100 周年大会上的讲话中指出："新时代中国青年要锤炼品德修为。""青年要把正确的道德认知、自觉的道德养成、积极的道德实践紧密结合起来，不断修身立德，打牢道德根基，在人生道路上走得更正、走得更远。"[②]习近平总书记这一论述，是对广大青年的殷切期待与要求，更指明了广大青年要在新时代建功立业，必须夯实品德基础。

青年强则国强，而青年强的集中体现，恰恰是更持久、更深沉、更有力量的品德修为。

"宝剑锋从磨砺出，梅花香自苦寒来。"我们的国家，我们的民族，从积贫积弱一步一步走到今天的发展繁荣，靠的就是一代又一代人的顽强拼搏，靠的就是中华民族自强不息的奋斗精神。顽强不息、艰苦奋斗的高尚品德是每一个人的立身之本。

人无德不立，品德是为人之本。青年提升责任担当能力，就要锤炼个人品德修为。

首先，应加强个人道德修养的自觉性。高度的自觉性是道德修养的内在要求和重要特征。大家要努力按以下要求来提高道德修养的自觉性。

---

① 王国轩译注：《大学·中庸》，中华书局 2007 年版，第 4 页。
② 习近平：《在纪念五四运动 100 周年大会上的讲话》，《人民日报》2019 年 5 月 1 日。

第一步：有进行道德修养的强烈动机，这样才能满腔热情地、自觉自愿地去学习、去思考、去体验，从而提升道德修养的境界。

第二步：积极主动地进行自我教育、自我约束、自我激励，坚忍不拔、脚踏实地、持之以恒地加强道德修养。

第三步：正确地认识和评价自己，发扬优势，克服不足。

其次，应采取合理的方法加强道德修养。常用的方法包括学思并重的方法、省察克治的方法、慎独自律的方法、积善成德的方法、知行统一的方法等。

当前，科技的高速发展不断改变着我们的生活节奏，人们在快速更迭的信息社会中难免会变得心浮气躁。

青年只有立足本职、埋头苦干，从自身做起，从点滴做起，才能摆脱浮躁，进而在自己擅长的岗位和行业中取得一番成就；只有不断锤炼自己坚毅、果敢、无私奉献的品格，才能始终牢记自己的历史使命，不断提高自身的思想道德修养，从而在新时代更好地践行社会责任。

追求进步，勇做时代弄潮儿

不断进步是一个国家、一个民族的永恒追求。

青年思想观念相对比较开放，更加具有包容性，往往是进步思潮的代表。

青年要担大任，就要勇于追求进步，那要靠什么去追求进步呢？

靠素质。素质是个人成长进步的重要基础。它犹如一双翅膀，一个人没有过硬的素质能力，练不硬这双翅膀，就是给你一片天空，也不可能展翅飞翔。即使勉强飞起来，也飞不高、飞不远，甚至还会摔下来。网络上有这样一则民谣：关系是泥饭碗，是会碎的；文凭是铁饭碗，是会锈的；只有素质能力是金饭碗，是会升值的。这个比喻是很形象的。所以，青年一定要树立靠素质进步的观念，下功夫练好"内功"，过硬的能力素质才是"硬通货"，才是含金量高的"上岗证"。

靠实干。空谈误国，实干兴邦。纵观古今中外，但凡事业有成者，都是靠艰辛和汗水获得的。"天下没有免费的午餐""天上不会掉馅饼"，没有付出辛勤的劳动，不可能收获丰硕的果实。看看那些素质强、能干事、业绩好的同志，哪一个不是吃苦"吃"出来的，加班加点"熬"出来的，勇挑重担"压"出来的，急难险重任务"逼"出来的？可以说，真正的进步和荣誉属于那些自强不息、奋斗不止、真抓实干、默默奉献、不事张扬在本职岗位上创造佳绩的人，无论在什么时候、什么岗位，只有实干，才是成功的"通用法则"。

靠组织。把自己置于组织之中是一个原则，也是成长进步的重要保证。离开了组织，个人如无源之水、无本之木，难以立足，无法进步。只有自觉依靠组织，才能把主要精力和心思用在工作上，才能做出突出的工作成绩。如果在个人进步问题上不靠组织，甚至自觉不自觉地把自己摆到组织的对立面，不仅于事无补，而且十分危险。

青年要践行社会责任，就必须把追求进步作为自己的奋斗目标，勇做时代的弄潮儿，要敢于做先锋，而不是做过客、当看客，要清醒地认识到时代赋予自身的使命，勇担时代责任。

💬 名言金句

天下兴亡，匹夫有责。

——顾炎武

一个人若是没有热情，他将一事无成，而热情的基点正是责任心。

——托尔斯泰

烈士不忘死，所死在忠贞。

——柳宗元

年轻人把受教育求进步的责任和对恩人及支持者所负的义务联结起来，是最适宜不过的事，我对我的双亲做到了这一点。

——贝多芬

社会犹如一条船，每个人都要有掌舵的准备。

——易卜生

这个社会尊重那些为它尽到责任的人。

——梁启超

责任就是对自己要求去做的事情有一种爱。

——歌德

生命跟时代的崇高责任联系在一起就会永垂不朽。

——车尔尼雪夫斯基

第九篇

身心健康

2014 年 8 月 15 日，习近平总书记在看望南京青奥会中国体育代表团时指出："少年强、青年强是多方面的，既包括思想品德、学习成绩、创新能力、动手能力，也包括身体健康、体魄强壮、体育精神。"他告诫"年轻人不要老熬夜"，他要求青少年既把学习搞得好好的，又把身体搞得棒棒的。身心健康是青年成才的基础。青年一代的身心健康不仅关系着个人的精神风貌，更关系到国民体质的强弱与整体的民族精神。提高青年健康水平是一个系统工程，需要持续努力，更需要青年自身具备健康管理能力，树立健康第一的理念，增强体质、健全人格、锤炼意志。

一、青年强，则国家强

从"一个人的奥林匹克"到"百年奥运梦想成真"，从"东亚病夫"到"体育大国"，再到"体育强国"，展示的不仅是中国运动员的竞技水平的提高，更是中国青年一代健康体质的提升、国家形象的提升，以及中国文化的自信。

体育强国的百年之变

习近平总书记指出："建设体育强国，是全面建设社会主义现代化国家的一个重要目标。"[①] "发展体育事业不仅是实现中国梦的重要内容，还能为中华民族伟大复兴提供凝心聚气的强大精神力量。"[②]

回首百年前的中国体育窘境，陈独秀在《新青年》杂志创刊不久就形象地描述了中国体育落后的面貌："余每见吾国曾受教育之青年，手无缚鸡之力，心无一夫之雄；白面纤腰，妩媚若处子；畏寒怯热，柔弱若病夫：以如此心身薄弱之国民，将何以任重而致远乎？"[③] 陈独秀此语充分反映了旧中国体育落后、人民羸弱、心志不坚定的状况，也表达了那个时代中国知识分子"体育救国"的民族呼声。对比

① 《习近平在北京河北考察并主持召开北京 2022 年冬奥会和冬残奥会筹办工作汇报会时强调 坚定信心奋发有为精益求精战胜困难 全力做好北京冬奥会冬残奥会筹办工作》，《人民日报》2021 年 1 月 21 日。
② 《习近平春节前夕在北京看望慰问基层干部群众 向广大干部群众致以美好的新春祝福 祝各族人民幸福安康祝伟大祖国繁荣吉祥》，《人民日报》2019 年 2 月 2 日。
③ 《陈独秀文集》第 1 卷，人民出版社 2013 年版，第 109 页。

往昔，我们就会深刻体会到中国共产党对体育的重视，以及开创中国特色体育事业新局面的历史功绩。

毛泽东很早就关注到国民健康的重要性。他在1917年发表的《体育之研究》一文中指出："国力恭弱，武风不振，民族之体质日趋轻细，此甚可忧之现象也。提倡之者不得其本，久而无效，长是不改，弱且加甚。夫命中致远，外部之事，结果之事也；体力充实，内部之事，原因之事也。体不坚实，则见兵而畏之，何有于命中，何有于致远？坚实在于锻炼，锻炼在于自觉。"① 其中涉及了两方面主题：一是体育对于个人的作用，可以强身健体、锻造精神；二是体育与国家民族的兴衰息息相关。1952年6月10日，毛泽东为中华全国体育总会成立大会题词"发展体育运动、增强人民体质"，后来被确立为我国体育运动的根本任务，这为新中国的体育和人民健康事业发展奠定了坚实的基础。

改革开放和社会主义现代化建设新时期，我们党和国家一如既往重视体育事业的发展，不仅在大中学校招生、各部门招工中将体育放在与智育和德育同等重要的地位上加以考察，择优录取，还将体育纳入了公共卫生服务体系范畴，开创了中国特色社会主义体育事业新局面。

新时代开启了中国体育现代化建设新的伟大征程，习近平总书记高度肯定体育精神的重要价值，指出奖牌对于运动员来说固然重要，但以"热爱祖国"为核心的中华体育精神更是所有体育工作者必须具备的核心素养。唯有如此，体育方能有发挥道德引领的巨大作用，发挥在践行社会主义核心价值观、弘扬中华民族传统文化等方面的独特价值和作用。

---

① 《毛泽东早期文稿》，湖南人民出版社2013年版，第56页。

用理想和信念诠释中国精神

2022 年北京冬奥会、冬残奥会，是我国向第二个百年奋斗目标迈进的关键时期举办并参与的重要国际赛事，对展示国家形象、振奋民族精神、增强人民体质、激发爱国热情具有重要意义，对加快体育强国建设具有积极推动作用。

奥运赛场有成功也有失败，有快乐也有痛苦，但只要坚定自己的理想和信念，并为之坚持和付出，就无怨无悔。最美的不是获得金牌，而是为之奋斗的过程，这就是奥林匹克精神，也是中国精神。金牌足够耀眼，突破彰显实力。不可否认，在一些项目上中国队不具备收获金牌或奖牌的实力，但只要实现突破，创造历史，就是奥运赛场上的赢家。

在世界百年未有之大变局叠加新冠肺炎世纪疫情背景下举办冬奥会、冬残奥会，是对我国体育战线的一次大考，参赛形势严峻复杂，尤为需要"为国而战"的使命感、责任感、荣誉感。从开幕后的第一个比赛日开始，中国体育健儿就顶住压力迎难而上，勇于拼搏，取得历史最好成绩。

关键时刻站得出来、顶得上去、拼得出去，这样的功底与信念来自于日常的千锤百炼、日积月累。支部建在运动队，党旗飘在训练场。广大青年运动员积极把青春奋斗融入党和人民事业，以建设体育强国为己任，抗疫情保备战。形势严峻、任务艰巨，攻坚克难必须全方位砥砺精兵。用高标准的训练铸就了新时代体育健儿的精气神，锤炼了意志，补强了短板，增强了队员们决战奥运会的信心。北京冬奥会、冬残奥会是中国人民爱国热情的激扬展示。在冬奥申办、筹办、举办的过程中，共同创造了胸怀大局、自信开放、迎难而上、追求卓越、共创未来的北京冬奥精神。我国广大运动员、教练员以实际行动落实拿道德金牌、风格金牌、干净金牌的要求，诠释了奥林匹克精神和中华体育精神。广大志愿者用青春和奉献提供了暖心的服务，向世界展示了蓬勃向上的中国青年形象。成功筹办举办北京冬奥会、冬残奥会，极大激发了亿万人民的体育热情，极大推动了我国体育事业发展。

以体育磨砺青春之志

体育是青春的底色。无论是在战争年代还是在和平年代，体育始终是贯穿青年成长的重要环节。毛泽东在1933年《青年实话》第2卷第8期《组织青年的体育活动》中谈到，根据地工农红军的体育健儿一天天的多起来，要求在各地，尤其是在江西、在福建、在前线、在后方各处都能够举行体育比赛，发展红色体育。苏维埃政府曾明确提出："体育运动，应在工农群众中开展，发动群众经常做各种运动，强健身体。"

进入新时代，习近平总书记十分关注体育对青少年健康成长的重要性。习近平总书记指出："要推动健康关口前移，建立体育和卫生健康等部门协同、全社会共同参与的运动促进健康新模式。要坚持健康第一的教育理念，加强学校体育工作，推动青少年文化学习和体育锻炼协调发展，帮助学生在体育锻炼中享受乐趣、增强体质、健全人格、锻炼意志。"[1]

我们看到，习近平总书记对体育的关切、对青少年健康的关心、对运动健儿的关注萌生于他在青少年时代的人生经历，以及他对体育运动的热爱与坚持，也源于他对体育功能和体育精神的深刻领悟。习近平自幼爱好体育，有着非常广泛的体育兴趣和运动经历。他四五岁就学会游泳，而且还喜欢爬山，曾是福建登山协会的名誉会长；他喜爱足球，中学时代踢过足球，所在的球队还拿过北京市比赛冠军；他也喜欢滑冰，冬天的什刹海常常能看到他的身影；他爱看排球、篮

---

[1]　习近平：《在教育文化卫生体育领域专家代表座谈会上的讲话》，《人民日报》2020年9月23日。

球、冰球等需要团队配合和协作的集体项目。习近平总书记热爱足球，并将足球运动所蕴含的哲理运用到工作中。他认为，"'经济大合唱'就是要讲协调，讲配合"，"这好比一场足球赛"。正如费孝通老先生所说："接受过良好运动训练的人，难能可贵的是在运动中把这种精神贯彻到平时生活和工作中去，使自己所处社会周围的人都能赖以健全和发展。"

习近平总书记丰富的体育运动经历使他对于体育的理解更全面、对于体育的领悟更深刻、对于体育的思考更切合实际，促成了他体育价值观的形成，而这也是习近平总书记关于体育工作重要论述的"根"和"源"。

二、习惯好，则身心健

健康对于生命来说是最重要的，也是做好任何事情的基础。对于年轻人来说，没有一个健康的体魄，就没有成长发展的必要条件。那些在事业上功成名就的人，哪个不是经过多年的奋斗、打拼，才取得超乎常人成就的？不难想象，如果没有健康的身体作保证，要想实现人生的理想是不可能的。生命活力就像一团火，每个人都会不自觉地喜欢它、靠近它。身心健康一靠锻炼，二靠合理作息。

身体是革命的本钱

拥有健康不代表拥有一切，但是失去健康代表失去一切。健康高于一切，无论何时都要记住，身体是一切革命的本钱。犹太人有一句关于健康的谚语："保持身体健康的目的，是使你获得智慧。"的确如此，因为无论你想要在生活中取得怎样的成就，其首要条件就是得拥有强健的身体和饱满的精力，而清醒的头脑、坚强的意志、旺盛的精力，都来自健康的身体。

毛泽东同志曾说过："身体是革命的本钱，本钱没有了，拿什么革命呢？"健康的体魄，再加上积极、乐观的心态，天塌下来也不再可怕。1942年，毛泽东为延安首届体育节题词"锻炼身魄，好打日本"，也是同一个道理，意义和影响都是极其深远的。毛泽东同志重视人民的健康，也重视自我保健。他认为保持健康才是学习求知与从事革命工作的基础，他战斗一生的经历，已充分说明了这个观点。

健康是身体的基础，是革命的本钱，如果没有健康，拿什么拼未来？现代人常熬夜、饮食不规律、缺乏运动，导致亚健康群体不断扩大，并有逐渐年轻化的趋势。这一现象应引起青年人的警惕。

很多耄耋之年的科学家、医生、大学教授等都还在为祖国的事业奋斗着，活跃在为人民服务的第一线。从逻辑思维、工作冲劲、学习研究成效等方面，根本看不出他们的真实年龄，这得益于他们在工作之余挤出时间坚持锻炼。如钟南山院士经常打球、做单双杠运动、游泳。运动让他们保持了身体年轻的锐气、底气，他们是年轻人的榜样。青年要向他们学习，工作之余坚持抽出时间加强体育锻炼，让身体处于张弛有度、紧张活泼有序结合的良好状态中。

熬夜是健康的隐形杀手

熬夜是最伤身体的行为之一。2011年，年仅32岁的复旦年轻女教师于娟，患癌去世。她生前完成的《此生未完成》一书中写道："在生死临界点的时候，你就会发现，任何的加班（长期熬夜等于慢性自杀），给自己太多的压力……""二十几岁的时候，觉得人生冗长，善待自己最重要……"

现代人的生活节奏越来越快，年轻人肩上的担子也越来越重，只有在夜间才拥有"喘息"的空间。对他们而言，"睡觉是生理需求，熬夜是心理需求"，"晚安"的意思不是我要睡了，而是我打烊了，要享受只属于自己的时间了。这种行为也有一个称呼——报复性熬夜。可是，你报复的究竟是谁，是社会的压力，还是自己的身体？

青年的熬夜行为日益凸显，对于部分青年来说，熬夜已成为一种常态。中国医师协会发布的《2018 中国 90 后年轻人睡眠指数》表明，"90 后"年轻人睡眠指数的均值为 66.26，普遍睡眠不佳，呈现出"需要辗转反侧，才能安然入睡"的状态。其中，"苦涩睡眠"占 29.6%，"烦躁睡眠"占 33.3%，"不眠"占 12.2%，"安逸舒适睡眠"占 19.4%，只有 5.1% 的人睡眠处于"甜美睡眠"。

在睡眠时间上，"90 后"睡眠时间平均值为 7.5 小时，低于健康睡眠时间，六成以上的人觉得睡眠时间不足，最短仅仅 4 个小时。其中 43.3% 的人睡眠时间为 7~8 小时，23.4% 的人睡眠时间为 8~10 小时。入睡时间显示，30.9% 的人入睡需要 30 分钟以上，0.9% 的人需要药物助眠才能入睡。

作息习惯研究显示，31.1% 的人属于"晚睡晚起"，30.9% 的属于"晚睡早起"，能保持"早睡早起型"作息的只占 17.5%。接近 1/3 的人上午 9 点后起床。只有 28.2% 的人能睡到自然醒，61.9% 的人每天早晨是被闹钟或周围环境叫醒，约七成的人都是被动起床的。

睡得晚，起得早，已经越来越成为年轻人或主动或被动的作息习惯。这背后，既有很多个人因素，也有着鲜明的时代底色。在现代生活节奏下，一个人理想状态下的时间分配，大致是工作 8 小时，睡眠 8 小时，剩余的 8 小时是休闲娱乐和学习充电的时间。但现实中，工作超支了大部分时间，不少年轻人的休闲娱乐和学习充电的需求未得到有效满足，便去向睡觉索要时间，这便造成了熬夜现象。

针对青年中的习惯性晚睡现象，医学界专业人士指出，被动打破睡眠节律的习惯会对身体造成不好的影响，即使现在没有感受到身体不适，还是会有潜在的健康风险，年轻人要养成早睡早起的习惯。

三、方法对，则事功倍

1957 年，清华大学的蒋南翔校长提出了"为祖国健康工作五十年"的口号。几十年来，这个口号不仅在清华，而且在全社会都产生了广泛影响，激励着人们坚持体育锻炼、塑造完整人格，实现报国梦想。

培养爱好，遇见更好的自己

我们常说兴趣是最好的老师，体育锻炼亦是如此。很多青少年认为自己没有一项喜欢的运动，只喜欢拿着手机玩游戏，有时间也懒得动，宁可窝在家里，让时间在手指尖溜走。

万事开头难，没有人天生喜欢吃苦。和躺在家里的沙发上看电视相比，体育运动确实算得上是一件苦事，因为身体要出力、要出汗。但是这个吃苦是有回报的，体育会让我们的身体更健康，身体素质也会大大提高。美国梅奥医院的研究发现，运动能够使人精神焕发，有效提高睡眠质量，适应高强度的工作。

经常上网的青少年一定会发现，现在的健身博主很受欢迎，有人甚至以此作为自己的职业，在视频中展示自己通过运动产生的蜕变。粉丝们常常感慨，健身好比整容，体姿体貌仿佛换了一个人，于是产生跃跃欲试的心理。

运动是个很宽泛的概念，并不是只有去玩"三大球"，去参加体育比赛中的项目才算是运动。我们现在倡导的是全民健身理念，慢步走、广场舞、太极拳、健身操、极限运动都是运动的范畴，哪怕是去游乐场玩翻滚过山车也是一种体育运动。有哪个青少年不是天生爱玩的呢？所以不要给自己套上枷锁，觉得这不行那不行，这不会那不会，抛去这些所谓的框框，你可以发现一个全新的自己。

掌握方法，开发自身潜能

促进体育运动有很多行之有效的方法，下面介绍几种。

一是运动习惯和能力的培养。凡事从娃娃抓起，体育运动也不例外。我们要趁着青春年少养成良好的习惯。人的本能是有限的，几乎所有的生存能力和行为习惯都要在后天特别是成长的初期养成。好习惯是一种好的生活方式，运动习惯就是一种好习惯。在青少年时期养成爱运动的好习惯，让人终生受益。

二是找同龄人或者父母做个伴。每个人都有惰性，在日常生活中，我们做什么都希望有人做伴，如一起上下学，一起去逛街、购物，一起去参加活动。无论是成人还是儿童，都有这种心理。为什么？因为每个人都需要安全感，特别是当你进入一个陌生的领域，去到一个不熟悉的环境，有人和你在一起，就觉得有了依靠，可以商量、可以彼此壮胆。举个例子，在日本的环球影城有一个非常有名的游戏，叫鬼屋，没有足够胆量，工作人员会劝你不要进去，很多年轻人不信这个邪，毕竟都是人造的景物，能够产生恐惧的就是自己的心理暗示，这些勇于挑战的有胆量的人就想着一起结伴进去，这样无论怎样都不会害怕，起码可以抱团取暖。这和找个伴去运动是一个道理，一个人去闯鬼屋，很多人就打退堂鼓了，但要10个人一起去，那么恐惧心理就减轻很多。如果一个人去跑步，就会觉得好孤单，没有任何动力，但是三五个人一起去，跑步的过程中你追我赶，就能够彼此促进。当其中一个人产生放弃的念头，同伴的劝说往往会使其继续坚持，这就是同伴的力量。

三是享受运动的乐趣。一般来说，爱运动的人性格大多不会内向，运动本身就像游戏，有谁不喜欢玩呢？把运动与娱乐相结合，在兴趣和玩乐中参与运动，享受运动的乐趣。体育运动本身就蕴藏着无穷的乐趣。什么能引起乐趣？变化、未知、胜利、成功、探索等，都能引起乐趣。而这些因素几乎在体育运动中都能找到。即便有些看似枯燥的体育项目，也可以开发出兴趣，如跑步，我们都去跑步，在跑步的过程中可以用成绩的不断提高刺激兴趣：昨天某某人跑 1000 米用时多少，今天提高了多少；上学期肺活量是 1000，这次就增加到1200 ⋯⋯带有技巧性的运动就更加乐趣无穷了，如打乒乓球、羽毛球。每当我们学会一项新的技术，都迫不及待想去实践，技巧的提升、战术的变化，获胜的愉悦心情都会使我们对运动上瘾。再加之科技的发展，我们还可以使用可穿戴设备监测自己的运动过程。比如，我们可以用运动手环记录路线、时间、速度、步频、心率等指标，看到自己在一段时间内的变化，这会促使我们经常去运动。不仅如此，还有不少青年朋友会把自己的运动数据发到朋友圈晒晒，与自己的亲朋好友分享，收获更多点赞和好评也是享受运动乐趣的一种方式。

四是有意识提高自己的运动技能，把培养习惯与能力相结合。运动水平的提高有利于我们对运动习惯的坚持，天天有进步会给我们很大的内驱力。但是运动技能的提高绝非一朝一夕能够完成的，必须认真学习、认真分析，还要反复练习。培养能力本身蕴藏着巨大乐趣。骑车、游泳、滑冰、轮滑⋯⋯从不会到会，其过程充满探索与感悟，从会到精通，其过程充满坎坷与挑战，因此乐趣无穷。不同的运动看似没有关联，但在基本技巧的使用和身体用力、发力的基础技能方面又是相通的。

学会选择：适合的才是最好的

选择适当的运动项目。什么叫作适当的运动项目呢？就是能满足我们的某些需求的运动项目。体育界的专家们把运动项目划分成三类：娱乐性项目、必选类项目、终身性项目。划分依据是人们需求层级的不同。

首先是生理性需求，针对的是人的本能和天性。娱乐性项目属于这个层级，满足人的感官需求。比如，小孩子的运动多是以娱乐性项目为主，玩沙子、堆积木、戏水……这类项目能够最大限度调动参与者的积极性，体会到游戏的快乐。

其次是安全的需求，是基于人的生存和发展过程，必选类项目属于这个层级。比如，游泳、骑自行车之类的项目。因为，这些项目不但是运动，还是有极大实用性的能力。可以说游泳是人的生存能力之一，在很多中学和大学，游泳已经成为体育必修课，学不会游泳，体育则无法达标，目的就是要提高青少年的生存能力。中国素有"自行车王国"之称，会走路就开始骑车见怪不怪，幼儿园小朋友能够轻松驾驭两轮车的比比皆是，这是我们的生活需要，会给我们的生活带来很大的便利。而在西方一些国家，骑自行车是一种运动项目，自行车的设计是针对体育运动的，和我们平时在城市街道骑的自行车有很大的不同。骑行运动是非常容易被接纳和上手的，因而在青少年当中也相当流行，很受欢迎。

最后就是幸福感的需求了，终身项目就属于这一类。为什么把和幸福感相关的叫作终身项目？只有喜欢，才能坚持。终身说的就是每天都要进行以至于可以坚持一辈子。我们每个人都需要一个天天都可以去做的运动，保持身体必要的活动，这也是养成运动习惯的重要途径。终身项目有几个特点：一是对场地、器械要求不高；二是能够活动全身，有一定的运动量；三是以自身活动为主。比如长跑、快步走、体操、健身舞、武术、踢毽、跳绳，等等。在新冠肺炎疫情期间可以看出哪些运动是受限较小的运动。当我们社区封闭、体育场馆停止运营、公共活动空间有限性开放的时候，在家里能做什么？有在家跳绳的，有练瑜伽的，有跳健身操的，还有在跑步机上跑步的，而游泳、打球之类的运动则无法进行了。所以，选择一个自己喜欢、能够坚持下来的终身项目是青年养成运动习惯的必要条件。

总之，身体强健、身心健康是人最宝贵的财富，是青年成长成才的根基。青年要像爱惜自己的眼睛一样爱惜自己的健康，加强体育锻炼、注重劳逸结合，成为一个朝气蓬勃、精力充沛、精神饱满的有用之才。

名言金句

健全自己身体，保持合理的规律生活，这是自我修养的物质基础。

——周恩来

生命在于运动。

——伏尔泰

运动的好处除了强身之外，更是使一个人精神保持清新的最佳途径。

——罗兰

日月以日行故明，水以日流故不竭，人之四肢以日动故无疾。

——苏轼

发达其身体，而萎缩其精神，或发达其精神，而罢敝其身体，皆非所谓完全者也。完全之人物，精神与身体必不可不为调和之发达。

——王国维

精神畅快，心气和平。饮食有节，寒暖当心。起居以时，劳逸均匀。

——梅兰芳

只有一身宜爱护，少教冰炭逼心神。

——白居易

健康的身体乃是灵魂的客厅，有病的身体则是灵魂的禁闭室。

——培根

常动则筋骨竦，气脉舒。

——颜元

第十篇

爱岗敬业

2022 年 5 月 10 日，习近平总书记在庆祝中国共产主义青年团成立 100 周年大会上的讲话中要求新时代的广大共青团员要"带头立足岗位、苦练本领、创先争优，努力成为行业骨干、青年先锋"。爱岗敬业是时代的需要，更是青年在工作岗位上所必备的第一素质。爱岗敬业就是要热爱工作，尊重自己所从事的职业，努力成为行家里手。新时代青年要坚守爱岗敬业的人生原则、发扬爱岗敬业的职业精神，在各自工作岗位上磨炼成长，奋力书写无悔的青春答卷。

一、爱岗敬业精神传承

爱岗敬业是中华优秀传统文化的精髓，体现了中华民族在漫长的生产劳动中所凝结的生存智慧和价值追求，创造了灿烂辉煌的中华文明，是社会主义核心价值观不可或缺的重要滋养源，具有超越时空的永恒价值，值得青年一代传承与弘扬。

敬业是中华民族的传统美德

中华民族素来有敬业、忠于职守的优良传统。南宋哲学家、教育家朱熹认为，敬业就是"专心致志，以事其业也"，意思是敬业的人，会专心、严肃、认真地对待自己的事业。这里就体现了敬业中所蕴涵的专心致志、认真负责、勤奋努力等重要精神品质。

我国历史上也有无数敬业勤勉的人物典范：神农尝百草，治病救人，敬业为民；大禹治水十三载，三过家门而不入，敬业精神感天动地；董狐直笔，实事求是，不畏强权，体现了认真负责、坚决恪守职业道德底线的品质；勤政典范朱元璋不畏繁钜，事必躬亲，夙夜在公，励精图治；还有木匠鼻祖鲁班、改良造纸术的蔡伦、为了践行诺言"鞠躬尽瘁，死而后已"的诸葛亮……这些先贤古人身上充分体现了专注、执着、百折不挠的敬业精神，堪为后世敬业的楷模。

从中可以看出，我们的祖先自古就知道，勤劳敬业乃安身立命、齐家治国之本，因此将其视为一种美德，激励中国人民辛勤劳作，革故鼎新，世代相传。

在我们所倡导的社会主义核心价值观当中的"敬业"就是对这一精神品质的延伸，体现了敬业精神超越时空的价值恒久性。

如今，敬业精神已有了新的发展，爱岗敬业作为现代职业道德的核心灵魂，关系到社会，乃至国家和民族未来的前途命运，也直接关系到青年的成长成才。

倡导爱岗敬业精神，说到底还是思想觉悟的问题，如果我们每个人都对党的事业忠诚、具有爱岗敬业精神，那么这个社会也一定呈现出百姓安居乐业、欣欣向荣的景象。

从这个意义上来说，爱岗敬业是人类生存与发展过程中的强大推动力，是民族发展不可或缺的道德品质。习近平总书记指出："只要中华民族一代接着一代追求美好崇高的道德境界，我们的民族就永远充满希望。"①殷殷期望，寄意深远。我们今天所倡导的爱岗敬业，不仅是对传统文化的传承，更是新时代实现国家繁荣、民族富强的必然需要。

爱岗敬业是托起中国梦实现的力量

回望百年，从觉醒年代到复兴之路，无数中国人将爱岗敬业的精神薪火相传，融入党和国家事业发展的过程中，进行了艰苦卓绝的斗争，谱写了一首又一首生命的赞歌。

在革命战争年代，有无数为革命事业献出年轻生命的英雄们：李大钊宁死不屈，为共产主义事业奋斗，直至生命最后一刻依然坚信，未来世界必是"赤旗的世界"；革命烈士夏明翰在英勇就义前写下"砍头不要紧，只要主义真"的豪言壮语；还有不畏严刑拷打，永不叛党的江竹筠、王朴、陈然等人，战斗英雄杨根思、黄继光、邱少云……他们大义凛然、忠于职守、视死如归，用生命保卫祖国和人

---

① 习近平：《在文艺工作座谈会上的讲话》，《人民日报》2015 年 10 月 13 日。

民，为中华民族的解放乃至繁荣富强贡献了自己的青春和力量。

新中国成立后，李四光、钱学森、邓稼先、竺可桢、侯德榜等一大批在岗位上默默付出的科学家，为祖国的建设和发展鞠躬尽瘁，奉献一生，才让中国有了自己的工业，有了导弹、原子弹，让我们的腰板挺直，为新中国发展做出卓越贡献。

此外，还有爱岗敬业的劳动模范和先进工作者，如"蓝领专家"孔祥瑞、"金牌工人"窦铁成、"新时代雷锋"徐虎、"焊神"艾爱国、数控铣工刘湘宾、"工程之眼"陈兆海等，这些大国工匠以高超的技艺解决了生产中的难题，在平凡岗位上书写精彩华章，用爱岗敬业精神擦亮了中国制造的新名片。

诸多在各自的事业中勤劳奉献，不懈奋斗，在平凡的岗位上铸就了不平凡，犹如滴滴水流汇成万马奔腾的黄河长江，成为世人瞩目的中国力量，才让今天的中国以更加昂扬的姿态，屹立于世界民族之林，是当代爱岗敬业精神的生动体现。

如今，青年正站在距离实现中国梦最近的地方，民族复兴后半程任务的接力棒已然在青年手中，为了跑好新征程，青年们必须传承、发扬爱岗敬业精神，树立崇高职业理想，在自己的岗位上绽放青春之花。

岗位承载价值，敬业才能立业

每一份工作都有它存在的价值，花开万千朵，各有芬芳在，职业不分高低贵贱，只有分工不同，每一份工作都值得尊敬，每一个岗位都有它的价值。

有的人一门心思建功立业，好高骛远非要做一些有影响力的事，想得多却做得少。要知道，做天下大事，不是一朝一夕就能做成的，"一屋不扫，何以扫天下"，任何伟大的目标都是始于足下，从点滴做起，从身边小事做起，从热爱自己的岗位、敬重自己的事业开始做起，如果连自己工作中的小事都处理不好，又怎能成就一番事业呢？

一个勤奋敬业的人也许暂时尚未得到赏识或重用，但至少可以获得他人的尊重，反观那些工作散漫，缺乏敬业精神的投机取巧之人，往往会被他人视为"混混"或滥竽充数之人，这无形中给自己的成功之路设置了障碍。

由此可见，无论我们从事什么样的工作、身居何职、在什么岗位，都需要爱岗敬业精神，哪怕这份工作暂时与自己的期望值相差甚远，也不能轻易怠慢，只要全身心投入到工作中，找到工作的乐趣，发自内心地热爱工作，就能实现自我价值。

"后生可畏，焉知来者之不如今也？"青年想立业需先从爱岗敬业、做好本职工作着手，即使从事的职位是平凡的，若能尽职尽责，任劳任怨，兢兢业业，以岗位建功，以技能创优争先，在平凡的岗位上铸就非凡，也能实现建功立业的梦想。

二、爱岗敬业的基本要求是什么

爱岗敬业就是"干一行爱一行，爱一行钻一行"，反映的是人们对待自己职业的一种忠诚态度，也是一种内在的道德需要。爱岗敬业自发自觉地热爱本职工作，对工作极端负责，恪守自己所从事职业的道德规范。爱岗敬业就是在热爱工作的基础上做到敬业、精业和乐业。

热爱为先

爱岗敬业是"爱岗"与"敬业"的总称。"爱岗"是"敬业"的基本前提，要先热爱自己所处的岗位，对工作极端负责，才有对自己职业的敬重，可以说"爱岗"是"敬业"的基石，真诚热爱自己的工作是爱岗敬业的前提条件。

爱岗就是热爱自己的工作岗位，热爱本职工作，热爱自己的工作需要发自肺腑的爱，对自己的工作充满热情。

那么，如何培养对工作的热情呢？

一是心中要有梦想，要有职业追求。一个只把工作当成薪水来源的人，工作是盲目的，就更不用提热爱了。可以扪心自问一下，每天早上叫醒自己的是闹钟，还是梦想。乔布斯说："活着就为改变世界。"袁隆平院士说："我有两个梦，一个是禾下乘凉梦，一个是杂交水稻覆盖全球梦。"有了人生追求，认识到自己从事这项工作是有价值的，才会激发内心的动力，才能焕发出对工作的热情。

二是要有积极的工作态度。热爱工作本身就是一种工作态度，工作占据了我们每天大部分的时间，如果把工作视为一种痛苦，每天苦不堪言，就更不用提快乐和热爱了。既然选定了一项工作就得干好，干一行就应爱一行。

三是在工作中找到自己的兴趣点。培养热情最直接的方式，就是对自己的工作感兴趣，兴趣是最好的老师，也会为工作提供动力，有利于发挥最大的潜力，人尽其才，干得越好越有劲头，产生正向激励作用，才能更加喜爱自己的工作。

敬业为重

敬业是对"爱岗"的升华，是指"专心致志，以事其业"忠于职守的事业精神，以一种恭敬、严肃的态度对待自己的工作，恪守从事职业的基本道德规范。

一份职业，一个岗位，都是一个人赖以生存的基本保障。同时，每个工作岗位的存在，往往也是社会存在和发展的需要，每个人都在自己的岗位上兢兢业业，整个社会乃至国家才会有前途。所以，敬业精神不仅是个人生存的需要，同时也是社会存在和发展的需要。

马丁·路德曾经说过："即使世界明天就要毁灭，我今天仍要在小花园里种上一棵苹果树。"意思是不管明天发生什么，今天的工作依旧需要完成。德国人拥有令人称道的敬业精神，无论从事什么工作，都能体现出对工作的一丝不苟。德国，一个拥有8000多万人口的国家，却能够打造出2000多个世界知名品牌，这其中的大部分品牌历史悠久，通常由一个家族世代共同经营一种产品，以精益求精的技术，不断提升产品的质量和实用性，正是这种敬业精神，让德国产品成为世界精良产品的代名词。

敬业就是要用一种恭敬严肃的态度对待自己的工作。只有热爱自己的事业、敬业的人，才会在工作岗位上勤勤恳恳，不断地钻研学习，一丝不苟，精益求精，才有可能为国家和社会的发展作出贡献。

享有"中国肝胆外科之父"美誉的吴孟超院士，用一双手拯救了无数病人，在肝脏的方寸之地破译着生命密码，光荣退休后依旧工作在手术台上。他说："只要我活着一天，就要和肝癌战斗一天。即使有一天倒在手术台上，也是我最大的幸福。"2021年，99岁的吴孟超院士走了，为我们留下一组数字：主刀16000多例手术，救治20000多名患者。数字的背后是他敬业的奉献，映照出真挚的为民情怀，值得每一位青年人学习。

敬业源于对工作的热爱，带着敬业的心态，才能够满腔热情积极做好本职工作，养成认真负责、扎实肯干、不畏艰辛等优良品质，并通过持之以恒的付出，自然会在岗位上有所收获，使我们的个人生活也得到收益。

精业为本

爱岗敬业需要精业为本的精神，就是要有一种把本职工作做细致、做精致、做极致的态度，刻苦钻研业务，技术精益求精，时时刻刻努力前进。正所谓"爱一行，钻一行"，得有一种要么不做，既然做了就要做到最好的志气。

许多人在寻找工作发展机会时总会问：我现在做这样普通的工作能有什么希望呢？其实机会一直在我们身边，即使平凡的岗位，也蕴藏着巨大的机遇，只要勤奋工作，调动自己全部的智慧，努力把自己的工作做得比别人更好、更完美，从旧事中找出新方法，就能引起别人的注意，并最终成就一番事业。

"出圈"青年黄俊是上海外滩的一名执勤交警，被称作外滩问不倒的"活地图"。外滩是承载着上海历史记忆的特殊地方，是中外游客必到的打卡地，所以黄俊经常会遇到打听旅游景点和问路的游客："这个历史建筑以前是什么楼？""上海第一家肯德基店在哪儿？"为了更好服务群众，黄俊便利用业余时间补习外语和上海地域文化知识，收集每幢"外滩万国建筑博览群"建筑的历史资料，将外滩1号至33号的历史典故全部记在脑中，把自己管辖区域里近百条外滩道路、弄堂和各单位熟记于心，还细心留意外滩沿线的每一条公交车线路，方便为游客指路。正是凭借这种钻研的精神、过硬的素质，帮助百姓排忧解难，黄俊获得了"全国向上向善好青年"等多项荣誉称号，并荣获"上海市五一劳动奖章"。

工作不只是挣薪水，还是挣未来。如果我们把工作当成用生命去做的事，自动自发地全力以赴，认真完成每一项工作，那我们就有可能得到自己所期望的结果。

成功者和失败者的分水岭在于：成功者无论做什么，都力求达到最佳，不达目的，丝毫不会放松；而失败者总抱着"差不多"的心态去应付。成功没有捷径可走，任何希望有所收获的人都必须全力以赴，才会有所回报。

乐业为魂

乐业作为一种积极向上的职业情感，是对自己所从事的职业产生乐趣和热爱。培养乐业的能力，是对爱岗敬业精神的升华。在工作过程中，最好的执行者都是自动自发的人，"知之者不如好之者，好之者不如乐之者"。在一个真正把工作当成快乐的人身上，是不会看到丝毫抱怨与不满情绪的，他们总是自觉地努力工作，充分享受工作带来的乐趣和荣誉。

有这样一个例子：一位心理学家为了解人们对于同一件事情在心理上所反映出来的个体差异，来到一所正在建设中的大教堂，对现场忙碌的敲石工人进行实地访问。他问工人们在做什么，有的工人回答："我正在用这个重得要命的铁锤，来敲碎这些该死的石头。"有的回答："为了每天那点儿工资，我才会做这份工作。"还有一位工人眼中闪烁着喜悦的光芒："我正在参与兴建这座雄伟华丽的大教堂，虽然敲石头的工作并不轻松，但当我想到，将来会有无数的人来到这儿做礼拜，再次接受上帝的爱，心中便为这份工作献上感恩。"

三位工人的回答代表了三种对待工作的不同态度，事实证明，不乐业的人是难有事业的，只有做到乐业，才有可能在自己的工作岗位上取得成绩。梁启超在《敬业与乐业》中写道："'敬业乐业'四个字，是人类生活的不二法门。"在全身心投入工作的过程中，找到其中的乐趣，才会让工作变成一件快乐的事。

每种职业都是有乐趣的，只要你肯继续做下去，自然会找到其中的乐趣，为什么呢？

其一，每一种职业都蕴含了许多"玄机"，正所谓内行的"门道"，如果能身在其中探明白内行才懂的道理，是最为亲切有趣味的。

其二，工作中有所作为必然离不开奋斗，从辛苦中获得快乐，那么快乐的分量也会增加。

其三，职业常常伴随着竞争，跟同行人的比拼就像赛跑，在竞技中的彼此追赶与超越，也是获得乐趣的一种方式。

找到自己所从事职业的乐趣，把爱融入岗位中，就能体会到工作过程的快乐，当从心底体会到这种快乐时，工作将给你的生活带来无限精彩。

三、在爱岗敬业中点亮青春之光

专心致志于自己的职业，哪怕最平凡的岗位也能让我们取得事业上的成功。无业则无以谋生，不敬业则碌碌无为。爱岗敬业，认真履职，追求卓越，只有这样才能被人尊重，成就一番宏图伟业，让青春在爱岗敬业中绽放光彩。

把爱岗敬业当成一种工作习惯

把爱岗敬业当成习惯的人，会让人一辈子从中受益，从事任何工作都会有所成就。养成良好的习惯，就如同建造楼房，习惯一旦养成，就像构建的钢筋结构般结实牢固、难以摧毁。一个人的工作岗位、职业可能会发生变化，但习惯养成了，无论身处何方，都会把爱岗敬业的精神带到工作中，这就是为什么有的人不管在哪里，也不论做什么，总能把事情做到最好、做到极致。

把敬业变成一个人的习惯，或许不能带来立竿见影的效果，但在这一过程中，能比别人在工作中学到更多经验。认真负责的敬业态度会使你钻研职业技能，提升职业素养，慢慢会让你由弱变强，跑在别人的前面。

相反，如果养成了不爱岗敬业的习惯，那就会让散漫、马虎、懈怠消极、不负责任的做事态度深深植入自己的意识中，做任何事都会产生"差不多行了""敷衍了事"的想法，久而久之，在工作中就变成了"混日子"，倘若到了中年还是如此，注定会蹉跎一生，就更别提改变命运了。

所以，青年人要时刻提醒自己，扣好"做事认真、勤学肯干、乐业敬业"这颗重要的人生扣子，磨炼、培养自己爱岗敬业的精神。养成爱岗敬业的好习惯：一方面，在思想上以时不我待的意识，时刻鞭策自己克服好逸恶劳的惰性；另一方面，想到什么就要立刻着手行动，把工作当成使命来做，在全身心投入工作的过程中找到更多快乐。

一个人做到一时爱岗敬业比较容易，但要在工作中做到始终如一，确实不是件容易的事。爱岗敬业的习惯不是一朝一夕就能形成的，它贯穿于我们日常生活的点滴之中，任何工作、任何习惯都是从一件件小事开始的。

"一分耕耘，一分收获"，多付出一分力，就意味着比别人多积累一分资本，多显露一分才能，多一次获得赏识的机会。每一个不曾敬业的日子，都是对生命的辜负，把爱岗敬业当成一种习惯，热爱工作，勤勉敬业，不管走上什么岗位，做什么工作，爱岗敬业精神都是走向成功的宝典。

勤学勤思，锤炼工作技能

在当今信息爆炸的时代，各种新知识、新科技层出不穷，只有通过勤学勤思勤悟，锤炼工作技能，才能真正地增长才干，提高工作质量和水平，在岗位上发挥自己的价值。

实践证明，工作仅凭热情和勇气是不够的，还必须有足够的能力来支撑，"纵有良田千亩，不如薄技在身"。一个人拥有一技之长，才能在工作岗位上依靠自己掌握的技能生存，拥有核心竞争力。

要揽瓷器活，必须得有金刚钻，"金刚钻"哪里来？需要在学习和实践中获得，不断增加知识储备，扩宽眼界，只有将自己的"金刚钻"磨亮，掌握了专业知识和工作技能，才能在"瓷器活"出现的时候，打败竞争对手，揽下"瓷器活"。

青年正处于学习的黄金时期，莫要辜负了光阴，要利用好每一分每一秒充实自己，夯实知识技能，勤学苦练，增强本领。鲁迅说："哪里有天才，我是把别人喝咖啡的功夫都用在工作上的。"学海无涯苦作舟，锤炼本领注定要吃苦，不会像喝饮料一样轻松，如果真的感觉轻松，那很可能"喝"下去的是一些没有营养的知识技能。

我们每一个人就好比一个电器，储备足够多的能量才能工作，如果不及时给自己充电学习，慢慢就会电量耗尽，逐渐被淘汰。学习要趁早，不能等电没了、耗尽了，那时候再去充电就来不及了。

一个善于学习思考的人，是在不断成长的，在科技飞速发展的今天，只有通过不断学习、思考、钻研，动手，同时多动脑，才能在岗位上站稳脚跟，心无旁骛干事业，勤勉敬业有所作为。

打磨工匠精神，点亮青春之光

工匠精神是一种爱岗敬业的职业精神，表现为对工作的踏实专注，对产品精雕细琢，追求精益求精、一丝不苟的态度。工匠精神是每个时代、每个国家、每个行业的活力源泉。在当今社会，青年只有把工匠精神细细打磨，发挥得淋漓尽致，才能在飞速发展的时代拥有竞争的优势，才能在自己的岗位上书写青春华彩。

习近平总书记指出："建设知识型、技能型、创新型劳动者大军，弘扬劳模精神和工匠精神，营造劳动光荣的社会风尚和精益求精的敬业风气。"① 青年践行工匠精神就是要做到专、精、巧。

青年要做到专，就是不仅专心、专注、专一，还要专业。

---

① 习近平：《决胜全面建成小康社会 夺取新时代中国特色社会主义伟大胜利——在中国共产党第十九次全国代表大会上的报告》，人民出版社 2017 年版，第 31 页。

"心在一艺，其艺必工。"一个人的精力是有限的，心不专一是工作学习中的大忌，只有集中精力做该做的事，才能熟练掌握一项专业技能。手工时代的中国工匠们打造每一件传世工艺品，往往要穷尽几代人的心血共同打造才能完成。有的人一辈子就干一件事，久而久之就成了专家。所以，当代青年要沉下心来，立足本职岗位，找准靶心才有集中突破的可能。除了要有专注严谨的态度，还要具备专业化的水平，没有专业何谈极致，青年具备良好的专业素养是做好本职工作的基本前提。

青年追求精，就要有精益求精的理念。

"天下难事必作于易，天下大事必作于细。"追求卓越就要关注工作细节，把每件事做到完美、做到精细，就能达到卓越的境界。青年发挥精益求精的精神，在岗位上追求卓越的唯一方法就是拥有责任心，时刻严格要求自己，将工作做到完美无瑕，这样无论做什么，都会有很好的工作表现。

青年学会巧，就要有大胆创新和突破的勇气。

俄罗斯有这样一句谚语："巧干能捕雄狮，蛮干难捉蟋蟀。"任何一项工作不但需要苦干、实干，更要学会巧干。创新是事业发展的灵魂，也是青年建功立业的基础。培养创新能力，就需要提升分析判断事物的能力，凡事多问为什么，多想怎么办，敢于破解难题，大胆创新，才能不断推动各项工作提升水平、迈上新台阶，在自己的岗位上体现出自己的价值。

🗨 名言金句

凡百事之成也必在敬之，其败也必在慢之。故敬胜怠则吉，怠胜敬则灭。

——荀子

在世界上要办成几件事，没有老实态度是根本不行的。

——毛泽东

完成工作的方法是爱惜每一分钟。

——达尔文

只要你有一件合理的事去做，你的生活就会显得特别美好。

——爱因斯坦

当一个人用工作去迎接光明，光明很快就会照耀着他。

——冯雪峰

春蚕到死丝方尽，蜡炬成灰泪始干。

——李商隐

不驰于空想，不骛于虚声，而惟以求真的态度作踏实的功夫。以此态度求学，则真理可明；以此态度做事，则功业可就。

——李大钊

手艺匠可以成为极为伟大的艺术家，如果他把感情贯注到事业上去。

——加里宁

要成就一件大事业，必须从小事做起。

——列宁

第十一篇

深入基层

习近平总书记经常以自己的切身经历指导青年学习、工作，激励青年成长。在一次与大学生的交流中，习近平总书记说，自己上的是"梁家河的大学"。习近平总书记口中的"梁家河的大学"，说的正是他深入基层的经历。基层，是青年人施展才能的广阔天地。习近平总书记一直鼓励青年去基层一线接受实践锻炼。党的十八大以来，习近平总书记多次深入基层一线，探民意、访民情、问民生，用实际行动做表率、树榜样，传递以人民为中心的发展思想。

一、青年深入基层志在必行

1985 年冬天，正在厦门大学读书的张宏樑同学因一封信结识了时任厦门市委常委、副市长习近平同志，并经常得到习近平同志的指导和帮助。习近平同志对他说，你工作后一定要下基层工作，不能总待在上级机关，不要把基层当大车店，至少要踏踏实实干上两三年，一个事情踏踏实实干上几年才有可能出成果。"不要把基层当大车店"，是他很有特点的一个说法。他说，我在梁家河的 7 年，正好是你们上高中、上大学加在一起的时间。我上的是梁家河的高中、梁家河的大学。上了这个高中和大学，对老百姓才会有很深的感情。你们一定要下基层，才能培养出对老百姓的感情，才能提高自己，干出实事，做出实效。①

深入基层能够在现实中清晰认知自己

2013 年 5 月 4 日，习近平总书记在同各界优秀青年代表座谈时指出："青年时期多经历一点摔打、挫折、考验，有利于走好一生的路。要历练宠辱不惊的心理素质，坚定百折不挠的进取意志，保持乐观向上的精神状态，变挫折为动力，用从挫折中吸取的教训启迪人生，使人生获得升华和超越。"

---

① 中央党校采访实录编辑室：《习近平在厦门》，中共中央党校出版社 2020 年版，第 199 —200 页。

　　基层的丰富让青年看到自己的可能性。基层，是指企业、农村、机关、学校、科研院所、街道社区、社会组织、人民解放军连队和其他基层单位。可以发现，基层领域是丰富多样的。在基层，青年可以接触到各行各业的人和事，其丰富的运转方式、多样的人事环境、多元的事务类型等让青年看到基层的无限可能性。这种可能性是深入基层后与自身联系起来的可能性。在基层中，青年人很自然地联系自身，就是自然而然地在各行各业、各个环节、各类事业中找到自己未来能够做什么的可能性，种下青春梦的种子。

　　基层的未知让青年看到自己的有限性。基层有很多青年接触不到的事物，这些对青年而言都是未知领域，是知识盲区、能力盲区，在基层中遇到这些可以让青年看到自己的边界、有限性。认识到自己的有限性是青年走向成熟的必经阶段。基层工作环境中很多情况与青年熟悉的学习环境、家庭环境不一样，没有了学校、家庭、老师和家长的保护和关照，能接触到更加真实的世界。基层经历往往能让青年认识到自身见闻的缺失、能力的不足、知识的有限、思考的不周、意识的薄弱、准备的不足，等等，看到自己的有限性。有限性是青年成长的必然维度，也是激发我们探索的重要动力。

　　基层的困难让青年发现自己的发力点。许多从事基层工作的同志常常叹息，上面千条线，下面一根针，感觉工作难做得很。基层工作更具体、更复杂，执行难度超过想象。基层的工作内容是最具体的，是社会和国家发展的毛细血管，针对的是具体的人和事；基层的工作对象是最具象的，就是一个个老百姓，与群众打交道。在基层会面临很多尖锐的矛盾和问题。解决这些矛盾和问题对于青年坚定信念、增强攻坚克难的意识是非常有好处的。"艰难困苦，玉汝于成"，就是这个道理。

深入基层能够在实践中多维提升能力

深入基层能够提升青年发现问题的能力。发现问题的能力对于青年成长成才非常重要，是青年成长提升的重要维度。基层的工作越是具体，越是与群众在一起，就越会发现很多现实的问题。只要青年踏踏实实深入基层，到实地去走访、调查，到普通群众中调研访谈，就一定能够发现问题。深入基层，能够在基础的细胞中、组织中提升自己发现问题、提出问题的能力，这也是新时代青年必备的重要能力。

深入基层能够提升青年剖析问题的能力。一个问题能否解决，非常关键的一点就是能否对症下药。在基层，青年可以在发现问题和提出问题之后，通过实地调研、数据分析、同类问题的比对、同类地区的借鉴等方式判断问题的轻重缓急，抽丝剥茧，让问题由繁入简。问题分解之后就形成了对这个问题解决方向的基本把握，能够让青年在这个过程中提升分析问题的能力。

深入基层能够提升青年解决问题的能力。基层的问题关系到每一个微小组织，如家庭、班级、连队、科室、车间等组织的运行，这些组织遇到问题往往是需要立即解决的。在基层可以通过实践参与到问题解决的每一个环节。因此，青年在基层能够锻炼自身解决问题的能力。解决问题思路的提出、方案的执行、执行过程中对策的调整、解决之后的反馈等，对青年而言都是提升自己解决问题能力的重要锻炼。解决问题的能力对于青年成长成才非常关键。

深入基层能够提升青年吃苦耐劳的能力。基层往往是条件相对艰苦的地方，在基层的实践是一场意志品质能力的锻炼。酸甜苦辣都是营养，雨雪风霜都是滋润。青年在体验基层的艰苦不易，体会奋斗的汗水与泪水中才能够立大志、明大德、成大才、担大任，才能经风雨、见世面、壮筋骨、长才干，做新时代的奋进者、开拓者、奉献者。

深入基层能够提升青年责任担当的能力。基层往往是凸显青年人才干的地方。青年人有理想、有热情、有想法、有精力，有闯劲儿，才能够在基层肩负责任使命，提升能力担当。猛将必起于卒伍。习近平在梁家河的七年知青岁月中，始终坚持把自己当作黄土地一部分的担当精神，从一个不满 16 岁的插队青年，成长为一个基层党支部书记，为梁家河的父老乡亲做出了巨大贡献，历练了人民领袖的坚毅精神。

深入基层能够在真实中全面了解国家

2018 年 5 月 2 日，习近平总书记在北京大学师生座谈会上指出："广大青年既是追梦者，也是圆梦人。追梦需要激情和理想，圆梦需要奋斗和奉献。广大青年应该在奋斗中释放青春激情、追逐青春理想，以青春之我、奋斗之我，为民族复兴铺路架桥，为祖国建设添砖加瓦。"

青年人深入基层能够懂得：基层什么样，老百姓心中的国家就是什么样。对于老百姓而言，他们对于国家没有太过宏大、抽象的概念和认知，在他们眼里，自己接触得到的基层单位或组织就代表国家。一次简单的惠农政策宣传解释，一个来自基层干部的微笑，就能让他们感受到应有的尊重和温暖。老百姓心中平凡的认知与想法就是他们心中的"中国梦"。认知老百姓，了解国家的基层运作方式，是青年了解国家的重要维度。

基层是国家政策落地实施的"最后一公里"，也是检验国家政策执行效果的"第一现场"。因此，青年在基层能够在自下而上的维度全面了解国家，深刻理解国家的运行机制、制度优劣、组织机构、基层单位落实情况、老百姓的反馈等多方面的内容。一项国家政策如何传达到基层，到达基层之后能否有效落实，这是国家运行的重大问题，也是青年深入基层才能了解的重大问题。

在基层全面了解国家之后，青年会更加理解治国理政和推动发展的不容易，会少一些抱怨和不理解，从而督促自己踏踏实实、一步一个脚印地前进。

深入基层能够在互动中深刻理解时代

青年是时代最灵敏的晴雨表，而基层又是理解时代、思考时代和表达时代最鲜活的地方。因此，青年能够在与基层的互动中更深刻地理解时代。基层的广大人民群众都是历史的创造者，是国家的主人。青年是民族复兴和国家发展的重要力量，是国家发展的建设者、参与者，甚至是某些领域的领导者，必须掌握时代的特征，了解时代的捷径，必须深入基层。

与基层的互动能够帮助青年理解时代的变化。身处伟大的时代，青年要立足广袤大地，捕捉鲜活基层，记录下波澜壮阔的历史变革，塑造积极向上的人生观、价值观，努力成为时代风云的参与者、社会进步的推动者。时代的变化与发展是每一个基层参与者的奋进促成的，正是每一个基层参与者的变化构成了整个时代的变化。

当今时代是一个存在很多不确定性的时代，这要求青年必须深入基层去把握来自基层的客观性、确定性和肯定性的发展动力，才能在时代的洪流中树立正确的时代观，掌握认识时代的正确方法和途径，投身伟大时代建功立业。

深入与基层的互动能够帮助青年理解个人与时代的关系。"要到哪里去"是深入基层需要思考的"我与时代"的关键问题，也是青年理解时代的关键问题。回顾历史，先辈的艰苦斗争为当代青年提供了和平、安稳、小康的时代环境，但"生于忧患，死于安乐"的古训告诉我们，越是处在这种安稳的环境，越要具备忧患意识，这是每个青年义不容辞的责任与担当。深入基层能帮助青年看到时代的发展，这种自豪感是拉近青年与时代关系的最直接动因；深入基层能帮助青年看到时代发展的问题，这些问题必须通过青年的参与和付出去解决，这就增强了青年的责任感。

二、青年如何深入基层

2016 年 12 月 7 日，习近平总书记在全国高校思想政治工作会议上的讲话中指出："好青年志在四方，要鼓励高校学生把视线投向国家发展的航程，把汗水洒在艰苦创业的舞台，到基层去、到西部去、到祖国最需要的地方去，做成一番事业、做好一番事业。"

基层就在身边

习近平总书记指出："做人做事，最怕的就是只说不做，眼高手低。不论学习还是工作，都要面向实际、深入实践，实践出真知；都要严谨务实，一分耕耘一分收获，苦干实干。"① 作为新时代青年，更应在实践中高举中国特色社会主义伟大旗帜，为实现中华民族伟大复兴的中国梦贡献自己的力量。要志存高远，更要脚踏实地，勇于实践，特别是要树立基层就在身边的观念。

基层就在身边，就要崇尚劳动。不仅是强化劳动观念、弘扬劳动精神，更是对基层每一个平凡劳动者的尊重，对基层每一个平凡岗位的尊重。青年要善于从身边人、身边事上领悟到，社会的财富都是靠辛勤的付出和艰苦的实践获得的，只有通过辛勤劳动才能创造幸福生活。那些终日只想着不劳而获，坐等"打赏""出圈"等一夜暴富

---

① 习近平：《在北京大学师生座谈会上的讲话》，《人民日报》2018 年 5 月 3 日。

的想法必然是竹篮打水一场空。

基层就在身边，就要树立正确的职业观。我们的社会是一个由各行各业人组成的"大家庭"。社会的良性运转、国家的迅猛发展，离不开每一个行业，离不开每一个岗位。每日凌晨，正是有了城市环卫工人的辛勤付出，才有白天干净有序的生活工作环境。新冠肺炎疫情期间，正是有了白衣天使、志愿者等群体的最美逆行，才有我们远离病毒的健康生活。祖国边疆，天寒地冻依然坚守国门的战士们，是我们平安生活的坚实保障。三百六十行，行行出状元。职业不分高低贵贱，关键是把工作做到最好。

劳动引领青年深入基层

参与劳动是青年了解世界、理解变化、深入基层的最根本方式。青年要在实践中弘扬劳动精神、强化劳动观念。在家庭中，青年要积极承担家务，感受劳动带给家庭的变化，带给自己的成就感。在学校中，青年要争取各种劳动机会，在劳动中感受生活的不易，体会服务他人的快乐。有条件时，青年还要走出校园和家庭，在真正的工作岗位中劳动实践。在学习和掌握基本劳动知识技能的过程中，领悟劳动的意义价值，形成勤俭、奋斗、创新、奉献的劳动精神。

随着时代的变迁，劳动呈现出新的时代特征。要紧跟产业变革、科技发展和观念提升，更科学、更高效地把劳动素质转化为价值动力。青年要紧跟科技发展给传统行业带来的变化，考察产业变革对劳动者的影响，以打破常规的方式去简化劳动、升级劳动、优化劳动，从事更适合产业变革的劳动。

劳动可以启迪心智。劳动需要青年身心参与、手脑并用。青年的成长是多方面、立体化、多层次、系统性的。青年在劳动过程中，必须要身心投入，这是一种重要的锻炼方式。

融入群众是深入基层的真谛

一是融入身边的集体。每个人从出生就处于一个个集体当中，家庭是集体，班级是集体，社区是集体，甚至同一时间段搭乘地铁、公交的同行人也是一个集体。真诚对待这个集体是青年融入基层、融入群众的天然纽带与渠道。一方面要把自己的个性需要与集体的整体要求结合起来考虑，每个人都能够为了集体和整体遵守规则和秩序；另一方面要站在集体中他人的角度去考虑问题，真正把身边的群众放在心上。融入集体的过程就是融入群众的过程，当青年习惯从集体的角度考虑问题，关心关注集体中的特殊群体时，他就真正融入了群众。

二是主动为群众做事。融入群众并非一定要做惊天动地的大事，而是力所能及地、主动热情地为他人做好事，这就是青年融入群众的过程。青年要积极践行以人民为中心的发展思想，切实为人民群众办实事、做好事、解难事，在为群众做实事、办好事的过程中深入基层、融入群众。为群众做事一方面要积极、主动；另一方面要观察身边的群众和组织，充分了解他们的真实需要，从而更有针对性地为群众提供帮助。

三、青年深入基层有哪些途径

深入基层，深入群众，扎根泥土，锤炼为人民服务的本领是青年成长成才的重要内容。当前，青年深入基层有着丰富多样的途径和制度化平台，如志愿服务、"三下乡"活动、"返家乡"活动等。

通过参与青年志愿服务深入基层

青年是社会最活跃、最积极的力量，是新时代志愿服务事业发展的主体力量。党的十八大以来，习近平总书记始终高度重视志愿者事业，多次给志愿者、志愿服务组织、志愿服务工作者回信，勉励广大青年志愿者与祖国同行、为人民奉献。

要积极参加青年志愿者重点品牌项目。一是普通高等学校应届毕业生或在读研究生，可以参加由共青团组织主导的中国青年志愿者扶贫接力计划研究生支教团项目，服务基础教育、服务"三农"、医疗卫生、基层青年工作、基层社会管理、服务新疆、服务西藏等，志愿者服务期满后还可以扎根当地，就业、创业。二是大学生可以积极参加大型赛会志愿服务和大型活动志愿服务实践活动。北京奥运会、上海世博会、南京青奥会、G20 杭州峰会、国庆 70 周年活动、北京冬奥会等重大赛会和活动中，数以百万计的青年志愿者热情参与、真情奉献，不仅提供了细致周到的服务，保障了赛会活动的顺利举办，还积极传播中华文化，用青春的激情打造了最美的"中国名片"。

青年学生要主动报名、把握机会，亲身以志愿者的身份参与到大型活动中，为活动顺利举办贡献力量。作为志愿者既可以提升幸福感、满足感、荣誉感，还可以锻炼能力、收获友谊。另外，还可以积极参加共青团关爱农民工子女活动、中国青年志愿者服务春运"暖冬行动"、中国青年志愿者海外服务计划、中国青年志愿者助残阳光行动、中国青年志愿者节水护水行动等。

要积极参加常规志愿服务实践活动。在青年的日常生活中，身边的社区、学校等，每天都需要志愿者的参与，为群众特别是困难群众提供服务。青年要在日常生活、学习和工作中有意识地走进社区、走进乡村、走进基层，为他人送温暖、为社会作贡献，在志愿服务的实践中加强对国情、民情、社情的了解。

积极参加特殊、突发和救援等志愿服务实践活动。志愿服务的发展要从单一的、定点的、突击性、仪式性的活动向常态化、社区化、专业化转变。但当一些突发性事件发生时，需要青年人能够冲得出来、顶得上去。国家有难，青年责无旁贷。比如，新冠肺炎疫情突然来袭，无数青年在疫情面前带头冲锋，主动向所在社区（村）报到，有序参与疫情联防联控，彰显了当代中国青年的精神面貌和责任担当。

通过大中专学生暑期"三下乡"社会实践活动深入基层

大中专学生暑期"三下乡"社会实践活动，是指"文化、科技、卫生"下乡，是各高校在暑期开展的一项意在提高大学生综合素质的社会实践活动。活动旨在引导大学生深入基层，传播先进文化和科技，体验基层民众生活，调研基层社会现状。通过一系列实践活动让大中专学生在社会课堂中受教育、长才干、作贡献，在观察实践中学党史、强信念、跟党走，努力成长为能担当民族复兴大任的时代新人。

"三下乡"社会实践活动涉及面广、内容丰富、形式多样，重点围绕党史学习教育、理论宣讲、国情观察、乡村振兴、民族团结等方面，引导大学生就近就便深入基层一线开展活动。广大青年可以重点面向有关新时代文明实践中心建设试点地区、民族地区及欠发达地区、革命传统教育基地、服务地方经济社会发展等组织开展系列具有实效的专项活动。

在"三下乡"社会实践活动实施过程中，广大青年要将实地实践观察与思想认识提升相结合，突出活动导向性；将统一组织实施与立足实际开展相结合，增强活动实效性；将线下积极开展与线上加强传播相结合，提升活动影响力；将"三下乡"与"返家乡"相结合，体现活动融合度；将工作开展与疫情防控相结合，确保活动安全性。

通过全国大学生"返家乡"社会实践活动深入基层

全国大学生"返家乡"社会实践活动深入领会落实习近平总书记关于青年工作的重要思想，聚焦抓好党的事业后继有人这个根本大计，结合学习党领导下中国青年运动的百年历程，坚持"受教育、长才干、作贡献"的宗旨，发挥县级团委的"生源地"优势，组织大学生返回家乡参与社会实践，帮助青年学生不断提升社会化能力，建立在外高校学子与家乡联系的制度化渠道。

全国大学生"返家乡"社会实践活动是大学生深入基层的生动教材和重要课堂。大学生通过返乡社会实践的形式能更好地了解国情、感知社会、热爱家乡、服务群众，紧跟党走与人民群众相结合的成才道路。系列项目内容包括政务实践、企业实践、公益服务、社区服务、乡村振兴、兼职锻炼、文化宣传、网络"云实践"等，旨在以问题导向、紧密服务党和国家事业等，让青年大学生在实干中深入基层、发现问题并解决问题。

为保障广大青年在活动中有所收获，活动按照"团中央统一规划、省级团委统筹指导、地市级和县级团委自主实施、高校团委宣传动员"及"因需设岗、按岗招人、双向选择、属地管理、就近就便"的工作原则，充分发挥县级团委的关键作用，利用家乡资源创造条件、做好保障，采取线上线下相结合的形式，搭建在外学子与家乡常态化联系的实践桥梁。

通过各类公益社会组织深入基层

当前，公益性社会组织在参与社会公共管理和公共服务、促进和谐社会建设中的地位越来越重要，作用越来越突出。公益性社会组织为社会公众和社会发展提供公益服务，积极参与各类公益事业，广泛活跃在教育、卫生、科技、体育、社会管理、社会福利以及国际交往等领域，成为党和政府联系社会各界、广大群众的重要桥梁和纽带。

参与公益性社会组织的各项活动，是青年深入基层、了解社会的又一途径。青年可以根据自己的兴趣爱好加入各类公益性社会组织，例如，关爱特殊群体、参与环境保护事业、学习紧急救援知识、服务城市日常事务等。在这个过程中，青年能够提升自己参与时代、锻炼自己的能力，在社会发展和正常运转中提升自己。同时，这些社会组织定期的志愿服务能够让青年在服务他人、成就他人的过程中提升主人翁意识。

青年在参与公益性社会组织的活动时，要发挥特长、积极创新，比如依托社会组织的公益平台展开亲子阅读、青年成长、红色文化、社区"微更新"等小型活动，从一点一滴做起，久久为功，必有大成。

名言金句

人家问你长大做什么，你说到基层锻炼去，当一个普通的人。

——林伯渠

我这儿有"三盆水"——一盆洗脑，保持清醒，不保守、不僵化，解放思想，实事求是，与时俱进，开拓创新；一盆洗手，干干净净，清正廉洁，当好人民公仆；一盆洗脚，舒筋活血，勤下基层，向群众学习，为人民服务。

——钱运录

天下难事必作于易，天下大事必作于细。

——老子

巨大的建筑，总是由一木一石叠起来的，我们何妨做做这一木一石呢？我时常做些零碎的事，就是为此。

——鲁迅

宰相必起于州部，猛将必发于卒伍。

——韩非子

夫民，国之基也。五仞之墙，所以不毁，基厚也；所以毁，基薄也。

——宋祁

第十二篇

明辨是非

2014 年 5 月 4 日，习近平总书记在北京大学考察时强调，"广大青年树立和培育社会主义核心价值观，要在勤学、修德、明辨、笃实上下功夫"。其中，"明辨"是关系到"总钥匙"和"大方向"的关键，只有善于明辨是非，善于决断选择，人生才能选对路、走正路。

一、青年成长成才必须明辨是非

明辨是非，是青年做人和成才的基本条件。因为，明辨是非是一种主持公道、维护正义、疾恶如仇的品质，也是一种勤于实践、善于思考，通过复杂的现象把握事物本质的能力，更是一种敢于坚持真理、修正错误、公而忘私、服务大众的境界。明辨是非有其重要的意义，尤其是对于青年良好品质的塑造和正确"三观"的养成有着举足轻重的作用。

明辨是非的内涵

明辨是非，是树立正确的世界观、人生观、价值观的重要内容和途径。

用中国传统的体用观念来解释，"三观"是体，是非观念则是"三观"基础上的价值判断；同时，明辨是非也不等同于简单地判断对错。

正如朱熹所说："凡事皆用审个是非，择其是而行之。"是非不是绝对的、机械的，要因事而论、因时而动，其判断结果要能够指导实践。

通过明辨，既要明了是非，也要指导行为和实践。中国传统文化很重视实践对于知识的重要性，所谓"知行合一"，是指"读万卷书，行万里路"。"不闻不若闻之，闻之不若见之，见之不若知之，知之不若行之。"可见，丰富的实践反过来也能提升人们明辨的能力。

故此，学是明辨的基础，思是明辨的过程，鉴是明辨的方法，行是明辨的深化。做好了明辨是非这门功课，青年人才能始终保持清醒的头脑、坚定的立场和矢志不渝的信念。

明辨是非是青年之"骨气"

人在世间立世，只有明辨是非才能"行得正，站得直"。

当今世界正处于百年未有之大变局，新冠肺炎疫情的暴发加剧了世界格局的演进。

青年兴则国家兴，青年强则国家强。青年一代关系到一个国家的前途和希望。

习近平总书记在庆祝中国共产党成立 100 周年大会上指出："新时代的中国青年要以实现中华民族伟大复兴为己任，增强做中国人的志气、骨气、底气，不负时代，不负韶华，不负党和人民的殷切期望！"

在庆祝中国共产党成立 100 周年大会上，青少年喊出了"请党放心，强国有我"的时代强音，让人看到了民族之脊梁、国家之希望。实现中华民族全面建成社会主义现代化强国的第二个百年奋斗目标，新时代的中国青年既是见证者，更是参与者，增强做中国人的志气、骨气、底气，蕴含着十分深刻的内涵。

其中青年的骨气，即是善于明辨是非，增强民族气节，争做国家脊梁。

徐悲鸿说："人不可有傲气，但不可无傲骨。"青年有骨气才能赢得尊重，才有不卑不亢之灵魂。而这离不开青年在"是非"面前的一个个正确判断。

文天祥"人生自古谁无死，留取丹心照汗青"的民族气节；赵一曼"未惜头颅新故国，甘将热血沃中华"的视死如归；陈延年

"革命者光明磊落、视死如归，只有站着死，绝不下跪"的宁死不屈；钱学森"为中国人争气"的追求；等等。正因为有前人一个个正确的抉择，才有了现在如此强盛的中国。

新时代的中国青年要有"富贵不能淫，贫贱不能移，威武不能屈"的骨气，正确认识中国和世界发展大势，正确认识中国特色和国际比较，正确认识时代责任和历史使命，正确认识远大抱负和脚踏实地，自觉抵制西方意识形态的渗透和一切颠覆国家、分裂国家的反对行径，认清形势，明辨是非，真正成为民族之脊梁，国家之栋梁！

青年时期是培养明辨是非能力的关键时期

明辨是非是做人的基本条件。

我们只有明辨是非，区分善恶，辨析真假，才能决定自己应该做什么，不应该做什么；才能抵制诱惑，扬善抑恶；才能成为一个高尚的人，一个纯粹的人，一个有道德的人，一个才思敏捷、睿智通达的人，一个志存高远、有益于社会、有益于人民的人。

人生最难的是选择，鱼和熊掌不可兼得。利益当头，能否见利思义；享乐跟前，能否未雨绸缪、忆苦思甜；或明或潜的规则面前，能否叩问良知，作出正确的人生抉择。古时杨朱哭衢途曰："此夫过举踬步而觉跌千里者夫！"在这些大是大非问题上，选择一旦错误，贻误的将可能是终生。

对于大部分人来说，当然，这其中也包括大多数青年，一生可能是平凡的，成为不了中外闻名的政治家、科学家，那么能够且必须把方向把握在手里的，也是明辨是非的能力。

青年阶段是人生的"拔节孕穗期"，处在价值观形成和确立的时期，也是价值观可塑性最强的时期。知道价值观对一个人的影响有多大吗？它不仅影响一个人的行动和思想，甚至还会和信念一起决定一个人的理想。更为重要的是，青年的价值取向决定了未来整个社会的价值取向。因此，塑造好这一时期的价值观十分重要。

青年时期确立了正确的价值观，就等于扣好了人生的第一粒扣子。人生的扣子从一开始就要扣好。"凿井者，起于三寸之坎，以就万仞之深。"以后的每一个理想、每一个目标、每一份事业都是从它开始，它是一块基石，也是命运的闸门。

生活中，你是否经历过这样的事情：在扣扣子的时候不小心将第一粒扣子扣错了，以至于下面的扣子全跟着扣错了。穿衣服、扣扣子是生活小事，错了可以重来；人生是单行道，走错一步便很难回头，所以说，人生的扣子是扣错不起的。

正如习近平总书记所指出的："我为什么要对青年讲讲社会主义核心价值观这个问题？是因为青年的价值取向决定了未来整个社会的价值取向，而青年又处在价值观形成和确立的时期，抓好这一时期的价值观养成十分重要。这就像穿衣服扣扣子一样，如果第一粒扣子扣错了，剩余的扣子都会扣错。人生的扣子从一开始就要扣好……"①

明辨是非是正确价值观的重要内容，而青年又处在价值观形成和确立的时期。要想做一个品行端正、值得信赖的青年，就应善于明辨是非，善于决断选择。青年要从现在做起、从自己做起，使社会主义核心价值观成为自己的基本遵循，并身体力行，大力将其推广到全社会去。

二、"是非"判断之标准

人在生活中做许多事情都离不开价值判断，都要讲一个是非。

---

① 习近平：《青年要自觉践行社会主义核心价值观——在北京大学师生座谈会上的讲话》，《人民日报》2014 年 5 月 5 日。

因此，如何分辨善恶、美丑是非，就是做人的首要问题。只有当我们知道了什么是"是非"以后，才能决定自己做什么、不做什么，才能扬善抑恶。当然，判断"是非"既需要有明晰的标准，也是要有确定良知的标尺。

关于"是非"之判断标准

"是"即真、正确，"非"即假、不正确。明辨是非即要求人们在处理社会及个人事务时要善于区分真、善、美和假、恶、丑，做一个正直的、对社会和人民有用的人。

人们对生活的追求不同，价值标准也不一样。也就是说，人们是用不同的标准去衡量和判断事物的。选择哪一种价值标准、追求什么样的人生目标都是人的自主行为。以下从法律和道德两个层面进行论述。

首先，要具有合法性。"不以规矩，不能成方圆。"国无法不治，民无法不立。大到一个国家的政策的制定，小到点滴生活中每个人的日常行为，如果没有法律的约束，国将不国，天下大乱。是非判断也应以法律为底线。有道是"法网恢恢，疏而不漏"。

其次，要具有合理性。即以更高的要求——道德规范为标准。道德是人们在社会生活中形成的关于善与恶、好与坏、美与丑、正义与非正义、公正与偏私、诚实与虚伪等伦理观念、思想、原则、标准的总和。它不同于法律的评价尺度，道德评价人的行为的尺度和标准主要是一定社会的价值观念体系，是一定社会、一定人群集合体的善恶观、公正观、是非观、荣辱观、美丑观。人们的行为只要符合一定的道德观念、道德价值，就是正当的和合理的。

然而，法律评价人的行为的标准和尺度是合法与不合法、有效与无效。只有人的行为符合法律法规，才是有效的和合法的。

就调整范围而言，道德几乎涉及人们生活的方方面面，相较法律仅仅调整人的行为，其调整的范围更为广泛。人们做出是非判断前不仅要考虑其是否合法，还要进一步斟酌其是否符合社会公序良俗，这样才能较为全面地得出自己内心想要的答案。

辨别是非的过程在日常生活中常表现为道德的判断过程，"是非"原本并无明晰的标准，实际操作起来也较为主观且模糊。

比如，"我"今天给地震灾区捐钱了，"我"这是做了善事吗？"我"看到路边的老太太摔倒了，却不乐意扶，"我"就是恶人了吗？

那么增加一点条件。

"我"为了增加自己公司的曝光率，高调给地震灾区捐钱了，这还是纯善事吗？"我"看到路边的老太太摔倒了但没有扶，是因为我上星期就看她在这儿"摔倒"，明知她可能是"碰瓷"，"我"不乐意扶，就是恶人了吗？

由此可以看出，想要明辨是非善恶，其中一个非常重要的条件，就是要了解整件事情的前因后果。

这也是近年来网络"键盘侠"猖獗的原因，在这"速食"的短视频时代，我们不愿意花费太多的时间去了解事件的前因后果，断章取义，只抓取能够让自己读起来"最爽"的部分，让自己站在道德制高点来评判他人。

因此，想要明辨是非善恶，应该从法律和道德等多角度为判断标准，尽量全面地了解事情的前因后果，从而给出合理的判断。

注意个人的认知偏差

在客观上明确"是非"判断的标准，以此作为自身衡量和判断事物的标尺；同时，在主观上还要注意自身的出发点，尽量减少对事物的消极否定的态度和看法，这样才能更加中肯地判断事物的本质，进而减少个人认知偏差的影响。

有一定的"认知偏差"也不足为奇。

首先，对发生的事件有自我的认知是一种自主的行为，看法不一属正常现象。由于目前网络和自媒体的发展，话语权的使用也需要尽可能地保持客观公正，不随波逐流，人云亦云。其次，有一定的认知偏差当属正常现象，但如果是非理性的心理倾向和个人偏见则另当别论。

非理性的心理倾向的常见表现之一便是"偶像崇拜"。

比如，有一名你非常喜欢的艺人，他刚刚被曝出负面新闻，尽管报道中有详尽的实锤证据，但你的第一反应是：他一定有苦衷，又或这根本就是一场误会。反之，如果是其他人，你的心理状态便可能是正常的，很大可能会运用理性去思考。

还有一种带有个人偏见的认知因素是"自我合理化"，也就是人们常说的"找借口"。所谓自我合理化，是指使用错误的理由来合理化自己的行为。人们在分析别人或者外界情况时，也许能做到理性客观；但如果涉及自己，就容易变得糊涂了。

比如，当几个人打游戏获胜时，就归功于自己的实力；一旦打输的时候，就怪罪队友太"菜"。还有当自己投资的股票赚钱时，就认为是全凭自己的眼光好；而当自己的股票亏损时，就归因于整个市场不好。

一个人是非观的偏差，往往具有多方面的因素，比如受成长环境的影响。

在一般情况下，不同的成长环境赋予了人不同的是非观念，一个人在适合善良之心生长的环境中成长，他的善良之心就会强过其他意识，他在判定是非时，其善良心会居于主导地位；相反，如果一个人在怨气浓重的环境中成长，他的怨气就会强过其他意识，所以在判定是非时，他的怨气往往就会居于主导地位。

对于每个人而言，要努力使自己不受环境的影响，培养自己的正义感和正确的价值观。只有具有正义感的人才能在面对不义之事时，不被它的种种表象所蒙蔽，明辨是非曲直。

切勿自以为是

明辨是非并非易事，青年人切勿自以为是。

韩愈在《师说》中讲得精辟："人非生而知之者，孰能无惑？"即使贤明如孔子也会被孩童"日头远近"的问题难住。

既然明辨是非并不是一件容易的事，人们就该慎言慎行，切不可怀着"老子天下第一"的心态对身边的事物指手画脚。

回顾重庆公交车坠江事件，由于事故发生时公交车撞上了对面的一辆轿车，当天就有几家新闻媒体发布消息称女车主逆行导致事故发生。在某名网友将女车主穿粗高跟鞋坐在大桥的马路边上的照片发布到某社交平台后，舆情更是激昂，网友们纷纷把矛头指向了女车主，对女车主施以人肉搜索、人身攻击。不久，救援队成功打捞出公交车的残骸，技术人员对其中的黑匣子数据进行还原，弄清了此次事故的真正原因——此公交车上的一名女乘客和司机激烈争执导致车辆完全失控，公交车在撞击了迎面正常驶来的小轿车后坠入江中。这个结论意味着，处于舆论中心的女车主是无辜的、被冤枉的。整个事件的教训是深刻的，有关新闻媒体将事物的表象报道成事故成因，而该行为不管是出于吸引公众焦点的动机，还是由于未核实消息来源的草率，都是失职和失守的，也是混淆是非的。这样的不辨是非是十分可怕的。

但令人遗憾的是，当前社会实在是有太多"不辨是非"的人了：地铁上某个年轻人不给老人让座，周围的人便纷纷指责他不懂得尊老爱幼，继而批判这个年轻人的品格，实际上这个年轻人是因为连续加班太过疲惫，确实需要坐下来休息一下。

一些人的"看客"心理，让他们不加思考地宣泄着个人的情绪。

在开放的网络平台，每个人都有"言论自由"，但这种"自由"大多是没有边界、没有底线的。人们关心事实真相，但是他们更关心自己想要相信的真相。加之长期形成的固有思维，使得他们急于表达自己所谓的"正确"看法。

人们应该清楚，一些事情发生时，大多数人会因为情况的突发而导致呆滞无力，正所谓"当局者迷，旁观者清"。而我们每一个人都是社会舆论场的一部分，人们的是非观汇合起来，必然会影响着社会的价值取向和风气指标。因此，当我们急于发表自己的见解、下所谓的是非定论时，是不是应该先停一会儿，设身处地去感受、去思考？

三、青年如何提升明辨是非能力

青年提升明辨是非能力，不是一日之功，要勤学，下得苦功夫，求得真学问；要勤思，善于发现问题，敢于提出质疑；要修德，加强道德修养，注重道德实践；要笃实，扎扎实实干事，踏踏实实做人。

要勤学，下得苦功夫，求得真学问

知识是树立正确价值观的重要基础。古希腊哲学家说，知识即美德。古人言："非学无以广才，非志无以成学。"人生只有一次，青年人应该好好珍惜。为学之要贵在勤奋、贵在钻研、贵在有恒。

勤于学习、敏于求知，注重把所学知识内化于心，形成自己的见解，既要专攻博览，又要关心国家、关心人民、关心世界，学会担当社会责任，不能"两耳不闻窗外事，一心只读圣贤书"。"多闻而择，多见而识"，只有通过学习不断地增长阅历，才能提高认识、正确抉择。

一要学理论。青年作为实现中华民族伟大复兴的先□□须加强学习力度，青年理论学习要向书本学、向实践学、向□

二要学经典。通过对经典的学习，可以从整体上以观□窥其径，达到纲举目张、事半功倍的效果。

三要学历史。历史不是先知，却是很好的向导，对青□应当认真学习人类文明史，学习中国历史，学习中共党史、□史、改革开放史、社会主义发展史。

另外，青年还要学会鉴别。很多时候，造成人们看不清、□明的原因是没有掌握科学的方法。破除固化思维，撷取有效信息，□要学会对照、比较、鉴别，古人言："君子有三鉴：鉴乎古，鉴□人，鉴乎镜。"要做到明辨，就要在"鉴"字上下功夫。

青年要学会鉴别的关键步骤包括以下几个。

第一步：坚持从事实出发。因为从事实出发，才能更好地把□事物的本质与主流，积极追求真理。

第二步：辩证地看待问题。真理再向前一步就是谬误，是非判断离不开其所处的环境、时代和条件。

第三步：对于动态的事件把握好大方向。这也是做到明辨的关键一步，既要做到坚持原则和底线，又不能机械僵化。

要勤思，善于发现问题，敢于提出质疑

"学而不思则罔，思而不学则殆。"是非明，方向清，路子正，付出的努力才能结出果实。

面对当今深刻复杂变化的世界形势，面对信息时代各种思潮的相互激荡，面对纷繁多变、鱼龙混杂、泥沙俱下的社会现象，面对学业、情感、职业选择等多方面的考量，一时有些疑惑、彷徨、失落，

是正常的人生经历。

关键是要学会思考、善于分析、正确抉择，做到稳重自持、从容自信、坚定自励；要树立正确的世界观、人生观、价值观，掌握了这把总钥匙，再来看社会万象、人生历程，一切是非、正误、主次，一切真假、善恶、美丑，自然就洞若观火、清澈明了，自然就能做出正确判断、做出正确选择。正所谓"千淘万漉虽辛苦，吹尽狂沙始到金"。

缺少深入细致的思考往往也会造成一个人是非观的偏差。因此，想要提高明辨是非的能力，要善于思考，具体步骤如下。

第一，善于发现问题。要有一双善于观察的眼睛，对于日常生活中的点滴，多加留意，尽量给出自己的见解和看法；对于现今网络热点话题，尽量还原事实本身，不断吸取义，从而更加客观地给出中肯评价。只有通过发现问题，才能有进一步给出解决对策的冲动，才会勤动脑。这样，久而久之，就能养成主动发现问题的好习惯。

第二，勇于提出问题。破除懒人思维，凡事要多问几个为什么，多琢磨三分，只有建立在充分调研和周密思考基础上的结论才是站得住脚的。"非学无以致疑，非问无以广识"，只有善于思考，善于提出问题，才能真正掌握知识、明辨是非。

第三，敢于提出质疑。古人云："学贵知疑，小疑则小进，大疑则大进。疑者，觉悟之机也。"存疑、质疑、解疑的过程，就是不断接近真理、认识真理的过程。敢于质疑不盲从，从不同角度思考问题，认清事物的本质，定能收获颇丰。

第四，尝试加以判断。人固然相信自己的眼睛，但是当大家在看到一个现象、接收一种信息、接受一个事物的时候，要保持清醒的头脑，多看看，多想想，考虑到事件的背后到底是什么，大胆假设；然后经过详细的询问、仔细的探究、慎重的思考和清楚的辨别，小心求证，再作出相应的判断，并付之于行动，这才是正确的路径。

要修德，加强道德修养，注重道德实践

2021年4月19日，习近平总书记在清华大学考察时指出，要锤炼品德，自觉树立和践行社会主义核心价值观，自觉用中华优秀传统文化、革命文化、社会主义先进文化培根铸魂、启智润心，加强道德修养，明辨是非曲直，增强自我定力，矢志追求更有高度、更有境界、更有品位的人生。

古人云："德者，本也。"蔡元培先生说过："若无德，则虽体魄智力发达，适足助其为恶。"可见，道德之于个人、之于社会，都具有基础性意义，做人做事第一位的是崇德修身。一个人要是没有道德，即使身强体壮、绝顶聪明，对社会也很难做出有益的事。这也是为什么我们的用人标准是德才兼备、以德为先。因为，德是首要、是方向，一个人只有明大德、守公德、严私德，方能最大限度地发挥自己的才能。修德，既要立意高远，又要立足平实。报效祖国、服务人民，这是大德。养大德者方可成大业。修德，不能只喊口号，而是要从点滴小事做起。

从做好小事、管好小节开始起步，"见善则迁，有过则改"，踏踏实实修好公德、私德，学会劳动、学会勤俭，学会感恩、学会助人，学会谦让、学会宽容，学会自省、学会自律。

因此，青年加强道德修养，才能更好地养成积极向上的价值观，有利于树立正确的是非观，从而进一步提升明辨是非的能力。

要笃实，扎扎实实干事，踏踏实实做人

《礼记》中说："博学之，审问之，慎思之，明辨之，笃行之。"有人说："圣人是肯做工夫的庸人，庸人是不肯做工夫的圣人。"青年有着大好机遇，关键是要迈稳步子、夯实根基、久久为功。心浮气躁，朝三暮四，学一门丢一门，干一行弃一行，无论为学还是创业，

都是最忌讳的。①

《猴子种果树》的故事相信很多人都听说过：猴子拔了梨树种杏树，拔了杏树种桃树，拔了桃树种樱桃树，最后一无所获。故事形象地告诉大家，做任何事情都不能急于求成，即便遇到困难也要把艰苦环境作为磨炼自己的机遇，把小事当作大事干，一步一个脚印往前走。要像水滴一样持之以恒、坚持不懈，通过自己的努力才能水滴石穿。

"天下难事必作于易，天下大事必作于细。"成功的背后，必然离不开付出的艰辛和努力。青年要把艰苦环境作为磨炼自己的机遇，滴水可以穿石，只要坚忍不拔、百折不挠，结果肯定不会差。

道不可坐论，德不能空谈。青年要持之以恒，做任何事都不能朝三暮四、见异思迁。这样才有利于培养"埋头苦干"的精神，遇事才能更加冷静清醒、沉着应对，才有利于青年更好提升明辨是非的能力。

📖 名言金句

　　故审堂下之阴，而知日月之行、阴阳之变；见瓶水之冰，而知天下之寒、鱼鳖之藏也；尝一脔肉，而知一镬之味、一鼎之调。

——《吕氏春秋》

　　见虎之尾，而知其大于狸也；见象之牙，而知其大于牛也。

——刘向

　　明者未形而知惧，暗者患及而犹安焉。

——欧阳修

---

① 《习近平谈治国理政》第1卷，外文出版社2018年版，第174页。

只有忠于事实，才能忠于真理。

——周恩来

人之进学在于思，思则能知是与非。

——朱熹

毁誉从来不可听，是非终久自分明。

——冯梦龙

用明察非，非无不见；用理诠疑，疑无有定。

——王充

第十三篇

心怀感恩

2019 年 4 月 30 日，习近平总书记在纪念五四运动100 周年大会上强调："面对美好岁月，要有饮水思源、懂得回报的感恩之心，感恩党和国家，感恩社会和人民。"感恩是人类的一种重要情感意识，是中华民族的传统美德。只有把感恩作为为人处世的基本品质和基本原则，才能更好地收获精彩人生。

一、心怀感恩方能得道多助

你感受到了别人的善意或得到帮助时，心中会产生一种自然的感激之情，那就是感恩。你懂得回报别人的善意和恩情，就会得到更多的援手和善待，这就叫种瓜得瓜，种豆得豆。一个社会的文明程度，与人与人之间的善意、整个社会的爱心奉献等密切相关。因此，懂得感恩是新时代青年成长成才的重要品质和素养。

心怀感恩是人与自身相处的良善法则

当代社会竞争日益激烈，社会多元化程度加深，整个社会对人的要求和看法也发生了一些时代性变化和历史性转移。伴随着改革开放进入深水区，我们国家各项事业所面临的改革都是难啃的硬骨头，整个社会发展进入一个特殊的爬坡阶段。随着社会各领域发展朝向新的方向、新的阶段，青年人身处其中，感受到社会对自身要求越来越高。在这样的情势下，主客观环境会对自身施加压力，青年人自身要具备调节身心的能力，这个过程就是人与自身和解的过程。只有自己与自己和解，才能正确认知自己、认知社会。

正确认知自身是心怀感恩的基础。社会愈加多元复杂之后，标准和需求也愈加多元化，这是我们正确认知自身个体性的重要前提。青年人认知自身个体性的过程其实就是了解自己、认识自己，以更好地认同自己、接纳自己的过程。每个人的个体生命存在和自身个性存在都是独一无二、弥足珍贵的。我们首先要学会在了解自己的过程中接纳自己、热爱自己，这样才能自信地把自己展现出来，认真地为自己生活、工作奋斗。

正确认知自身的社会角色是心怀感恩的重点。人的本质是社会关系的总和。青年人要始终将自己立足家庭、班级、单位、社区等社会群体中，在社会中定位自己的角色。这是在认知自身个体性基础上对自己社会性的把握。每个人个性各异，所学各异，所长各异，因此在社会中的分工与角色自然会产生差异。我们要看到，每一个领域对社会的正常运转和发展进步都非常重要。在对社会有益的每一个角色和岗位中，只要我们全身心投入，让自己尽情发挥青春能力，成长成才就是自然而然、水到渠成的事。

正确调节与自身的内在关系是心怀感恩的关键。社会竞争压力增加，人与自身相处的模式也愈加多元。每天与自己对话，学会让自己在不同的处境和境遇中，用不同的方式说服自己、认同自己、接纳自己和发现自己，是非常重要的一项本领。青年只有把自身的内在关系处理好，才能更加自信和包容地感恩外在的一切，这是心怀感恩的前提和基础。而正确调节与自身的关系则是人与自身和解的良性法则的方法论，是心怀感恩的关键。

心怀感恩是人与社会交往的情感基础

人的交往是体系性的。青年在走向成熟的过程中，必然要学会与人交往、与集体交往、与社会交往。心怀感恩，涵盖了感恩党和国家、感恩时代、感恩父母、感恩师长、感恩帮助过自己的所有人，感恩为这个社会作出贡献和牺牲的人，等等。懂得感恩的目的不仅仅在于用不同的方式回报对方，更重要的是在社会中形成一种善良友好、充满爱与关怀的浓厚氛围。当每个青年都满怀感恩，与人为善，乐于奉献，那么社会的文明程度将会大幅度提高。

对青年而言，人民不是一个陌生的词语，更不是一个遥远的群体。我们所在家庭的成员是人民，同在一个班集体的同学是人民，每天接触的不同职业的人也是人民。关心人民这个优良道德品格就要在日常学习、生活和工作的细节中加以培育和养成。这是青年站稳人民立场的核心。青年个人犹如鱼，人民犹如水。青年只有在依靠人民和成就人民的过程中才能成就一番大事业。广大青年在思维意识上、行动细节中不断养成这一道德品质，感恩人民之情就会油然而生。在学会关心人民，与人民同呼吸、共命运、心连心的过程中，站稳人民立场，赢得美好人生。

在青年时期就致力于为人民群众解决困难，这是青年站稳人民立场的真实写照和提前练兵。每个青年都应当有意识地为民解忧。1999 年以来，中国青年志愿者扶贫接力计划研究生支教团派遣了一批又一批有志青年到边疆、山区等祖国最需要的地方支教。在志愿服务地，这群有志青年扎根人民，从事支教工作、社会扶贫、志愿服务和各类公益活动等，为当地人民解决实际困难。他们在祖国最困难的地区，给孩子们带去知识和希望，为当地带去物资，向人民群众宣传党和国家政策。这就是青年感恩人民群众的具体体现。

心怀感恩是人与自然相处的友好起点

青年应该知道：一个清洁美丽的大自然，是我们生命健康的保障，是我们成长成才的基础。因此，青年人心怀感恩还要从生命的体验与生命的体悟中去思考。解决新冠肺炎疫情给人类带来的生命健康威胁，以及气候变化、生物多样性丧失、环境污染等问题都是青年人义不容辞予以关注的科研课题。因此，"人与自然和谐相处"构成青年人心怀感恩、矢忘奋斗的基本起点。

青年应该树立新时代人与自然和谐共生的新观念。人与自然生命共同体是新时代中国加快生态文明建设的重要标志性概念。感恩自然就是具有正确的自然观，把尊重自然、顺应自然和保护自然内化为自身意识的一部分。新时代青年处于生态文明与数字文明交互的新文明时代，心怀对自然的感恩方能以正确的自然观处理好新时代人与自然的和谐共生关系。

青年应该树立人与自然和谐共生是中国式现代化发展道路重要特征的观念。习近平总书记在党的二十大报告中指出："中国式现代化是人与自然和谐共生的现代化。人与自然是生命共同体，无止境地向自然索取甚至破坏自然必然会遭到大自然的报复。我们坚持可持续发展，坚持节约优先、保护优先、自然恢复为主的方针，像保护眼睛一样保护自然和生态环境，坚定不移走生产发展、生活富裕、生态良好的文明发展道路，实现中华民族永续发展。"中国迈向现代化强国的道路，不能再重复西方发达国家曾经以牺牲环境为代价或转嫁高耗能、高污染企业到其他国家的方式。中国走出了一条不同于西方发达国家的现代化道路，这条现代化道路的一个突出特点就是以"绿水青山就是金山银山"为理念，"生态文明建设"与"经济建设"齐头并进。当下和未来，青年人是这条道路的重要参与者、实践者，因此必须坚定人与自然和谐共生现代化的感恩准则。

青年要牢记，人民日益增长的优美生态环境需要是加快建设美丽中国、实现美好生活的必要前提。新时代，人民对于"蓝天""碧水""净土"等自然资源的要求愈加提高。人们追求的空间格局、产业结构、生产方式和生活方式等都对生态提出了很高的要求。宁静、和谐与美丽已经构成人民对美好生活需要的一部分。这就要求青年人在成长成才的过程中了解并牢记人民的需求，把美丽中国的建设目标融入自身的生活、学业、事业等方方面面。

心怀感恩是实现人生价值的必要条件

今天的幸福生活来之不易，我们要满怀感恩之心，珍惜时光，努力学习、努力工作，争做对国家、对人民、对社会有用的人，以此感恩人民和时代。中国共产党始终坚持走群众路线，坚持以人民为中心，想人民之所想，急人民之所急，办人民之所需。为什么？正是因为中国共产党始终有一颗感恩人民的初心，始终没有忘记今天的胜利成果是从哪里来的。

感恩人民，凝结着党自成立以来与人民的血肉联系和共生共荣的互动关系。1921年中国共产党成立之初，只有50多名党员，到现在成为拥有9600多万名党员的大党。正是千千万万人民群众的紧紧追随和坚定支持，我们党才挺过了千难万险，取得了中国革命的伟大胜利。

我们要善待身边的每一个人，与同学之间要用爱与友好和谐相处，与家人之间要用爱与体谅和睦相处。爱和善良能化解误会、偏见、矛盾等。新冠肺炎疫情暴发之初，一些地区社会气氛紧张得让人担忧。星夜驰援的白衣天使，忠于职守的执勤人员，以及奋战在一线的广大社区工作人员和志愿者，他们的爱与奉献让人们看到了希望和安定。伴随着全国人民捐资捐物，源源不断运往疫情重灾区，全国人民的守望相助、善良美好让人们看到了胜利的曙光。

是每个人的与人为善、爱心奉献汇聚成了国家应对突发事件的压舱石、能量源。因此，广大青年要常怀感恩之心、感恩之情，让感恩成为新时代必备的道德品格。在日常学习生活中把与人为善和关心关爱作为一种习惯，用每个人的努力去赢得整个社会的文明和进步。党和国家的政策方针让我们公平享有发展成才的机会。当国家和社会遇到困难时，我们理当用爱与善良筑起希望的城墙。

二、青年该对谁心怀感恩

感恩党的引领与爱护

伟大的中国共产党诞生于国家和民族危难之际，成长于国家和民族奋进之中，发展于国家和民族振兴之时。我们党始终重视青年工作与青年作用的发挥。一部百年党史，也是一部青年紧跟党前进的奋斗史。新时代，我们党形成了习近平总书记关于青年工作的重要思想，印发了《中长期青年发展规划（2016—2025年）》，出台了大量促进青年发展的政策措施，大力推进共青团改革，党的青年工作取得历史性成就。

感恩党就是要用马克思主义的立场观点方法去思考、行动；感恩党就是要用习近平新时代中国特色社会主义思想武装自己；感恩党就是要把不忘初心、牢记使命的要求融入自己的日常学习、工作中。要珍惜自己的学习、工作机会，永葆进取意识，用感恩的心去学习、工作，在感恩中增强政治意识，用饱满的精神、忠诚的品格、坚定的信念，尽职尽责地去完成自身任务，用实干、担当、务实来回馈党和人民。

感恩国家带来的平台和机遇

2021年4月19日，习近平总书记在清华大学考察时指出："当代中国青年是与新时代同向同行、共同前进的一代，生逢盛世，肩负重任。"身处这个伟大时代，我们不应忘记，这个时代是由中华民族5000多年历史文明进步不断积累而来，是党同中国人民接续奋斗的结果。今天，我们所处的盛世来之不易，我们要怀着感恩时代的信念，去奋斗、去拼搏、去付出，在实现自己人生价值的同时铸就一个伟大的时代。

在社会主义中国，我们有着全过程人民民主、中国式现代化发展道路，我们的国家一切为了人民，为了人民的生活幸福而改革创新。因此，我们要怀着感恩国家的信念，不断增强做中国人的志气、骨气、底气，树立为祖国为人民永久奋斗、赤诚奉献的坚定理想。感恩国家，青年就要把自己的成长与国家的发展融合起来，把国家的需要变成自己努力的方向，在感恩国家、服务国家的过程中成就自己。

感恩社会的善意与包容

社会是一个大熔炉，如果我们青年人感恩社会，那么社会就能够成为一个感恩的大熔炉。我们在这里可以用善良、温情、美好等成就自己、建设社会。韩信千金相赠以报"漂母"一饭之恩，黄雀以衔环相赠以报孩童救命之恩……这些历史典故被千古传颂，正是人们对感恩者的赞扬，正是社会对感恩的呼唤。对青年来说，更应常怀感恩社会之心，因为只有懂得感恩，才能不畏艰难；因为只有懂得感恩，才能公正无私；因为只有懂得感恩，才能干事创业。

感恩父母的无私给予

家庭是我们最温暖的港湾，父母是我们最坚强的后盾，每个人的父母对子女的爱都是无私、丰沛的。但丁说："世界上有一种最美丽的声音，那就是母亲的呼唤。"马克思说："不过对于我们经历过的东西来说，哪里有比父母的心怀更为神圣的珍藏之所呢！父母是最仁慈的法官、最亲密的朋友，是以自己的火焰来温暖我们的进取心的爱的太阳。"[1]

孝敬父母，首先要有一颗感恩父母的心，做到知恩图报，青年人心怀感恩要从感恩家庭和感恩父母做起。真诚沟通本身就是非常好的感恩父母的方式之一，要能够时常与父母保持有效真诚的沟通，还要倍加珍惜父母给予的爱，并在物质和精神方面给予父母更多的体贴与帮助。

感恩老师的辛勤培育

老师是青年人生的引路人。对于我们成长而言，老师是知识的传播者，带领我们在知识的海洋遨游；老师是我们成长的领路人，教导我们如何做人处事；老师是我们的朋友，尊重、理解、关心我们的成长；老师是我们的榜样，言传身教，使我们终身受益……

青年要怀揣一颗感恩之心，感谢老师教给我们丰富的知识和有效的学习方法，更要感谢老师教给我们做人的道理。从咿呀学语的孩童到蒙学初开的小学生，从求知若渴的少年到展翅高飞的成人，从门外汉到专才，从人类的结绳记事到今天信息时代，老师的作用时刻贯穿其中。正像人们认知的：社会的发展靠教育，教育的发展靠教师。老师的默默付出换来了人类文明的勃勃生机。感恩老师，就要将老师"蜡炬成灰泪始干"般的付出永远铭记于心。

感恩帮助我们渡过难关的人

翻开历史的画卷，感恩的故事缀满岁月的星空：子路借米、包拯辞官、黄香孝亲、陆绩怀橘。知恩图报，学会感恩是中华民族的美德。感恩帮我们渡过难关的人，冬天就不再寒冷，黑夜就不再漫长，幸福快乐就时刻陪伴在你我身边。当我们遇到困难之时，"雪中送炭"赛过"锦上添花"，也是我们必须滴水之恩涌泉相报的原因。

---

[1] 《马克思恩格斯全集》第47卷，人民出版社2004年版，第5—6页。

有这样一个故事：一艘载有数百人的大型轮船在海上失火沉没，许多人都失去了生命，只有 90 多人生还。乘客中有一个游泳高手来回游了十几次，在连续救起 20 个人后，因过度劳累双脚严重抽筋而导致残疾，必须终身坐轮椅。几年后，在他生日那天，有人问他一生中最深刻的记忆是什么？他伤感地说：我最记得的是那被我救起的 20 个人中，没有一个人来向我道谢。这是一个让人痛心失望的故事。对那些在危难之时帮助我们的人，我们要做到滴水之恩当涌泉相报，才不会让对方寒心，这个世界才会更加充满爱与和谐。

三、青年如何做到心怀感恩

感恩不仅是一种品格、一种情怀，更是一种思想境界。只有懂得感恩的人，才会时刻记住别人给予自己的温暖、帮助，将这点滴之恩牢记心间，化作动力。

常思感恩之情意

一是常思感动之事。心怀感恩就是要让自己经常能够经历值得感动的事，无论是被文艺作品所感动，还是被身边的小事所打动；无论是自己的行为感动了他人，还是他人的行为感动了自己，都是一种美好的情感。青年时期是情感和情绪最活跃和丰沛的时期，我们要为自己的情感需求填充美好的东西，常常思考和做一些值得感动的事能够丰沛我们的情感。青年不应冷冰冰地、单调地生活、学习和工作，而应在充满感动与情感体验的过程中体验感恩带来的美好成长经历。

二是不忘感谢朋友。与朋友相处的情感对每个青年人都很重要。我们的青春记忆、热血体验很多都是与朋友一起经历和探索的，日常生活中很多时间也是与朋友们共同度过的。感谢朋友会让我们的生活状态、人生品质得到极大提高。常常心中想着朋友，有值得共享的美食、攻略、信息等可以与好友分享，美好的东西总是越分越多的；有好消息的时候可以拿起电话与好久不见的老朋友进行分享，被想起也是一种幸福。感谢朋友的举动虽然细小入微，但是会潜移默化地给我们带来很强烈的力量支撑和美好传递。

三是时常关怀自己。新时代青年是有理想、有本领、有担当的一代人，在不断增长自身本领的道路上会经历很多收获与进步。在这个时候，我们要时常为自己点赞，关爱自身。如果这一周的计划按期完成，那么在周末可以奖励自己约上亲朋好友吃个大餐；如果这个月的目标提前完成，那么可以奖励自己一个许久想要而舍不得买的礼物；如果今年的目标顺利完成，那么可以奖励自己一次远途旅行；等等。这些奖励自己的行为融入生活，会让青年从自身出发心怀感恩。

常做感恩之行动

一是身边型举手之劳。很多时候，我们的一个举手之劳，对别人而言就是莫大的关心关爱与支持帮助。日常生活中，身边的人缺少一个东西而自己正好有这个东西，能立马为他提供，就是感恩的举手之劳。在马路上、公园里等，看到有需要帮助的老人、孩童等，我们善意的微小举动就能传递大爱的能量，也能让自己一整天心情愉悦。在家里，父母长辈劳累的时候，主动刷碗、洗衣服、打扫卫生等，就能够让家缓解一切疲惫与不如意。青年只要有心，感恩的日常行为就时常在我们身边，行动起来，社会、家庭就会充满爱与希望。

二是志愿型服务他人。今天，很多青年在学习和工作之余都会去参加一些志愿服务项目，这是一个社会文明程度的重要标志，更是服务他人的美好契机。青年要积极主动选取自己感兴趣的领域，如环境保护、关爱老人、特殊群体、知识宣传等，去参加、去投入。要让志愿者的身份与意识时常性被唤醒和发现，让自己不断地习惯以志愿者的身份服务他人，在日常生活中看到需要帮助的人之时，你就会主动伸出援手，这个社会就会充满爱的举动和关怀的韧性。

三是特殊型敢为人先。在当今世界充满不确定性与不稳定性的形势下，危机与机遇并存。面临重大困难和挑战时，青年人要冲得出来、顶得上去，亮明身份、敢为人先。这是常做感恩行动非常重要的一个部分。关键时刻冲得上、危难关头豁得出、吃劲之际顶得住，才是新时代青年应有的样子。要把危难关头豁得出作为青年成长成才、心怀感恩的政治本色；关键时刻冲得上作为青年向往的青春姿态和热血奉献；吃劲之际顶得住作为青年心怀感恩的崇高境界和意志品质。只要青年敢为人先，国家与社会便能够面对挑战化危为机。

常悟感恩之愉悦

一是以他人之乐为乐。在拥有感恩之情意、感恩之信念和感恩之行动后，青年人要在反思与回味中去常悟感恩之愉悦。心怀感恩其实就是要做一个善良的青年，善良的人总是以他人之乐为乐，乐于施与，乐于帮助他人走出困境；善良的人总是与人为善，乐于友好相处，带给人们和谐欢喜。善良是一种智慧、一种自信、一种精神。在日常学习、生活和工作中，青年人应该常常回顾自己帮助他人、感恩他人或他人帮助自己、感恩自己的美好时刻，并通过与家人和朋友分享的方式，来强化体验感。

二是为自身之乐而乐。在感悟感恩的愉悦之时，除了思考与他人的关系，还有一个重要的维度就是自己，要让自己在这个过程中体悟愉悦，加强自己在心怀感恩的意识和行动中的愉悦体验。一方面，在肯定自己的过程中强化心怀感恩的情意、信念与行动。因为，我们乐于助人的行为终归是自己内心的选择，因此我们要通过肯定自己、愉悦自己把心怀感恩变成一种主动的行为。另一方面，为自身之乐而乐与为他人之乐而乐是一个相互转化的过程。在现实生活中，当我们通过自己的言语、行动等帮助了他人、感动了他人时，这种给予他人的快乐和愉悦必然会转移到自身的快乐中。因为，美好的东西是相通的，常悟感恩之愉悦是将心怀感恩付诸行动的重要动力。

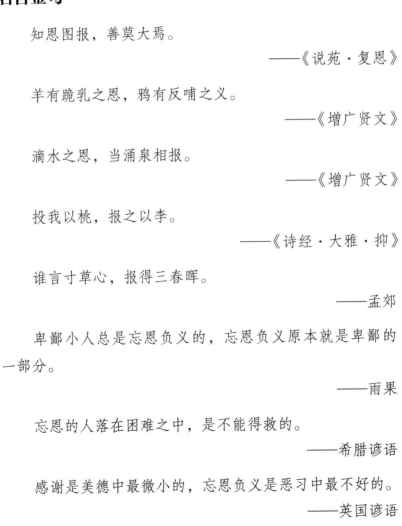 名言金句

知恩图报，善莫大焉。

——《说苑·复恩》

羊有跪乳之恩，鸦有反哺之义。

——《增广贤文》

滴水之恩，当涌泉相报。

——《增广贤文》

投我以桃，报之以李。

——《诗经·大雅·抑》

谁言寸草心，报得三春晖。

——孟郊

卑鄙小人总是忘恩负义的，忘恩负义原本就是卑鄙的一部分。

——雨果

忘恩的人落在困难之中，是不能得救的。

——希腊谚语

感谢是美德中最微小的，忘恩负义是恶习中最不好的。

——英国谚语

父母之恩，水不能溺，火不能灭。

——苏联谚语

父恩比山高，母恩比海深。

——日本谚语

第十四篇

珍惜友谊

　　习近平总书记在不同场合多次强调和阐述"友谊",如"中国人民历来珍视友谊、爱好和平"等。他曾引用意大利作家莫拉维亚所说的"友谊不是偶然的选择,而是志同道合的结果",引用智利文学家米斯特拉尔所说的"友谊是相互信任,是长存于心"。友谊是真诚基础上的理解与支持,是心手相连共同凝结的情谊。青年渴望友谊,深厚的友谊能给青年带来丰富的人生,能助益青年成长成才。

一、友谊的价值

大到国家间外交合作、友谊的薪火相传，小到个体间人际交往、心手相连，都离不开友谊之舟，风雨相随，互助合作。古人云："他山之石，可以攻玉。""以铜为镜，可以正衣冠；以古为镜，可以知兴替；以人为镜，可以明得失。"说明一个人、一个民族、一个国家要彼此间包容互鉴、美美与共，提升思想境界和认知高度，寻求共识，从而修正前进的方向。

认知友谊

朋友是能给他人带来尊重、理解和关爱等情感的人。人就是活的信息、知识、智慧、素质等多重载体，关键的信息和机遇大多是朋友直接或间接提供的。交朋友能增强社会的交融性，培养沟通能力、交际能力、合作能力。多交朋友，就会更好获得对自身有用的信息，多一些成才的机遇，多一些在书本中得不到的收获。

知心知己实际上是我们心理、情感的外延，友情的价值便在同一境遇下的默契配合与真诚付出时闪现。即使朋友不能够带给你直接的利益，但聊天交流、思想碰撞等，也能开阔视野，扩大自己的信息源，增强知识和阅历的积累。诸葛亮如果不结交司马徽、许庶，也许就没有三顾茅庐的佳话和施展其才华的机会了。

学问是用眼睛读来的，也是用耳朵听来的，"听君一席话，胜读十年书"。从这个意义上说，与良师益友相处可以说是一种修身启智的"隐性课程"。"独学而无友，则孤陋而寡闻。"没有朋友，学业也容易走向狭隘和极端，毛泽东就非常重视结交志同道合的学友，爱因斯坦也得益于交到旗鼓相当的学友。萧伯纳"两个苹果""两个思想"的比较之论，就是强调两种思想的交汇能产生"聚合效应"。学友之间的互相学习、询问、辩论、切磋、琢磨，比单纯的师承更有助于成才，这也就是读万卷书、行万里路、交万人友的道理。

朋友还是治愈孤独的良药。人在孤独的时候，找三五好友聚一聚，或者找一个密友聊一聊，也许就能解开心里的疙瘩，变孤独寂寞为春风十里，也是人生乐事和幸事。单枪匹马，往往是寂寞乏味的，两个人便有了相互照顾的伴儿，三个人的旅程就充满了欢笑与阳光。

人需要社会关系的维系

人的社会性，是指人作为集体活动中的个体，或作为社会中的一员活动时所表现出的有利于集体和社会发展的特性。人的社会性，决定了人的社会关系的必然性。人的社会关系，是人的社会性最直接的表现。

人的社会本质是在其劳动和社会交往中形成的，是随着经济和社会而发展的。人是一种社会化的高级动物，其本质属性决定了他要与人的群体一起生活。完全自我孤立与封闭难以在社会中立足和在群体中发展。没有朋友的人像一只"孤雁"，往往陷于封闭与孤寂，失去生活的信心与方向。现实中没有人情愿选择"孤立无援"的境遇。

人际就是一种回声，你送出什么它就回报什么，你给予什么就得到什么。人际关系就像播种一样，播得越早，收获就越早，撒下的种子越多，收获得就越丰富。要想增进友谊和感情，友善地发展和巩固朋友圈，就要寻找兴趣爱好共同点或物质的、精神的激励，激发人的爱心与责任心。

认知世相与人情

古人语："天下熙熙，皆为利来；天下攘攘，皆为利往。"人是有情感和道德约束的，但在竞争日趋激烈的社会，人的感情和道德有时也会被蒙上一层功利色彩。谁都愿意去追求财富、生活的舒适与社会地位，谁也不愿与失败者为伍，这是青年需要认清的事实。

友谊是可能变化的。有句歌词说"结交新朋友，不忘老朋友"，这是一种美好的愿望。人在得意时结交的朋友，在失意时可能会失去。事实上，青年的朋友是不断更新的，更换一个环境，转变一个角色，结交朋友的心态或眼光也会发生变化，我们要用新的发展的眼光去看待友谊。

朋友间不轻言拒绝，又要保持距离。不要轻易地或不加考虑地拒绝别人的求助，一味地回绝，你便在人际环境里丧失了某种价值的存在。应视具体情况积极想办法，尽力而为。如果你很顺利地完成了别人所委托的事，久而久之，你便在他们的心目中树立起了一个可靠、可信赖的形象。当然，朋友间在经济利益上也要"亲兄弟，明算账"，保持适度的距离，这样才能让友谊之树常青。

二、友谊的实质

新媒体社交工具的广泛应用，反而导致人与人之间面对面沟通的机会变少了，但相互理解与真诚沟通，将友谊升华为真情实意的互帮互助。真诚的关爱与友好，仍是青年内心的渴望。

认知两个定律

在中国，人与人相处的规则最早可追溯到孔子的"黄金定律"。孔子说过，"己所不欲，勿施于人"，"己欲立而立人，己欲达而达人"。意思都是：在与人相处的时候，你希望别人怎么对待你，你就应该怎么对待别人。2000 多年来，这些智慧被称为处理人际关系的"黄金定律"。

时至今日，"黄金定律"似有过时之嫌，因为它意味着在处理人际关系时是从自身角度看问题，认为我们大家彼此都是没有多大差别的，你自己肯定的正是他所肯定的。而事实上，人的愿望和情感千差万别，不同地域和文化背景下的人对同一事物的价值判断可能大相径庭。如果总是以自己中意的方式行事，缺乏换位思考、推己及人，往往会出现一厢情愿、自作多情的结果。

相对人际交往的"黄金定律"，西方心理学家提出了"白金法则"。"白金法则"的要义是："别人希望你怎么对待他，你就怎么对待他。"也就是说，"应该以别人为中心来调整自己的态度，用别人认可的方式而不是你认为最好的方式去待人接物"。

"黄金定律"和"白金法则"各有其道理，其实质就是要处理好顺应性与原则性的问题。青年在人际交往中首先要把原则性放在第一位，这一点不能动摇。顺应性并不意味着你要放弃自己的观点和个性，无原则地融入别人的个性与风格之中，而是要适当调整自己的心态和视野，以便相处顺畅。要做到顺应千面之人，有两个条件：一是"心无成数"，即要对调整自己的行为或节奏持一种积极的态度，包括自信、乐观等；二是"法无定法"，即具备随机应变、因势利导的技巧。

刚柔兼济，"方""圆"得体

维系友谊、升华友情真正有效的处世原则是刚柔兼济、方圆得体。"刚"是独立性，代表自尊、自立、自强，强调自我价值和自我意识；"柔"是合作包容性，包括自律、同情、合作精神等。为人太"刚"，做事易中途而废；过"柔"则容易失去自我，或被人摆布而迷失方向。青年人要有自己的原则，不可随他人的意志而左右摇摆，不能把他人的思想凌驾于自己的独立思考之上。因而，学会独立思考和婉拒比顺从更有益于青年成长与个性的发展。青年在为人处世中，不能一味地"刚"，这样可能会失去很多人的友情与帮助，还要讲究一点"白金法则"，这就是"刚柔兼济"，运用得体，方能左右逢源，在社交中游刃有余。

中国儒家文化所提倡的"仁"就是圆融之道，即"爱人"、助人。"仁者爱人，有礼者敬人；爱人者恒爱之，敬人者人恒敬之。"养成乐于助人的习惯，它能够带来巨大的交际资源，会给自己带来更多的机遇和发展空间。

刚柔兼济犹如古币的内方外圆，既保留了自己的个性，又与社会大环境相通融。"方"是做人之本，是堂堂正正做人的精神脊梁。这个世界上最受欢迎、最受爱戴的那些人物无不具有"方"之灵魂。外圆内方，乃为君子处世之道。

对立统一的规律

对立统一规律是毛泽东思想的精髓之一。毛泽东的《矛盾论》讲述了这样一条规律：世界上任何事物都是既对立又统一的，对立统一规律存在于一切事物的发展、变化之中，解决问题要抓矛盾的主要方面。毛泽东一生都在运用对立统一规律引导中国革命从胜利走向胜利。

对人际交往而言，就是人与人之间都是既对立又相互依赖的关系。你与最要好的朋友之间也有对立面，与对手之间也有依赖面。处理人际关系，就要看彼此是依赖面大，还是对立面大，要抓矛盾的主要方面。

对立统一规律是一条现实生活中最为实用的交际规律，它可以解释现实生活中遇到的实际问题。任何感情用事、意气用事，完全站在对方对立面的人，都是一种幼稚不成熟的体现，必将在社会上处处碰壁，最终导致失败。即便在今天的职场中，对立统一规律也是人际交往的哲学遵循。

生活本身就是一个平衡、对立并相互妥协的过程，世界上没有永远的敌人，但有一生的朋友。一个人能找到要好的朋友，能互相取长补短，相互促进提高，应当倍加珍惜。

三、让友谊之树常青

学会主动关心人、团结人，和谐的人际关系是人生扬帆前行的东风。青年要珍视友谊，结交朋友，让友谊之树常青，就要恪守真诚、与朋友相互帮助，还要发展自己、自强自立、互相尊重，一起为追梦而奋力前行。

恪守真诚，互相尊重

美国诗人爱默生说："人生最美丽的补偿之一，就是人们真诚地帮助别人之后，同时也帮助了自己。"青年交友，要恪守真诚原则，尊重朋友、帮助朋友，就能收获真诚、收获友谊。

友谊首先是诚恳，再就是和谐平等。真正的友谊只能根基于相近性情的结合及共同志趣的融通。经历相似，命运相系，追求与志趣相通的人，最有可能站到同一个支点上共同奋斗。真正的朋友，灵魂相契合，实际上就是志趣、心理和情感上相互交流的外延。我们追求友谊，就应该寻找基于真诚基础之上的共鸣与相互合作，倾心沟通与交流，明确共同追求的目标，实现真诚合作，这才是根本。

朋友间的真诚首先体现在诚信上。孟子总结人类社会中人伦关系的发展规律，提出了著名的"五伦"学说，即"父子有亲、君臣有义、夫妇有别、长幼有序、朋友有信"的人伦大道。其中，"朋友有信"讲的就是诚实守信。守信用是相互信任的前提，包含对人道德层面的约束，做到坦诚待人、言而有信。可见，诚实、守信是做人的准则，也是一种美德。

真诚就要守信。守信就是要履行自己的承诺，如果你答应别人做什么事，那就一定要做到，哪怕是无关紧要的事。别人委托的事情要做到，自己开口答应的更应做到。有些人喜欢向他人空许诺，说得很好，但做得差，就会失信于人，而人一旦失信，以后的合作处事就艰难了。

真诚还体现在不尚虚华上。中国传统文化认为，人际交往不应有极强的目的性，不为名利，不尚虚华，讲求"君子之交淡如水""君子淡如水，岁久情愈真"；认为人与人交往应始终如一，讲求"衣不如新，人不如故""人生结交在终结，莫为升沉中路分""终始如一，此君子之朋也"；认为人与人交往最可贵的是相互了解、彼此知心，讲求"人之相识，贵在相知，人之相知，贵在知心"等。

朋友之间交往，互相尊重也是一个重要原则。尊重体现在做事要有分寸，要谨守本分、职位以及工作之间的分寸与界限，不能越界，不要在言语或行为上侵犯对方。你懂得尊重别人，别人也就不会怠慢你，哪怕你只是个普通人。尊重是朋友交往的原则，也是信赖的开始，你赢得尊重，也就赢得了信赖，这正是你在社会上立足行走最重要的无形资产。

知心同道，相互支撑

真正的友情在于同一境遇下的默契与真诚合作，也在于慷慨的给予与付出。你怎么对待别人，别人就怎么对待你，墨子说："夫爱人者，人必从而爱之；利人者，人必从而利之。"如果你呼唤那山，而山不会靠近，那你就朝它走去，等待只能是两手空空。在共同的旅途中，本来萍水相逢的陌生人只要其中一个先伸出友谊之手，陌生人也会变成好友。

交友贵知心，知心则为友。朋友知己贵相知，不必图其形式而失其本心，不可赖其本业而徒留躯壳。圣洁的友谊是一种至高无上的无形财富。培根曾说："最能保人心神健康的预防药，就是朋友的忠言和规谏。"良师益友的确对人的一生立身行事大有裨益。人非圣贤，孰能无过，期望自己的朋友完美无缺，那将永远找不到朋友，进而把自己也否定了。人不应以自己某方面的完美而过多地去苛求别人，这样将永远没有朋友。有"斑点"则显得有几许天然的斑斓或几分无须雕饰的美，这样看待朋友和友情，青年的人际亲和力就会提升。

人生的际遇常常不求而至，而疏于结交或封闭自我会错过一个个称之为偶然的缘。那许多巧遇，只不过是把握住了许多转瞬即逝的"偶然"中的一个。珍惜并留住这种种不同的缘，便给自己开创了一个明快的友谊空间，便可能赢得许多美好的人生机遇，生活也会变得斑斓多姿。

"路遥知马力，日久见人心。"在我们陷于困境时，能为我们提供帮助的人，才是我们的真朋友。用美好的未来预期、信心与目标去影响别人，这有助于发展积极的人际关系，并帮助别人获得积极的人生态度。

自强自立，守时守信

在现实生活中，默默奉献、奋斗自强的人是最值得被人们推崇和赞美的。青年的奋斗不是为了寻求别人的赞美，而是为了实现自身的价值。友谊也是一样，青年要想拥有真挚的友情，就要相信自己，并以积极的姿态，把握机遇，锲而不舍，做好自己。

做好自己，就要少说多干。法国大思想家孟德斯鸠有句名言：一个人的思考越少，讲演时的废话就越多。庄子也曾直言："狗不以善吠为良，人不以善言为贤。"无须矫饰乃君子真面目，矫揉造作会变得面目全非。以一种宽容的心境清醒谋划，脚踏实地走路才是真。凡是喜欢说的人，往往行动就少。如果你讲的比听的多，就会失去许多积累充电的机会。真正的智慧通常是在谦虚与沉默中实干出来的，需要决心和勇气，重要的是干，而不是说。

做好自己，要有自知之明。一个人正确地认识到自己的价值，有了自知之明，清醒地估量自己的地位，做事时就会从容不迫、不卑不亢，有利于友谊的保持和巩固。

朋友间交往，要把守时看作大原则而不是小细节。守时就是做事要有时间观念。现代社会，"时间就是金钱，效率就是生命"，如果做事不守时，就是浪费他人的时间，会给人一种不可信赖的感觉。很多人不把守时当一回事，认为迟到几分钟无关痛痒，有的甚至以此显出自己时时处于主动，如果你真是一个日理万机的大人物也就罢了，但你只是个普通人，那最好把"守时"放在心上，且谨慎奉行。如果你偶尔迟到一次，并作出解释，这并没太大关系。但如果每次都迟到，别人就会对你作出这样的评价——这个人不能有效管理时间。一个没有时间观念的人，是"不可信赖"的，是不值得交往的，这就会影响友谊的保持。

学会赞美，善意批评

我们面对朋友时要不吝赞美。要多发现朋友身上的闪光点，要记得朋友的好处并加以赞美。生活中，许多事情的失败，常常可以归结为与他人打交道的失败，归结为好话说不出口、不会赞美的失败。

比如，你对邻居说："我家有一盆花，你帮我修剪一下吧？"对方一定会很难为情，继而委婉拒绝。但如果你换一种说法："我发现你家的花修剪得格外漂亮，你在这方面应该造诣很深，要是你能教教我，该有多好啊！"结果可能大为不同。

如果说赞美是抚慰人灵魂的阳光，那么批评就是照耀人灵魂的镜子，能让人更加真实地认识自己。圣人教导我们要"闻过则喜"。能真实地发现自己的缺点，就意味着会有新的进步和新的突破，这正是值得高兴的事。真正聪明的人是最能认清自己的人，客观地看待自己的优缺点，这样才能不断扬长避短，取得进步。人非圣贤，孰能无过。但从人的本性来说，对批评的抵触潜藏在内心深处。不能真实地看待自己的不足，这是人性的一大弱点。

与能够批评你的人交友，将一生受益无穷。在现实生活中，经常给你提出批评意见的朋友似乎有点令人生厌，但这种友情却难能可贵，这种人才是你人生的导师和真正的挚友，是你成长的一面镜子，自身肌体完善的"钙"。但生活中做这样的挚友并不太容易，毕竟良药苦口、忠言逆耳。如果你对现实社会冷静思索一番，就会发现这种人大有可交的一面。按照现代人的处世原则，一般人都会尽量不去得罪他人，大都宁可说好听的话让人高兴，也不愿说一些让人讨厌的真话。但如果从交友的角度来看，只说好听的话，就失去了做朋友的义务。明知你有缺点而不说，还偏偏说些动听的话，如果他还进而"赞扬"你的缺点，则是别有用心了。

人都有面子和尊严，都需要自尊和被他人尊重。自尊正是人生存和发展的支柱，是人克服各种困难，坚持不懈去取得成就的动力。而批评的最大弊端，就是容易伤及别人的自尊。"扬善于公堂，规过于私室。"因此青年在面对批评和批评别人时，要注意两个方面：一是自身要努力提高修养，保持闻过则喜的心态；二是批评别人时，要注意场合、方式和方法。避免批评引起反感的最有效方法，就是让对方觉得我们的批评是善意的，是为他好，批评要针对具体的事情，而不能否定整个人。人在听到别人对他的某些长处的赞扬之后，再去听一些令人不怎么愉快的批评总是要好受得多，也更容易接受。

名言金句

独学而无友，则孤陋而寡闻。

——《礼记·学记》

不论是多情的诗句，漂亮的文章，还是闲暇的欢乐，什么都不能代替无比亲密的友情。

——普希金

人生得一知己足矣，斯世当以同怀视之。

——鲁迅

我以为世界上的话最能使人快乐的，除却母亲的爱语，便是良友的深谈。

——冰心

世界上没有比友谊更美好、更令人愉快的东西了；没有友谊，世界仿佛失去了太阳。

——西塞罗

最好的朋友是那种不喜欢多说，能与你默默相对而又息息相通的人。

——高尔基

交朋友就是平等相待，以诚相处。

——丁玲

万人丛中一握手，使我衣袖三年香。

——龚自珍

第十五篇

兴趣广泛

2019年4月30日，在纪念五四运动100周年大会上，习近平总书记指出："我们要主动走近青年、倾听青年，做青年朋友的知心人。当代青年思想活跃、思维敏捷、观念新颖、兴趣广泛，探索未知劲头足，接受新生事物快，主体意识、参与意识强，对实现人生发展有着强烈渴望。"兴趣广泛、热爱生活是青年健康成长成才的普遍特征。

一、我的兴趣我做主：梦想与志趣同行

奋斗是青春最亮丽的底色，行动是青年最有效的磨砺。有责任有担当，青春才会闪光。只有当青春同党和人民事业高度契合时，青春的光谱才会更广阔，青春的能量才能充分迸发。新时代青年要以此为人生价值目标导向，培养兴趣，耕耘志趣，发挥专长，与时俱进，把握社会进步脉搏，紧随时代发展步伐。

因志选材、趣学乐达，志趣导航有价值的人生

习近平总书记指出："志存高远方能登高望远，胸怀天下才可大展宏图。火热的青春，需要坚定的理想信念。"① 不辱时代使命，不负人民期望，立大志、明大德、成大才、担大任，努力成长为堪当民族复兴重任的时代新人。我们不是为学习而学习，也不是唯兴趣为上，而是要将学习、兴趣对准自己的志向和目标，注重培养自己的能力与素质。明代哲学家、教育家王守仁说："志不立，天下无可成之事。"没有志向，学习就没有方向，学习就会陷入盲目。因志为学，"志"既指志向，又指志趣。在志向、志趣的引领下，学习就会变成自己的事，在志向的牵引下会有内在的强大驱动力，就会轻而易举地做到勤学、趣学、乐学。朱熹说，"学者大要立志""心者，人之神明，所以

---

① 习近平：《在庆祝中国共产主义青年团成立 100 周年大会上的讲话》，《人民日报》2022 年 5 月 11 日。

具众理而应万事者也"。要因志为学，又要因材培养兴趣。志大则才大，大志者就能有大希望、大成就。有怎样的心胸、志向，就会成就怎样的格局与成功。

苏轼说："古之立大事者，不惟有超世之才，亦必有坚忍不拔之志。"青年人从人生起步伊始便要以理想为导向，立大志，矢志不移，敢于超越，对目标始终如一，每一件事与目标紧密联系，便一步步趋向于人生规划的大目标。

在你最感兴趣的事物上，隐藏着你的人生秘密。兴趣对开发人的潜能有不可估量的作用，根据自己人生的价值目标和职业规划培养自己的兴趣，可以大大提高学习、工作效率，加快青年成才的速度。

"所有智力方面的工作都依赖于乐趣。"青年人不妨从培养兴趣、发展特长入手。有乐趣，是培养兴趣的基础，也是兴趣发展的初级境界，它往往是对于外界新奇、新异事物与现象的喜爱和迷恋，并自得其乐。兴趣有一定的指向性、稳定性，对人的学习、工作有莫大的促进作用。以马克思为例，为人类服务是他的宏大志向，而观察和思考人类社会的运行规律是他最大的兴趣和快乐。志与趣强大力量的结合，才会让马克思孜孜不倦、乐此不疲，成就伟业。

志趣，是我们追求的最高境界，它是兴趣与志向的结合，开发潜能要走一条"有趣—乐趣—志趣"之路，才会令你事半功倍。兴趣是最好的导师，兴趣出天才。因为有了兴趣，少年法布尔才能从早到晚在草丛里纹丝不动地观察昆虫；陈景润走路时经常痴迷于数学思考，撞上了电线杆还连忙道歉。"知之者不如好之者，好之者不如乐之者。"我们要对兴趣进行引导，把兴趣发展成为志趣，耕耘志趣，积聚和提升自身素质。

一个人若把兴趣与特长始终如一地发展下去，人生将会闪现出奇迹与亮点，一个有成就的人，经常在这样一条成功方程式上攀登：天赋（兴趣、爱好与特长）＋勤奋＋正确的方法与策略＝成功。这在古今中外的名人实例中不胜枚举。一个人专注于自己的兴趣培养与特长发展，并找到了正确的方法，加上不断地努力，就会快速走上一条有为的捷径，就会把看似平凡的人逐步磨砺成一个创造非凡奇迹的天才和一个卓有成就的人。

自我认知，激活天赋，天生我材必有用

一位哲人说："我是我的命运的主宰，我是我的灵魂的船长。"这句话告诉我们：我们是我们命运的主人，我们应有能力控制我们的思想。当我们有了正确的人生目标，专心致志，聚焦专注时，会潜移默化地培养健康的心态，树立成就感与自信心。正确的思想方法再加上积极进取的精神，可以使一个人获得伟大的成就。

自我意象理论是当代心理学界最重要的成果之一。自我意象是建立在一种心态和动机基础上的，在意识与潜意识中的自我评价、自我设计的图像，是"我属于哪种人"的自我认可的观念。自我意识是一个人对自己的认识、评价和期望，也就是对自己的心理体验。积极的自我意识的获得必须以正确评价和分析自己为前提。一个人如果能明辨自己的优点和缺点，在学习和工作中做到扬长补短，便会产生自信心。

人们常常在无意识中扮演这样那样的角色，一旦我们有意识地来扮演我们理想中的人物，就能按理想人物的特点改变我们的个性，改变我们的行为，从而开发出自身的巨大潜能。因为，天才的创造力来自潜意识，潜意识的能量无比巨大，人的潜能主要蕴藏在潜意识之中。

人们把自己想象成什么人，就会按那种人的方式行事。如果你的自我意识是一名成功人士。你会不断地在你内心的"荧光屏"上见到一个踌躇满志、不断进取、敢于经受挫折和承受强大压力的自我，于是逐步走向卓越与成功。

事实证明，塑造自我意象有着不可思议的神奇力量，足以影响一个人的精神意志和人生成长。羽扇纶巾、神机妙算的诸葛亮，未出山前早已以管仲、乐毅自命，横扫欧洲的拿破仑，也源于幼年就有当将军的自我意象。

对标梦想，培养志趣，在志向激励驱动中扬帆新时代

志趣是兴趣发展的高级境界，是兴趣与志向的整合、兴趣与意志的结合。诸葛亮说："非学无以广才，非志无以成学。"志趣的培养是靠理智来选择、培育和引导的。有了对学习、工作的目的性和积极性，就有了学习的兴趣、意志，从被动的"要我学"变成了"我要学"、乐于学、自主学，学习就会得心应手，就能更好开发兴趣和潜能，培养志气、自信心和意志力。

培养与挖掘自身的兴趣，进而上升为技能与本领，就一定要考虑自身的"志"与"材"，只有这样，才能实现学习的个性化，各取所需，各尽所能，终成大器。人的时间、精力非常有限，样样都想做到，还不如把精力集中在一点上，千招会不如一招绝。太阳光穿过凸透镜聚合到一个点上，可以点燃一堆柴禾。这种优势挖掘便能给每个人成功提供可能性。本领有千万种，只要你在某一领域胜过所有的人，你就可以在这方面独树一帜。

"一语不能践，万卷徒空虚。"激励即激发、鼓励，主要指激发人的动机，满足人的某种需要，使人产生一股朝着所期望的目标前进的强大驱动力。激励是行动的钥匙，它能打开潜能之门，可以使惰者变得勤奋，使愚者变得聪明，使自卑者变得自信。任何人都离不开激励，而激励的方式因人而异，各有不同，可以为座右铭、图画、人物头像、文章的名篇名段等。作家塞缪尔·尤尔曼写了一篇名为《青春》的散文，被许多名人作为自我激励的宝典。

二、在兴趣处深挖：让清泉喷薄涌出

《新时代的中国青年》白皮书指出："中国青年不断从中华优秀传统文化、革命文化、社会主义先进文化中汲取养分，特别注重从源远流长的中华文明中获取力量。""青少年国学热"的原因是"国人开始重视传统文化的内在价值"，从热衷"洋品牌"到"国潮"火爆盛行，从青睐"喇叭裤"到"国服"引领风尚，从追捧"霹雳舞"到"只此青绿"红遍全国，中国青年对中华民族灿烂的文明发自内心地崇拜、从精神深处认同，"清澈的爱，只为中国"。青年要自觉传承中华文化，不断增强文化自信和民族自豪感。

发展兴趣爱好要有根脉自信、家国情怀和民族情结

文化是一个民族的精神和灵魂，高度的文化自信是实现民族复兴的重要基础。"一个国家、一个民族的强盛，总是以文化兴盛为支撑的，中华民族伟大复兴需要以中华文化发展繁荣为条件。"①"深入挖掘和阐发中华优秀传统文化讲仁爱、重民本、守诚信、崇正义、尚和合、求大同的时代价值。"②习近平总书记强调，要使中华优秀传统文化成为涵养社会主义核心价值观的重要源泉。

《中长期青年发展规划（2016—2025年）》中明确提出："更好引导青年传承中华优秀传统文化、弘扬社会主义先进文化。"传统中有我们的精神基因，文化中有民族的志气底蕴。新时代要以弘扬中华

---

① 习近平：《汇聚起全面深化改革的强大正能量》，《人民日报》2013年11月29日。
② 《习近平谈治国理政》第1卷，外文出版社2018年版，第164页。

优秀传统文化为导向，增强文化自信。只有读懂古老而伟大的中华民族为何生生不息，领悟源远流长的中华文明何以如此博大精深，才能有坚定守护中华民族文化根脉的历史自觉和文化自信。

中华民族优秀传统文化凝结着中华民族的民族精神和民族情感，承载着中华民族的文化血脉和思想精华，并成为维系国家统一、民族团结和社会和谐的重要精神纽带，如中国书画、诸子百家、先秦哲学、古典文学诗词、史学典籍、国医国药、戏剧曲艺等都是中国传统文化的优秀代表，体现了古代哲学思想体系和修身、格物、致知、齐家、治国、平天下的家国情怀和理想追求，积淀着中华民族最深层的精神追求，代表着中华民族独特的精神标识，是当今中国向国际社会展示中国文化、中国形象及寻求价值认同的重要载体和窗口，为中华民族生生不息、发展壮大提供了丰厚滋养。

人生自信志趣始，风华昂扬正青春。新时代青年培养和发展兴趣爱好，要把中华优秀传统文化或前沿科技发明作为主攻方向，当作出彩人生的良好选择和发力点。比如，学习书法可以"坚贞其心志，旷达其胸襟"，既提升青年的艺术审美和文化素养，也激发青年的文化认同感和民族自豪感。新时代青年作为华夏儿女，在培养和弘扬传统文化上具有义不容辞的历史使命和时代责任。

时代呼唤一专多能，练就复合型通才本领

随着时代的发展，科学越来越呈现高度综合化的趋势，再加上知识迭代的加速，只抱有一门专长已经难以跟上时代的步伐，适应竞争发展的需要。现在，一个工程师知识的半衰期是 5 年，如果我们将一位大学生培养成专才，那么 5 年或 10 年后他就将面临被淘汰的境地。

而且，当今行业职业变迁异常频繁，每个行业都有它的成长期、成熟期、衰退期。一到衰退期，行业内大批人员会面临被淘汰的命

运。在今天这个日新月异的飞速发展时代，很多青年在职业生涯中不可能再"从一而终"，而是需要有多面手的应变本领。这就要求青年要适当拓展自己的兴趣领域，努力把自己培养成某个领域的通才，具备较高的综合素质，具备较快转换角色的能力，能够适应新行业、新岗位的需要。

一个人的时间和精力是有限的，当把精力投注到自己感兴趣的专业上，就会触类旁通，把学习、工作作为一种高层次的精神享受，学习效果就会得到有效提高。

青年要把学习工作与兴趣结合起来，努力做到又博又专。其中，"博"指广泛，"专"则指学习要注重特长的培养。对此，胡适有一段精辟的分析："理想中的学者，既能博大，又能精深。精深的方面，是他的专门学问。博大的方面，是他的旁搜博览。博大要几乎无所不知，精深要几乎惟他独尊，无人能及。"

青年在学习过程中要重视特长的发现、发展和提高，从而实现学习效果的最优化。特长就是超常之处。一个人在特长领域最容易取得突破，专注于自己的特长，往往是今后服务于社会并作出贡献最大的方面，也是最易获得成功的方面。

培养一专多能的青年人才，还要特别注重学习能力、思维能力、创新能力的培养。这三大能力是整个智慧能力发挥的根本。学习能力是摄取广博知识，支撑事业成功的"基因"，可以激活并丰富思维能力，而创新能力是在前两者基础上升华的现实价值，创新能力的核心便是创新思维能力。思维能力则是一种变化无穷、力量无边的能力，为人类所独具。

将兴趣融入社会实践，不断提升责任感

青年是整个社会力量中最积极、最有生气的力量，国家的希望在青年，民族的未来在青年。中国青年始终是实现中华民族伟大复兴

的先锋力量。要发挥青年作用，就要激发青年活跃力，着力提高青年参与社会事务的热情。

青年要将自身兴趣与社会需要结合起来，在社会实践中锻炼自己、认识社会。目前，越来越多的青年热心参与公益慈善、志愿服务、乡村支教、科技兴农、社区服务、生态环保、文化传播等社会服务，青年人可以在很多有影响力的社会组织中发挥重要作用。一批以自愿成立、自主管理、自我服务为特征的社会组织如雨后春笋，青年在其中发挥了重要作用。据不完全统计，目前全国有 7600 多个共青团指导的县级志愿服务、文艺体育类青年社会组织，带动成立青年活动团体 15 万余个，为新时代青年参与社会实践与社会事务管理提供了发挥兴趣特长的平台和载体。

三、"术业"有专攻：
如何致广大而尽精微

"致广大而尽精微"语出《中庸》，意思是：既要致力于达到广博深厚的境界，又要尽心于精细微妙之处。这句话包含大与小的辩证法，也是青年人培养兴趣爱好、修身养性、格物致知的方法遵循。"致广大"是从发展战略处着眼，立足于现实条件及自身优势，统揽大局，知行合一，从长远发展的角度去考虑问题，把握方向。"尽精微"是精益求精，明德博学，成长为某一专业领域的杰出人才。

因材施教，在取长补短中发掘潜力

兴趣专长是一个人的天赋宝藏。青年成才要立足自身的天赋和资质，根据人生目标、职业规划来选择自身优势和特长，确定应当着重开发的潜能，聚焦发力。早在春秋时期，孔子就提出了"因材施教"的教育思想，这说明那时候人们就认识到人与人的不同，人之天赋差异的事实。

青年开发潜能一定要根据自身的天赋、资质等客观条件，发挥自己的天分，大力开发优势智能，发挥自己的智力与素质的趋向和有优势的一面，根据自身特点，设计出开发、利用自己的潜能的规划。只有遵循因材施教的规律，才能使潜能开发和利用达到事半功倍的效果。人人都有自己的最佳发展区，人人都有自己能力上的优势和弱势，要因材施教，因材为学，力求扬长避短。想象一下，就算诸葛亮天天练武，恐怕也没有给关羽提青龙偃月刀的机会；哪怕达尔文天天画蛋，也难逾达·芬奇的艺术水准；任凭拿破仑天天看苹果落地，也难以发现万有引力。

一个人追求的目标越高，他的才力就发展得越快。诸葛亮在治学方略上与他的几位书友大不相同，"三人务于精熟，而亮独观其大略"。爱因斯坦的巨大创造也来源于此，他说：我的最大本领就是"学会了识别那种能导致深邃知识的东西，而把其他许多东西撇开不管"的本领。

"木桶原理"表明，木桶的容量取决于最短的那块木板，提高木桶容量的关键在补短。开发个人潜能，关键也在补短。一般来看，补短有两种办法：一种是自己学，自己补；另一种是通过他人来补，多听取自己短的那个领域的能人、高人、专家的意见建议，就是一种借力的"补"。

读万卷书、行万里路，养成好习惯

书中有江山社稷。"书"就是一块砺石，总能磨砺我们的意志，擦亮我们生锈的思想，唤回常常黯淡的情感。书籍是在时代波涛中航行的思想之船，它小心翼翼地把珍贵的货物传送给一代又一代。

泰戈尔说："知识是珍贵宝石的结晶，文化是宝石放出的光泽。"读书是获取知识的手段，多读一本书，就多一分智慧、多一分理智和力量。多读书的人，明达事理，形成较高的修养。而知识和技能是指挥行动的载体与基础。青年要以一个正确而理性的心态，不断探索，进取向上，研究具体现实问题，指导自己的实践行动，用勤奋、实干去实现存在的价值，融入社会实践的洪流中。

歌德说："缺少知识就无法思考，缺少思考就不会拥有知识。"学习不仅仅是读书、识记知识，重要的是思考与实践，并在实践中形成一种有益终生的良好习惯。

叶圣陶说："一个人养成的好习惯越多，那么这个人的能力越强。"任何一种能力都是在兴趣基础上，开发潜能并养成好习惯的结果。写作能力高，是因为养成了好的语言习惯；阅读能力强，是养成了好的阅读习惯。性格与能力是素质的主要内涵，习惯决定性格与能力，良好习惯的多寡最终决定素质与成就的高低。

爱默生认为："习惯是一个人的思想与行为的领导者。"培根说："习惯是一种顽强而巨大的力量，它可以主宰人生。"一个人既可以成为习惯的奴隶，又可以成为习惯的主人，你完全可以基于兴趣选择拥有什么样的习惯。

艺术有益身心，引发情感对志趣的激发

兴趣、乐趣都是情感因素，培养兴趣、乐趣，达到乐学，就是开发情感能量的过程。这是开发青年巨大潜能的总钥匙，任何一个人，一旦打开了兴趣的闸门，对某件事有了强烈的兴趣，不待劝勉皆可"不需扬鞭自奋蹄"。找到和开发了兴趣点，那么人人都可能成为天才，这便是情感、兴趣的巨大作用。

艺术能唤起人们强烈的情感，而情感则具有强大的神奇力量。

唐代诗人白居易说："感人心者，莫先乎情。"情感的力量比理性的力量更神奇、更能征服人。比如，音乐是万物通用的语言，是人类艺术桂冠上永恒点缀的明珠，它或富感召力，或余音绕梁、沁人心脾，给人以巨大的振奋与鼓舞，烙上了时代进步的印记。如《国际歌》《义勇军进行曲》《黄河大合唱》等，雄壮激越的歌声与旋律令我们热血沸腾，足见艺术的强大感召力。

艺术情感因素在兴趣养成及成才教育中为何如此重要呢？主要表现在艺术对人右脑开发的功用上，开发右脑有助于左右脑的平衡和协调发展。音乐有助于健康，能延缓大脑细胞的衰老，能持续延展自己的兴趣，激活对外界的观察力与感知敏感度，甚至对多种疾病都有很好的疗效。

"如果我在早年没有接受音乐教育的话，那么我无论在什么事业上都将一事无成。"钱学森在谈到他的夫人蒋英时说，"蒋英是女高音歌唱家……正是她给我介绍了这些音乐艺术。这些艺术包含的诗情画意和对人生的深刻理解，使我丰富了对世界的认识，学会了艺术的广阔思维方法。我才能够避免机械唯物论，想问题能更宽一点、活一点"。钱学森如此推崇音乐，足见艺术的魅力。没有艺术就没有兴趣激情和创作发明的灵感，就不可能有联想式、跳跃式的思维方式，也就不可能有发明创造。

无独有偶。爱因斯坦也钟情于小提琴演奏，他把自己的成就归功于音乐；马克思也提倡人们培养一双"音乐的耳朵"。浙江大学的研究表明，经常接触音乐的学生普遍头脑灵活、反应敏捷、接受度高、记忆力强。

赞赏与勉励，在自信中释放潜能

哲人詹姆士说过："人类本质中最殷切的需求是：渴望被肯定。"而赏识、赞扬、鼓励正是肯定一个人的具体表现。赞美与赏识是人性的一种需要，它比斥责与辱骂更易化为鼓舞的力量，这不失为一种有效的教育方法。我国伟大的教育家陶行知先生在对学生的教育中就体现着艺术性。当年，陶先生在育才学校做校长。有一天，他看到一位男生想用砖头砸同学，就将其制止，并责令其到校长室。等陶先生回到校长室，看见那个男生已在等候。陶先生掏出一块糖递给他："这是对你的奖励，因为你按时来了。"接着又掏出一块来："这也是奖给你的，我不让你打同学，你立即住手了，说明很尊重我。"男生将信将疑地接过糖果。陶先生又说："我了解过了，你打那个同学，是因为他欺负女生，这说明你很有正义感。"说完，掏出第三块糖给他。这时，男生哭了："陶校长，我错了，同学再不对，我也不该打他。"陶先生又拿出第四块糖说："你能认错，我再奖励你一块。现在，我的糖已经分完，我们之间的谈话也该结束了。"这就是陶行知先生有名的"四块糖"的故事，被传为教育界的佳话。陶先生在看到男生错误的行为后，并没有立即责备他，而是让他去校长室，自己则去了解事情发生的原因。

　　每个人特别是青年人，都有强烈的自尊，都愿意把自己的优点展示出来，得到别人的认可。欣赏、夸奖、荣誉是来自外界的积极的评价和激励，最容易让人有成功的体验，从而产生乐趣并获得自信、成就感与满足感，进而对某一兴趣或专长执着到底。

　　总而言之，那些兴趣广泛、方向明确、意志坚定并能勤于钻研的人才能成功。对一个人来说，人生成败不在争名望、抢位置，而体现在综合素养与能力的竞争上。发现自己正确有益的兴趣爱好，发掘和培养自己的兴趣爱好，是青年成才的重要路径和有效方法。广大青年要倍加珍惜时间，耕耘志趣，为未来播种希望，在兴趣特长处深挖，必有清泉涌出；跟随自身志趣终身学习，必然受益终身。

🗨 名言金句

采菊东篱下，悠然见南山。

——陶渊明

一个深广的心灵总是把兴趣的领域推广到无数事物上去。

——黑格尔

使生活不致陷入苦闷单调的方法之一，就是养成正当的爱好。有正当爱好的人，很少有机会感到时间无法排遣，而且由于精神有所寄托，而可以减少对环境中琐屑小事的计较，可免不满现状和与人钩心斗角的毛病。

——罗兰

智者乐水，仁者乐山。

——孔子

一个人的精神兴趣越贫乏，他在寻找满足精神乐趣的手段就越堕落。

——苏霍姆林斯基

成功的真正秘诀在于兴趣。

——杨振宁

人若志趣不远，心不在焉，虽学无成。

——张载

视其所好，可以知其人焉。

——欧阳修

娱乐至少与工作有同等的价值，或者说娱乐是工作之一部分。

——冰心

唯有对外界事物抱有兴趣才能保持人们精神上的健康。

——罗素

第十六篇

善于选择

2013年5月4日，习近平总书记在同各界优秀青年代表座谈时指出："无数人生成功的事实表明，青年时代，选择吃苦也就选择了收获，选择奉献也就选择了高尚。"人生道路上有大大小小的选择，善于选择的人才能拥有幸福人生。若想成为一个能够掌握前进方向、让目标永远清晰可见的人，就必须学会独立思考，对问题有自己的认识，有理性的判断，才能作出正确的选择。

一、人生由选择决定

人生道路虽然漫长，但关键处常常只有几步。

在《杀鹌鹑的少女》里有这样一段话，"当你老了，回顾一生，就会发觉：……什么时候决定做第一份职业、何时选定了恋爱对象、什么时候结婚，其实都是命运的巨变。只是当时站在三岔路口，眼见风云千樯，你作出抉择那一日，在日记上，相当沉闷和平凡，当时还以为是生命中普通的一天"。人生在世，有时一些看似不经意的选择，却会影响人的一辈子，面对充满选择的人生，青年人的确需要认真权衡。

选择决定了青年的人生方向

人的一生要经历很多选择，不同的选择决定了未来道路的不同走向，一个人选择什么样的人生道路，他的人生就会呈现什么样的结局。

习近平总书记告诫青年："无数人生成功的事实表明，青年时代，选择吃苦也就选择了收获，选择奉献也就选择了高尚。"[1] 人生就是不断地做选择题，不论是单选题还是多选题，并没有百分之百的正确答案，但不同的选择会让人生呈现不同的色彩和价值，正所谓"种瓜得瓜，种豆得豆"，你的选择决定了你的未来，所以说，选择

---

① 习近平：《同各界优秀青年代表座谈时的讲话》，《人民日报》2013 年 5 月 5 日。

是一个人成败的关键。

战国时期的一位传奇人物——赵武灵王赵雍，雄才大略，变法图强，力排众议，推行胡服骑射，令军力大增，后灭中山国，败林胡，修筑"赵长城"，被史学家评价为唯一能阻挡秦灭六国之人。但他一意孤行，屡次犯错，贪恋美色，废长立幼，致使赵国内乱，于沙丘之乱中被幽禁饿死，壮志未酬，下场凄惨，令人唏嘘。赵雍一生最大的悲剧，在于面临人生的重大选择时，利令智昏，一错再错，致使自己陷入万劫不复的深渊。

东汉定远侯班超出身史学世家，能言善辩、博学多才，一开始拿着微薄薪水从事文书工作，但他始终胸怀大志，认为大丈夫应建功立业，怎能长期生活在笔砚之间？于是他作出选择，投笔从戎，随东汉征讨匈奴大军远赴西域，因而得到施展抱负与才能的机会，他的事迹流芳百世，名垂千古。也许班超在暮年时回想自己这一生，会庆幸当初投笔从戎这一关键的选择，由此转变了自己的人生命运，成为无数后人心中的榜样。

命运不是机遇，而是选择，伟人之所以伟大，是因为他们选择了伟大的事业。如果鲁迅当年不选择弃医从文，中国就会少一位文学巨匠。

从哪里开始并不重要，重要的是要知道去向何方，你为实现目标做出的不懈努力、吃过的苦、流过的汗，都直接影响到未来的你是平庸还是出色。人生成败的关键就在于你作出怎样的选择。青年人正处于"拔节孕穗"的关键时期，也正处于人生选择的岔路口，要谨慎自己的决定，因为在你作出选择的那一刻，你的人生已悄然发生了改变。

睿智的选择让努力事半功倍

选择比努力更重要，选择不对，努力白费，而睿智的选择可以让努力事半功倍。

从古代的"悬梁刺股""囊萤映雪""闻鸡起舞"，到如今热议的"996"，这些都是青年努力的代名词，努力固然重要，然而比努力更高级、更关键的是作出选择，因为选择什么，放弃什么，决定了你今后有着什么样的生活。

卡耐基说："成功不是做你喜欢做的事，而是做你应该做的事。"一个人的能力水平再高，若选择不对，就无法发挥潜能实现自己的目标，甚至会走弯路，付出惨痛代价。

在正确的道路上奔跑，就好比有了同向加速度的 Buff①加成，显然要比那些毫无选择，甚至作出错误选择的人要跑得更快。

意大利经济学家帕累托的"二八定律"指出，一组事物里，重要的部分只占 20%，余下的 80% 占了大多数，但并没有那么重要。也就是说，这 20% 重要的事可能会影响我们全局人生的 80%。

作出睿智的选择，就是这 20% 里"重要的事"。

因此，作出正确的选择就是要找到自己的支点，合理分配精力和时间。我们不可能面面俱到，要逐一突破重点，找出关键，用这20% 的关键性的抉择撬动余下的 80%，集中力量做重要的事情，才能发挥更大的潜力。

影响人作出选择的主要因素

作出选择的过程总是纠结的，相信每个人都有选择障碍的时候。在衣食住行，以及求学、恋爱、择业等方面肯定会面对种种人生选择，即便好不容易作出了选择，也会不断怀疑自己的决定。那到底是什么原因导致我们选择困难呢？影响我们作出选择的因素是多方面的。

---

① 该词原意是指增益，而在游戏中的一种含义是指增益系的各种魔法，通常是指给某一角色增加一种可以增强其自身能力的"魔法"或"效果"。

一个人的态度对选择起着重要的作用。拥有积极的人生态度，作出的选择也是积极的；反之，对待人生态度消极，那么作出的选择也是消极错误的。

选择与情绪的关系也十分密切。优柔寡断、过分追求完美等一系列负面情绪也是干扰人们作出选择的原因，归根结底是因为害怕选择自己认为不可能的愿望，太顾及眼前利益的得失，害怕失败，害怕不可预知的未来，因此形成了一种惰性，不愿主动作出选择，导致错失良机。

缺乏作出选择和承担后果的勇气。选择主观性越大，结果往往越会事与愿违，我们经常看到很多人用"如果当初怎么样""下一次我会如何"这些话来表达后悔曾经作出的选择，反复埋怨自己，不断地折磨自己，失去之痛让人常常叹息，于是面临选择往往"不敢选"。

选择太多，目标不清晰，抓不住重点也是影响作出选择的因素。比如，手机里装了 4 个外卖 App，本来是为了丰富自己的选项，进行横向比较，实则陷入了无所适从的选择中，不知不觉消耗了很多时间和精力。

二、青年如何培养善于选择的能力

人生本是一场解题之旅，解题之前需选对题，选择靠的不是运气，而是一种能力，它就像是一场考验，检验着每个人的见识、价值取向、决断力和心态等。选择绝不是件容易的事情，青年培养善于选择的能力，就要拓展眼界和认知，提高选择的标准，努力克服选择的困难。

拓展眼界和认知

我们作出的选择判断，与我们的眼界和认知息息相关，有了相关知识积累，开阔了自己的眼界，看得多了，思维更活跃，选择才有更多的余地。

生活中总有一些人"在最关键的时候失败""好运总是擦肩而过"，不是他们运气不好，而是知识积累不够，人生阅历不多，眼界和认知的局限，限制了思维，导致作出的选择总无法尽如人意。

思路决定出路，有眼界才能看清全世界，才能发现别人尚未注意到的选项。我们一生中作出的无数选择，都依赖于我们的认知水平，对同一件事情的机会与风险评估不同，导致我们作出不同的选择。

如何开阔眼界，提高认知能力？

丰富知识储备。我们所学的知识，只不过是庞大知识网络中的一小部分，所以除了掌握具体的知识内容，关键要掌握方法论，建立自己的知识框架，学会知识平移，通过跨学科进行知识碰撞，拓展认知边界，才能提高认知能力。

提升思维能力。有人认为，思考能力和思维习惯不可能有太大改变，思想的范围、界限已由遗传注定，自己能做的无非就是锦上添花，增加头脑里的营养。其实，这是一种错误的想法。一些人之所以成功，是因为彻底革新了思想，弥补了先天不足或缺乏锻炼带来的能力缺陷。提升思维能力的小技巧有很多，如养成"梳理"的好习惯，做完的一件事、看完的一本书，都可以是我们练习梳理能力的对象，反复锻炼思维逻辑。再如，通过"自我提问"的方法引导自己，知其然知其所以然，让头脑中的概念更加清晰。

打破边界，增强挖掘信息的能力。一个人对事物的观点和看法难免受到所在环境的影响，获取信息的渠道也局限于个人的小圈子，因此打破边界，多去"外边的世界"看看，站得高、看得远才能打开眼界，拥有敏锐的洞察力，扩充获取信息的渠道。也许我们作出的选择不是最好的，但可以通过积累经验选择最适合自己的。

提高选择的标准

选择是具有排他性和唯一性的，这就注定了我们所作出的每一个选择，都要在众多选项中尽可能挑选一个最好的，什么样的选择是"好"的，需要建立一个标准尺度，进行筛选与取舍。

选择的标准意味着选择一个什么样的起点。起点有高有低，有大有小，有好有坏，有远有近。起点低一点，从底层做起，一步一步前进，看起来很务实，但也可能会前途黯淡，不可预期，使自己丧失最初的希望和热情，迷失方向。

所以作任何决定之前都要提高选择的标准。

比如，在选择职业时，如果你能选择一个更高的起点，就会在竞争中处于更有利的位置，获得他人难以获得的资源机会，上升得更快。然而在现实中，很多人还是倾向于选择更容易的工作，发挥不出应有的潜力，就很难有大成就。要想在竞争中抢占先机，就要占据更有利的"地形"，这样才能在与同龄人的较量中脱颖而出。

因此，选择一个高的起点对努力向上攀登十分重要，对长远发展也是意义深远的，正所谓登高望远，站得高自然就有机会将这个世界看得更清晰、更全面。

适当提高标准不等于盲目追求理想的标准，还应结合自己的实际情况，找到与自己素质相匹配的标准，全面、公正、客观地进行自我评价。看清楚自己的位置，才能找到合适的舞台，发挥聪明才智，实现人生价值。

克服选择的困难

选择是如此重要，作出正确的选择又是如此困难：变数太大，诱惑太多，担心选择带来不好的结果……遇到困难是正常的，正是因为作正确选择太难，才会有成功与失败的分野，提高克服选择困难的能力尤为关键。选择困难主要受到态度、情绪、勇气等因素影响，找到原因我们就可以想办法克服。

一方面，积极进取的人生态度是作出正确选择的保证。遇到挫折的态度决定了是解决问题还是逃避问题，每个人都需要对自己的选择负责，不能得过且过，不能遇到挫折就推卸责任，"甩锅"给选择，其实这是自寻烦恼、自欺欺人。

路遥在《人生》中引用了作家柳青的一段话："没有一个人的生活道路是笔直的，没有岔道的。有些岔道口，譬如政治上的岔道口，事业上的岔道口，个人生活上的岔道口，你走错一步，可以影响人生的一个时期，也可以影响一生。"有的人以无所谓的态度对待选择，他的生命也因此变得平庸，过着随波逐流的生活；有的人保持踏实认真、乐观豁达、积极进取的人生态度，谨慎而明智地对待选择，因而他的人生之路便通达顺遂。

另一方面，管理好自己的情绪，而不是被情绪主宰。情绪波动时不轻易作选择，也不能因为没有满足自己的期望就消极悲观。为了控制好情绪，我们应该尽可能地利用理性思维，和自己讲理，和别人讲理，多用正向的思考模式，利用讲理的方式来调整自己的情绪。

冲突矛盾在刚发生时，难免会产生激动的情绪，冷静下来想清楚矛盾点，自己对自己进行劝解，多想想这件事有什么好处，不要紧盯着它带来的负面影响不放，转而就会发现，其实这件事也没什么大不了的。这样，自然也就能够压制住即将爆发的情绪，让你的选择不受情绪所累。

除此之外，还需提高对时间效率的管理能力，尽可能地做更多的事，给自己设置限制，定好目标，抓大放小，让自己专注于喜爱的、最重要的事情。这样，简单的思维，就转变成了高效率。

其实，选择的能力跟运用其他技能一样，多使用、多练习才会形成"肌肉记忆"，选择的技能越来越顺手，越能掌握自己的人生。

三、青年怎样作出正确的选择

世界上不存在两片完全相同的树叶，也没有两个完全相同的人，适合别人的未必适合自己，所以人生当由自己决定，若想在每一个重要转折点都尽可能作出正确选择，首先要认清自己，制定明确的目标；其次要学会判断与取舍，作出有价值的选择；最后要学会把握大势，紧抓机遇。

认清自己，制定明确的目标

每个人都有独一无二的天赋和才华，人生的道路若想走得顺畅、走得精彩，关键需要对自己有一个清晰的认识，知道自己想要的是什么，遵从内心，才能在接下来的每一步，作出适合自己的选择与努力，实现心中"所想"，到达成功彼岸。

"骏马能历险，犁田不如牛；坚车能载重，渡河不如舟。"

了解自己的需求，就得与自己的内心对话，自己喜欢和擅长什么，性格特点是什么，存在的优势和不足有哪些。选择需要量身定做，只有对自己定位准确，正确认识自己，才能知道自己适合什么，才能有正确的奋斗目标。

制定一个正确的目标是做所有事情的基础，有了目标才能进行选择，设定目标通常有几个步骤。

第一步，确定期望实现的目标。明确自己想要的是什么，或者想达到什么预期效果，初步制定目标。

第二步：评估目标。处理好"想要"和"能要"之间的平衡点，差距太大，目标难以实现，就会产生挫败感；相反，太容易实现的目标，起不到激励作用，也没有达成的成就感。由此对目标进行评估，合理进入下一步，反之则需要回到第一步重新制定目标。

第三步：聚焦单一的目标，将总目标分解成独立的小目标。不积跬步，无以至千里，小目标可以帮助认识当前需要完成的任务。

第四步：不断修订目标，社会环境不断变化，人的心态、欲望也会发生相应的改变，及时修订目标才不会偏离需求的方向，才能激励我们为实现这个目标坚持不懈奋斗。

学会判断与取舍，作有价值的选择

如何准确判断作出的选择是正确的还是错误的？这时候就需要我们在进行选择前，予以充分思考。人生之路漫长，若只顾埋头狂奔而低头看路，也不思考，就很可能走冤枉路、走错路，到头来是"竹篮打水一场空"，白白浪费了时间和精力。

美国著名心理学家鲍迈斯特在他的"自我损耗"理论中提出，心理资源就像一个大能量池，作一次选择，就会损耗一点心理能量，进而导致执行功能下降，这就意味着每一次错误的选择，都会对人的心理产生消极的作用，影响到下一次进行选择的执行力，形成恶性循环。

所以，我们必须降低错误选择出现的概率，尽可能降低因错误选择带来的风险。那如何判断自己作出的选择是否正确呢？

习近平总书记强调："要树立正确的世界观、人生观、价值观，掌握了这把总钥匙，再来看看社会万象、人生历程，一切是非、正误、主次，一切真假、善恶、美丑，自然就洞若观火、清澈明了，自然就能作出正确判断、作出正确选择。"①

---

① 习近平：《青年要自觉践行社会主义核心价值观——在北京大学师生座谈会上的讲话》，《人民日报》2014 年 5 月 5 日。

因此，价值观是作出选择的"标尺"，心中有"标尺"，才能丈量、比较，继而作出判断。当迈出人生下一步之前，一定要树立正确的世界观、人生观、价值观，这样不但作出正确的选择，还能让自己的选择更有意义、更有价值。

面对人生这张答卷，无论是"单选题"还是"多选题"，最终给出的答案是否符合当代主流价值观念，是否适合社会发展的规律，是否站在了人民群众的立场上，这些都是衡量选择的重要标准。

此外，作出选择的另一个重要因素，就是懂得取舍。想同时坐几把椅子的人，往往一把椅子也坐不成。"得而可喜，喜而不狂；失而不忧，忧而不虑。"这种态度，比患得患失、斤斤计较的态度要开朗，是值得提倡的。这就需要学会给希望和预期做减法，卸下"完美主义"的固执，简化无关紧要的选择。

例如，"简化思维"，就是把时间花在重要的选择上，在纠结"去还是不去"的时候，就要"去"；对于"买还是不买"的问题，就"不买"；在犹豫"说还是不说"的时候，那就"不说"。这样让问题简单了就不纠结了。

再如，"减法思维"，就是主动降低对"选择"带来结果的期望值，懂得取舍，学会放弃，避免担心沉没成本而迟迟难以抉择。要知道世上并不存在"完美的选择"，也没有十全十美的人和事，就如同圆月和弯月，各有各的特点，呈现出了不同的美，人生又何尝不是如此呢？

"如何做好人生中每一次重要的选择？"针对这一问题，斯宾塞·约翰逊提出了"幸运选择法"三连问，即面对选择时，必须问自己的三个实际问题，即我满足自己真正的需要了吗？我还有其他的选择吗？我是贸然行动，还是对事情进行深思熟虑了？青年们在作选择的时候可以试着问问自己这三个问题，那将有助于作出正确的选择。

学会把握大势，紧抓机遇

选择要看时机，就像开船要趁涨潮。同样是作选择，有的人能够把握机会顺势而为，甚至来个弯道超车，到达理想目的地，而有的人即使每天忙碌辛苦，依然看不到希望和结果。

一个人的努力是有限的，选择要学会借势，学会把握机遇。机遇就好比开启成功之门的钥匙，有的人口袋里虽有钥匙，却不会用钥匙开门，因为他不知道口袋里有钥匙。那么，如何发现"机遇"这把钥匙，作出顺势而为的选择呢？

把握机会，眼力和勇气是不可或缺的条件。机遇不会主动送上门，需要时刻掌握社会发展规律，用慧眼去识别它。坎普·吉列发明"用后即弃"剃须刀片的第一年，由于人们对这种新型刀片缺乏了解，导致大量产品滞销，于是他采取两项措施：一个是购买刀片赠剃刀，另一个是以极低的价格将百万副剃刀作为军用供需品卖给军队，战后士兵们带着剃刀回到了各自的家乡，使越来越多的人们接受吉列刀片，由此打开了市场。坎普·吉列正是因为抓住时机，作出选择，改变宣传营销策略，才有了吉列"刀片王国"百年不衰的传奇。

"识天下大势，知道大势所趋，顺势而为，自然处处逢源。"作出符合时代发展的选择，才会得到机遇的青睐，面对众多选择时，我们一定要先多思考，顾大局，明大势，选择一条顺风的赛道，乘势而上，成为新时代洪流的一分子，主动把握机会作出选择，才不会辜负自己付出的辛苦。

机会总是来去匆匆，不为任何人稍作停留，所以找准机遇后，应当勇敢作出选择，当机立断，毫不犹豫。

当自己迟迟不敢作出选择的时候，不妨想想，如果作出选择，最坏的结果是什么？就算全盘皆输，仍然收获了能力、知识和经验，大不了回到起点，从头再来；不勇敢迈开大步，又怎会知道自己是失败还是成功？万一成功了呢？

所以，该出手时就出手，否则延误时机，待时机溜走后，就很难获得成功。选择就像适时播种一样，如果没有顺应节气及时播种下去，无论后面的条件多么适合庄稼生长，也无法弥补没有播种的过失，也无法收获丰收的果实。

名言金句

在选择职业时，我们应该遵循的主要指针是人类的幸福和我们自身的完美。

——马克思

善于选择要点就意味着节约时间，而不得要领的瞎忙，却等于乱放空炮。

——培根

在天才和勤奋两者之间，我毫不迟疑地选择勤奋，她几乎是世界上一切成就的催产婆。

——爱因斯坦

许多的痛苦就是你自己选择的。

——纪伯伦

人人好公，则天下太平；人人营私，则天下大乱。

——刘鹗

过去属于死神，未来属于自己。

——雪莱

书必择而读；人必择而交；言必择而听；路必择而蹈。

——张履祥

第十七篇

抢抓机遇

2014年5月4日，习近平总书记在北京大学师生座谈会上指出："时间之河川流不息，每一代青年都有自己的际遇和机缘，都要在自己所处的时代条件下谋划人生、创造历史。" 2018年5月2日，习近平总书记在北京大学师生座谈会上指出："青年是国家的希望、民族的未来。我衷心希望每一个青年都成为社会主义建设者和接班人，不辱时代使命，不负人民期望。对广大青年来说，这是最大的人生际遇，也是最大的人生考验。" 2017年2月24日，在北京五棵松体育中心，习近平总书记说："你们现在条件太好了，不仅有很好的学习环境，还有这么好的锻炼条件，既增强体质，也培养勇敢合作精神。希望你们珍惜机遇、继续努力。"

一、生逢盛世：新时代青年所处的历史方位和面临的机遇

青春孕育无限希望，青年创造美好明天。一个民族只有寄望青春、永葆青春，才能兴旺发达。国家的发展离不开青年的发展，青年的成长也需要国家的支持。时代为青年创造舞台，青年在时代中实现自我。新时代中国青年生逢中华民族发展的最好时期，拥有更优越的发展环境、更广阔的成长空间，面临着建功立业的难得人生际遇。青年一代有理想、有本领、有担当，国家就有前途，民族就有希望。生逢盛世的新时代中国青年，必将抢抓机遇，奏响新时代的青春之歌。

新时代青年面临的历史机遇和时代特征

"人生万事须自为，跬步江山即寥廓。"青年是国家的希望、民族的未来，青年是整个社会力量中最积极、最有生气的力量，是最有闯劲、最少保守思想的群体。中国青年始终是实现中华民族伟大复兴的先锋力量，对广大青年来说，这是最大的人生际遇，也是最大的人生考验。正如习近平总书记寄语广大青年，"牢记党的教诲，立志民族复兴，不负韶华，不负时代，不负人民，在青春的赛道上奋力奔跑，争取跑出当代青年的最好成绩！""有信念、有梦想、有奋斗、有奉献的人生，才是有意义的人生"。立足新时代新征程，培养社会主义建设者和接班人，就是培养社会发展、知识积累、文化传承、国

家存续、制度运行所需要的人。

时代总是把历史责任赋予青年。我们面临的新时代，既是近代以来中华民族发展的最好时代，也是实现中华民族伟大复兴的最关键时期。在新时代，支撑青年发展的物质条件显著改善，中国青年精神文化生活丰富多彩，受教育水平大幅提升。中国青年就业的机会更加充分，职业选择日益市场化、多元化、自主化。中国青年发展流动畅通自由。中国青年享受更全面的保障支持，法治保障不断完善，政策保障日益完备，社会保障逐步健全。

同时，当今世界处于百年未有之大变局，新冠肺炎疫情、大国竞争等变数并起，国家发展难以再单纯依赖传统的存量来抵御冲击和对冲风险的局面。值此变局，哪个国家能主动作为"蓄势酝能"，在内外布局中不断激发、培育、强化国家发展的内在动能，为青年赋能，哪个国家就能屹立潮头，在危机中育新机。

当代中国已经走完"生产驱动型国家"阶段，正在经历"发展驱动型国家"阶段，并开始实践进入"创新驱动型国家"阶段。推动中国"提挡换速"，就要赋能青年群体。每一次人类社会历史的重大演迁，每一次科技革新，青年群体都扮演着冲锋者、引领者的角色。面向未来，特别是当代"Z世代"青年群体，既是物质上的"丰裕一代"，又是精神上的"平视一代"；既是劳动岗位上的生力军，又是高新技术岗位上的领跑者；既是数量庞大中等收入群体的主力军，又是国内大循环消费市场的引领者；他们作为"互联网的原住民"，是数字经济的创业者和消费者，是互联网社会治理的参与者，还是数字文化的创新者。"国势之强由于人，人材之成出于学。"因此，新时代提升中国的发展动力，必须依靠青年，把握青年群体，赋能青年群体，持续推进青年创新能力，提高青年群体生活质量，优化教育和就业衔接，激发青年活跃力，厚植国家创新发展基础，才能驱动全社会创新发展，引领时代发展的步伐。

认知机遇，提升素质

弱者等待时机，而强者创造时机。一道幸福之门关闭时，另一扇门会打开，我们经常过多地盯着关闭的门，而对开启的门却熟视无睹。世上所有伟大的成就，就是由于战胜了看来不可能的事情而取得的。

很多成功者的机会都不是从天而降的，而是他们自己争取创造来的。"如果找不到机会，他们就给自己创造机会。"在今天，就是要把握好天时、地利、人和三要素的组合。我们既要因时造势，创造机遇，方迎紫气东来，曙光在前；又要有家国情怀，脚踏实地，珍惜拥有，方能家和万事兴；还要有自知之明，向上向善，提高素质，挖掘潜能，融入团队。发挥好天、地、人三元素的功用，方能为未来铺设可持续发展的基石。

未来竞争的优势是有能力比你的竞争对手学习得更快。无论机遇多么重要，素质更为根本。因为机遇的获得与实际效用，完全取决于人的素质。罗丹说："生活并不是缺少美，而是缺少发现美的眼睛。"同样，生活并不缺少机遇，而是缺少发现并抓住机遇的素质。没有利用机遇的必备素质，再多、再好的机遇也会失之交臂。如果有了较强的素质与能力，即使生活中没有机遇，也能创造机遇。人生中的机遇不会太多，学会把握机遇、创造条件，往往会给自己带来意想不到的发展空间。如果将别人的成功仅仅归因于深思熟虑的能力和高瞻远瞩的思想，那就失之偏颇了。那些出类拔萃的人在于他们审时度势后付诸行动的速度，"现在就干，马上行动"常是他们的口头禅。

认知逆境，化压力为动力

每个逆境，每一次失败和每一种烦恼，都是带有等价利益的种子。一则"枯井困驴"的故事发人深思。困驴在井底的每一次挣扎，毫不放弃抖落身上的泥土，最后到了筋疲力尽、伤痕累累时终于安全爬上了地面，原来埋葬它的泥土却最终拯救了它。人生又何尝不是如此？一切的改变都是人们面对困难时所持有的态度决定的。当我们遭遇困厄时，消极的人总是用悲观的心态选择逃避和退缩，待在原处怨天尤人，为失败寻找借口，而持有积极心态的人则不失时机去为成功找方法、谋出路，敢于向命运挑战，不断超越自我，将困难挫折踩在脚下，为自己的人生寻找新的机遇，为自己的成长舞台奠基。

一部人类成功史，就是那些前赴后继、破釜沉舟的仁人志士筚路蓝缕的奋斗史。正如司马迁在《报任少卿书》里说的："盖西伯拘而演《周易》；仲尼厄而作《春秋》；屈原放逐，乃赋《离骚》；左丘失明，厥有《国语》；孙子膑脚，《兵法》修列；不韦迁蜀，世传《吕览》；韩非囚秦，《说难》、《孤愤》；《诗》三百篇，大抵圣贤发愤之所为作也。"成功人物大多年轻时遭遇过许多磨难，为实现理想和抱负发愤执着于此。他们坚强的意志，不管环境变换到何种恶劣地步，初衷与希望从不改变，克服重重障碍，终达目标。没有坚强的意志作精神支柱，再好的理想都不过是空中楼阁。所谓"少年经不得顺境，中年经不得闲境，晚年经不得逆境"是颇有道理的。

事物的发展是在相互合作与斗争中求得妥协、平衡并使革命性的先进面得以前进的过程。社会的发展也是在正义与邪恶、正确与谬误、进步与保守等参差不齐、良莠混杂的不平衡、不平等的斗争中交织前行的，大浪淘沙，真理终将水落石出。

"不积跬步，无以至千里。"成功者大多是从底层的奋斗开始，一点一滴地积累而达到目标的。现实中的条件、竞争的环境与机遇时刻在改变，我们并不清楚哪条路通向成功。留心捕捉便是创造机遇，多创造几个机会，多挖掘自身潜力。把握全局，从而顺应事物发展规律，调整自己的应对策略，把握好人生中的每一次机遇，任何事情的决定都是有所择、有所弃，但这往往仅有一次。

压力是潜能之母。穷则思变，积卑为贵。压力适度，不但是行动的最好保障，而且往往能把潜能发挥到极点。人往往都有惰性，只有在一定的压力下才能最大限度地开发自身潜能。压力是促使人进步的最好动力。世界上最有力量的人，是那些能一举战胜自我的人。科学家贝佛里奇说："人们最出色的工作往往是在逆境中做出的，思想上的压力甚至肉体上的痛苦，都可能成为精神上的兴奋剂。"奋进的脚步就是在无数个平淡的日子里自我加压，不断地积累，从而闪现奇迹的过程。与其迷茫，不如放下包袱，开动机器，奋力一搏。

二、链接未来：如何走出逆境把握机遇

"河出潼关，因有太华抵抗，而水力益增其奔猛。风回三峡，因有巫山为隔，而风力益增其怒号。"[1]逆境既是埋葬弱者的坟墓，也是造就强者的摇篮。在哪个领域或职场奋斗，参与哪个层面的奋斗，你瞄准什么样的竞争对手，就会产生哪个领域或层面的胜利者或失败者。没有人是常胜将军，所有人都会面临困难和逆境。

将危机转化为机遇，山重水复必将柳暗花明

新时代的中国青年，面临各种社会思潮的现实影响，不可避免会在理想和现实、主义和问题、利己和利他、小我和大我、民族和世界等方面遇到思想困惑，更加需要深入细致的教育和引导，用敏锐的眼光观察社会，用清醒的头脑思考人生，用智慧的力量创造未来。

人活着就要有追求，有追求就有幻想，有幻想就有幼稚的一面，所以追求成功就不应该惧怕失败。有追求必然有动力，动力不一定只来自顺境，逆境照样促使我们奋发有为。输不起的人，会连赢的机会

---

[1] 中共中央文献研究室编：《毛泽东传》第 1 册，中央文献出版社 2011 年版，第 31 页。

都丢掉。因此，在现实中应立即停止守株待兔、望洋兴叹，只有俯首走自己主动选择的路，才能昂首获得选择的自由。

卢梭曾说："在我们中间，谁最能忍受生活中的幸福和忧患，我认为就是受到最好教育的人。"荷马也曾说："谁经历的忧患多，谁懂得东西多。"失败与挫折也是人生经历中的一道风景，这种经历本身和从中获得的经验就是一笔不可估量的无形财富。只要你善于总结经验与教训，就会反败为胜，只有经历刻骨铭心的失败，才能激发一个人成功的欲望。

成功从某种意义上来说就是在危机中不断寻找机遇，进而去追求的艺术。危机往往表现为逆境，但逆境的夹缝中往往隐藏着机遇，就看你有没有勇气和魄力去突破。

从辩证的观点看，危机也是机遇，是一次自觉扭转被动、争取主动的实践。把握机遇是对青年自我生存适应能力和综合素养的考验与锻炼，因为危机与机遇常常处于矛盾的双方相互对立又统一的过程中，不经"山重水复疑无路"的磨炼，"柳暗花明又一村"也不会豁然开朗在眼前。机遇往往垂青于那些留心身边变化迹象，有准备头脑并善于去捕捉的人。

可以说，危机并非全是坏事，它可以给人以动力，安稳也并非都是好事，它会使人产生惰性。居安思危、忧患意识是对周围环境的一个理性思考过程，使我们的人生得以重塑并获得更新的契机。人越是处在危机或逆境中，激发的驱动力和挖掘的潜力就越大，以至绝处逢生，它可使人振作起来，使淡漠尘封的记忆清晰起来，使迟钝的感觉敏锐起来。

扭转"怀才不遇"，天堑变通途

毛泽东指出："人们要想得到工作的胜利即得到预想的结果，一定要使自己的思想合于客观外界的规律性，如果不合，就会在实践中失败。"①生活中有不少青年觉得自己"怀才不遇"，但不去寻找自身的原因。

一个人不管才干如何，都会碰上无法施展自己才干的时候，这时应正确评估与剖析自己，看看是否高估了自己？能力无法施展是机会还是环境所限？一般情况下可采取以下对策，努力向好的方向扭转。

一是开发有价值的专长，营造和谐的人际关系。不要成为别人躲避的对象，而是应该以你的才干协助同事，帮助别人时不要居功，否则会吓跑人家。此外，谦虚客气、广结善缘将为你带来意想不到的助力。也许你的确在某一方面有才干，暂时没有施展的机会，这时你就要不忘强化你的才干，提升自己的能力，当时机成熟时，自会光芒闪耀。

二是弥补缺陷，敢于尝试并及时校改过失。依照"木桶原理"，将自己最短的一根木片补齐，容量就大了，不要因为自己有缺点而徒生自卑、停滞不前。不要惧怕失败或碍于情面而放弃，做总比不做好，任何事都值得一试。很难说什么是办不到的事情，因为昨天的梦想，可以是今天的希望，还可以成为明天的现实。但这些梦想从与懒惰者无缘，安逸的暖流能腐蚀意志的长堤，勤奋的飞瀑能冲出智慧的闸门。

三是培养敢于承认错误的习惯。畏惧错误就是拒绝进步，勇于承认自己的不足，勇于改正过失也是一种莫大的进步。不认错的弊大于利。青年要磨炼自己面对错误的勇气和解决问题的能力，及早培养这种能力，对青年的未来大有裨益。青年人要为自己塑造一种"勇于承担责任"的形象，无论领导还是同事，都会欣然接受你的做法，敢于把责任扛下来，不诿过于别人，人家自然尊敬你，也乐意跟你合作，这就是你的无形资产。

---

① 《毛泽东选集》第1卷，人民出版社1991年版，第284页。

四是把失败当作有益的尝试与演习。人生就是一个要经历无数次磨砺与尝试的过程，肯定有痛苦、失败为伴，但往往是在这无数次尝试的跌打滚爬中才能发现自我的真实价值。因此，青年人要胜不骄、败不馁，不能因失败丧失自信而抱着怀才不遇的心境抱怨社会、随波逐流。风雨过后是彩虹。人生也是如此，许多时候，成功的捷径总是出现在遭遇失败之后。

抢抓机遇，相时而动

机遇是一个乖巧、美丽而性情古怪的天使，她倏尔便降临在你身边，如果你稍有不慎，她又将翩然而去，不论你怎样扼腕叹息，她却从此杳无音讯，一去不复返了，你也许为此而懊悔终生，却终无可奈何。

人生行进如逆水行舟，有的人在一个地方打转，有的人惧怕前有险滩而踌躇不前，有的人则乘着急流奋勇疾驰。懦弱的人、怕冒险的人，只好躲在一个安全的角落，眼巴巴望着别人激流勇进。通往失败的路上，处处是错失了的机会。坐待幸运从前门进来的人，往往忽略了从后窗进入的良机。世间没有随随便便的成功。仔细观察一下那些成功者的轨迹就知道，他们的成功并非出于偶然。青年该如何把握机遇呢？不妨从以下几个方面尝试。

一要目光长远。要有务长远之识，尽早为自己打好基础，不可一叶障目，不见森林。不可事事临时抱佛脚。

二要锲而不舍。没有持之以恒的毅力和百折不挠的信心与勇气，是没办法成才的，也是没办法取得成功的。

三要创造条件。创造条件首先要有发现适合自己发展机遇的眼光，如同种花选种，想要什么花，收什么果，那就播什么种。当然，你可以只播一类种子，也可以同时播多种不同的种子，但不要贪多求全，那样反而会分散精力。充分照料好自己的花，别羡慕别人的花多娇艳，他有他的条件，你有你的能力，禀赋要素是不可比的。

四要"见缝插针"。"见缝插针"的实质就是抓住时机，尽量利用机会采取行动，以达到目的。如果把"缝"看作是一种机遇的话，"见缝"则是要善于发现机遇，捕捉机遇，然后不失时机地"插针"，充分利用机遇，实施自己的计划，推进自己的事业发展。

一个人对机遇的把握除了目标始终如一和坚定的信念外，也离不开知识储备，家庭、社会成长环境，社会阅历、驾驭事物能力，等等，这些对青年的长远发展也有重要意义。

三、点亮青春：如何创造机遇为成才造势

机遇垂青有准备的人和勇敢的人。一个人勇挑重担、担当责任时，机遇往往会降临身边。

培养自信与谦虚的习惯，是创造机遇的支撑与涵养

《大学》云："自天子以至于庶人，壹是皆以修身为本。"自信、勇气、热忱对塑造成功者自身素质至关重要。新时代青年面对困难挑战不应该怯懦，而要勇敢地激荡起征服困厄的自信，激发进取的勇气，挖掘自身的潜能，让自信的旗帜飘扬在灵魂深处，这才会令人气宇轩昂、魅力无穷。将相本无种，男儿当自强，英雄莫问出处，奇迹自在人为，穷不灭志，富不颠狂。"然后知生于忧患，而死于安乐也。"即此理也。

有些人往往是软弱的、被动的，特别在关键时刻，更容易犹疑不定，此时稍遇挫折，就可能情绪崩溃。关键时刻一定要镇定自若，

进而提振团队的信心，才能紧紧抓住机遇。当然，任何事物都有一个度，过度的自信便是自负、骄傲或狂妄，我们在提倡并培养自信的同时，还要有虚怀若谷的谦逊大度。

若把自信喻为一种心灵上的豪放与浪漫不羁，那么谦逊就是注重现实，踏实求进，与人团结合作的精神和处处尊重他人的表现。古人云："彼人也，予人也，彼能是，而我乃不能是。"谦虚谨慎、虚怀若谷乃人之美德，而自信和谦虚并不矛盾，一个真正谦虚的人往往是有较强自信心的。古往今来，成功人物无不是以坚强的自信为先导，加上谦虚的态度和超人的智慧，为自己赢得机遇和舞台的。

君子有所为有所不为

汉代大儒董仲舒为了著书立说，"三年不窥园"，他在生活享受上的"无为"，使他在著书立说上全力以赴地"有为"，终成一代鸿儒。

人们津津乐道于成功者的逸闻趣事，而没有注意到他们付出了常人难以想象的努力。牛顿工作时把表当鸡蛋煮，安培上街时把马车当黑板演算，王羲之练书法一时沉迷竟将墨汁当作蒜泥吃……他们不因外界不相干的事物分散精力，潜心自己专注的事，把时间集中到最有价值的发明创作上。

人的时间和精力是一个常数，是极其有限的。一个人真正用于劳动、工作、服务社会、实现价值和可用于学习、充实自我的时间总共不超一万天。学无止境，追求无涯。以极为有限的时间去应对无涯的学海和无限的创造的根本方略，就是要有所为有所不为，有所学有所不学，有所索有所弃。这样看似放弃，实则获得了更大的机遇和可能。

矢志不移战胜自我，有勇尚需执着

力学大师阿基米德有句名言："给我一个支点，我就能撬动地球。"不闻大论，则志不宏；不听至言，则心不固。有志才能有为，有为才能生威。人生定位就是在充分认识自身才能的基础上，制定出最适合自己志向的发展规划，才能够更好地开发、利用自身的优势才能，抓住属于自己的机遇。

世上为什么有那么多人要耗费人力、物力去攀登珠穆朗玛峰呢？当记者采访一名登上珠峰的队员时，他感慨道："当我登上珠峰后，我才发现，原来我什么也没征服，征服的只是我自己。"我们要理解，这种行动就在于证明人类征服自然的魄力与能力，给人类以鞭策和激励，激发人上进和攻克难关的勇气。

勇气能激发一个人潜在能量的挖掘与释放。勇气是某种自然的本能，我们每个人都有一种潜在的崇尚英雄的情结和甘当无名英雄的冲动。勇气与魄力有无穷的价值与能量，能助你确立自信，战胜自我，锚定目标，抢抓机遇并付诸行动，最终立于不败之地。

当然，勇气不等于蛮干。勇气是基于对自己能力的准确评估，基于对未来的充分信心、基于对自己即将付出努力的紧密安排而做出的选择。机遇只垂青有准备的头脑。同样，有准备有策略的勇气才是真正的勇气。

审时度势，变被动为主动

古语曰，"大丈夫相时而动""识时务者为俊杰"。处于这样一个百舸争流、千帆竞秀的时代，广大青年立身行事皆须三思而后行，善于谋划，策略行事，相机而动。在为人处世中，要与人为善，善于用平衡的心态去化解隔阂，学会造势，变被动为主动，变不利因素为有利契机。

青年在现实中要学会化危为机，保护自己，多种花、少栽刺，在竞争中要行稳致远，不能不择手段；要学会胸怀宽广地去观察、思考、分辨，敢于直面困难，激发奋进的热情，随时做好迎接挑战、抓住机遇的准备，成为一个驾驭自身命运的有为青年。

🗨 名言金句

机会只是给你一条通路，走不走还得看你自己。

——罗兰

运气就像一个球那样圆圆的，所以很自然地，它并非总是滚落在最善良、最高贵的人的头上。

——贝多芬

弱者等待时机，强者创造时机。

——居里夫人

由于过分审慎，人们对于时机就会重视不够，就会坐失良机。并且由于反复考虑，人们往往会失掉考虑的结果。

——卢梭

人们若是一心一意地做某一件事，总是会碰到偶然的机会的。

——巴尔扎克

机会是不守纪律的。

——雨果

最有希望成功的，并不是才华出众的人，而是善于利用每一次机遇，并全力以赴的人。

——苏格拉底

第十八篇

紧跟党走

2022年5月10日，习近平总书记在庆祝中国共产主义青年团成立100周年大会上指出："历史和现实都证明，中国共产党是始终保持青春特质的党，是永远值得青年人信赖和追随的党。""中国共产党始终向青年敞开大门，热情欢迎青年源源不断成为党的新鲜血液。"新时代青年要做到不负时代，不负韶华，不负党和人民的殷切期望，健康成长成才，就要坚定不移高举旗帜跟党走，因为党所指引的道路，是唯一正确的道路。

一、未来属于青年，希望寄予青年

未来属于青年，希望寄予青年。中国共产党成立以来，始终把青年工作作为一项极为重要的工作，始终关心青年一代的健康成长。进入新时代，以习近平同志为核心的党中央对青年成长和青年工作给予高度重视，青年一代的发展取得了重大进步。

关心青年是党的性质决定的

有远见的政党，总是把目光投向青年。

19世纪的欧洲，正处于资本主义的快速发展时期，机器大工业的发展造成了大量青年工人的失业，青年群体的生存和发展状况极度恶化。资本家为了攫取高额利润，不断剥削压榨无产阶级和青年工人。"穷则思变"，在这种情况下，青年群体成了无产阶级革命的重要力量。

马克思、恩格斯明确指出了青年在社会历史发展中的重要地位和作用，"而这就是对现代赋予最大的信任，相信现代的命运不取决于畏惧斗争的瞻前顾后，不取决于老年人习以为常的平庸迟钝，而是取决于年轻人崇高奔放的激情"，"我们的未来比任何时期都更多地取决于正在成长的一代"。①

列宁也十分关心青年一代的成长。在领导俄国民主革命的过程

---

① 《马克思恩格斯全集》第2卷，人民出版社2005年版，第305、304页。

中，列宁愈发意识到青年群体在革命事业中的重要性："目前是战斗时期。整个斗争的结局都将取决于青年，取决于青年大学生，尤其是青年工人。"①"我们是未来的党，而未来是属于青年的。"②

马克思、恩格斯、列宁无不对青年一代寄予了厚望，对青年的成长成才充满关心。这深刻影响了中国共产党人。

新中国成立后，为了能够更好地促进我国青年一代的发展与成长，毛泽东提出了青年教育的目标："使受教育者在德育、智育、体育几方面都得到发展，成为有社会主义觉悟的有文化的劳动者。"③毛泽东对青年一代始终是满怀期望和充分信任的，主张大胆使用青年人才，让他们担起重担："要充分相信青年人，绝大多数是会胜任的……青年人不比我们弱。"④

改革开放后，我国经济发展进入了快车道，随着国门的开放，大量外来新鲜事物开始在国内流行和传播。青年一代由于缺少社会经验，更容易被外来不良文化所侵蚀。在这种情况下，邓小平根据当时我国社会发展的现状，从坚持社会主义制度、搞好现代化建设这一战略高度出发，提出了培养有理想、有道德、有文化、有纪律"四有新人"的号召，从而为青年一代的发展指明了正确道路和方向。在青年一代成长成才的过程中，邓小平还鼓励青年人要在劳动的实践中发挥才能、锻炼自己，邓小平指出，"我们的青年团员要不愧成为共产主义的先进战士，就一定要向轻视劳动、特别是轻视体力劳动的思想作斗争，而且要以自己的模范行为带动广大青年群众投身到体力劳动的战线上去"⑤，并多次强调要"更好地贯彻教育与生产劳动相结合的方针"⑥。

---

① 《列宁全集》第 9 卷，人民出版社 1987 年版，第 228 页。
② 《列宁全集》第 14 卷，人民出版社 2017 年版，第 161 页。
③ 《毛泽东文集》第 7 卷，人民出版社 1999 年版，第 226 页。
④ 《毛泽东文集》第 6 卷，人民出版社 1999 年版，第 278 页。
⑤ 《邓小平文选》第 1 卷，人民出版社 1994 年版，第 276 页。
⑥ 《邓小平文选》第 2 卷，人民出版社 1994 年版，第 107 页。

1998 年 5 月 4 日，在庆祝北京大学建校一百周年大会上的讲话中，江泽民对青年人的成长提出了"四个统一"的期望：坚持学习科学文化与加强思想修养的统一；坚持学习书本知识与投身社会实践的统一；坚持实现自身价值与服务祖国人民的统一；坚持树立远大理想与进行艰苦奋斗的统一。①

2007 年 5 月 4 日，在致中国青年群英会的信中，胡锦涛对青年一代的成长提出了"四个新一代"的殷切期望：希望全国广大团员和各族青年牢记党和人民的重托，努力成为理想远大、信念坚定的新一代，品德高尚、意志顽强的新一代，视野开阔、知识丰富的新一代，开拓进取、艰苦创业的新一代。②从"四个统一"到"四个新一代"，充分体现了中国共产党对青年一代成长的关心和期盼。

习近平总书记高度重视青年的健康成长

习近平总书记在党的十九大报告中指出："青年兴则国家兴，青年强则国家强。青年一代有理想、有本领、有担当，国家就有前途，民族就有希望。"

习近平总书记对青年一代的地位和作用给予了高度评价，同时也对青年的使命担当提出了殷切希望。"青年是祖国的未来、民族的希望，也是我们党的未来和希望。"③青年是人类社会发展进步、承前启后的桥梁和纽带，是党所领导的中国特色社会主义事业的希望所在，是提升国家核心竞争力的重要所在。

每一代青年都有自己的际遇，每一代青年都有自己的时代担当。中国特色社会主义进入新时代是当代青年的际遇，而对马克思主义的

---

① 参见《江泽民文选》第 2 卷，人民出版社 2006 年版，第 124 —125 页。
② 《新中国 70 年大事记（1949.10.1 —2019.10.1）》（中），人民出版社 2020 年版，第 1278 页。
③ 习近平：《在庆祝中国共产党成立 95 周年大会上的讲话》，《人民日报》2016 年 7 月 2 日。

信仰、对中国特色社会主义的信念、对中华民族伟大复兴中国梦的信心则是广大青年矢志不渝的时代担当。当代青年人的历史使命就是要积极投身于实现中华民族伟大复兴的征程之中，"国家的前途，民族的命运，人民的幸福，是当代中国青年必须和必将承担的重任。一代青年有一代青年的历史际遇。我们的国家正在走向繁荣富强，我们的民族正在走向伟大复兴，我们的人民正在走向更加幸福美好的生活。当代中国青年要有所作为，就必须投身人民的伟大奋斗"[1]。

习近平总书记指出："各级党委和政府、各级领导干部以及全社会都要充分信任青年、热情关心青年、严格要求青年，关注青年愿望、帮助青年发展、支持青年创业，做青年朋友的知心人、青年工作的热心人、青年群众的引路人。"[2]"知心人""热心人"和"引路人"既是习近平总书记对新时代青年工作提出的明确要求和标准，同时也是进入新时代以来我们党对青年成长所作的系统总结和形象表达。

党的十八大以来，以习近平同志为核心的党中央高度重视共青团与青年工作，习近平总书记亲切关怀、亲自谋划、亲自部署，领导召开了党的历史上第一次中央党的群团工作会议，指导制定新中国历史上第一个中长期青年发展规划，指导审定共青团中央改革方案和中央团校改革方案，关心指导青联、学联、少先队改革，出台新中国历史上第一个以党中央名义下发的专门加强少先队工作的文件，多次参加青少年和共青团的活动，发表重要讲话，提出重要要求，推动青年工作取得历史性成就。

习近平总书记多次走进青年群体，倾听青年的声音、了解青年的现状。党和国家根据青年人的发展需要和社会发展现状采取了一系列有效措施：大到领导制定和颁布法律法规；小到一次次问候、一句句关怀，都是习近平总书记和党中央关心青年成长的重要体现。

---

① 习近平：《致全国青联十二届全委会和全国学联二十六大的贺信》，《人民日报》2015 年 7 月 25 日。
② 习近平：《在纪念五四运动 100 周年大会上的讲话》，《人民日报》2019 年 5 月 1 日。

在我国青年工作蓬勃发展的伟大实践中，我们党形成和确立了习近平总书记关于青年工作的重要思想。习近平总书记关于青年工作的重要思想明确了青年工作的战略地位、中国青年运动的时代主题、青年工作的职责使命、青年一代健康成长的正确道路、青年工作的路径方法、共青团改革发展的目标任务，明确了必须加强党对青年工作的领导。党的十八大以来，以习近平同志为核心的党中央鲜明提出党管青年原则，大力倡导青年优先发展的理念，极大地丰富了马克思主义青年观。

习近平总书记关于青年工作的重要思想的形成，充分体现了以习近平同志为核心的党中央对青年一代的亲切关心、对青年工作的高度重视，是新时代中国青年运动的行动指南，是新时代中国青年健康成长的行动指南。

二、百年大党正青春

青春是石，敲出星星之火；青春是火，点燃希望的灯。对于"青春"一词的理解，仁者见仁、智者见智。"谁能保持永远的青春，便是伟大的人。"革命人永远是年轻。中国共产党立志于中华民族千秋伟业，百年恰是风华正茂。中国共产党是始终保持青春特质的党，是永远值得青年人信赖和追随的党。

百年大党正青春，百年大党正芳华

中国共产党的百年历史波澜壮阔、成就辉煌、荡气回肠、催人奋进。百年大党正青春，百年大党正芳华，百年党史，犹如一首不同时代的青春之歌。

2021年，电视剧《觉醒年代》被青年热捧，它以深厚的历史使命感将观众带入了战火纷飞、军阀混战的年代，让观众在巨变中思考国家的前途，在冰冷与黑暗中一起探寻民族的希望。

"国亡了！同胞们起来呀！"一声春雷，惊醒了苦难中的东方睡狮，激发了无数爱国青年的壮志豪情。五四运动揭开了新民主主义革命的历史序幕，随着马克思主义在中国的传播，中国共产党的建立，一代代中国青年以青春之我、奋斗之我，在革命的历史洪流中，奏响了壮丽激昂的青春之歌。毛泽东赞扬道："数十年来，中国已出现了一个很大的知识分子群和青年学生群……他们在现阶段的中国革命中常常起着先锋的和桥梁的作用。"[1]

青年在中国共产党早期党组织中扮演着重要角色，党的诞生离不开中国青年的力量。据中国共产党历史记载，1920年8月成立的上海共产主义小组，发起人陈独秀41岁，先后参加的共17人，其中30岁以下的12人，占71%，平均年龄28岁。1920年10月成立的北京共产主义小组，发起人李大钊32岁，共14人，其中28岁以下的13人，占93%，平均年龄23.3岁。1921年旅法、旅日华人中成立的共产党早期组织，发起人和成员都是青年。旅法华人中的发起人张申府28岁，周恩来23岁，参加者共6人，平均年龄25.5岁。1921年7月，中国共产党全国第一次代表大会宣告中国共产党成立，出席一大的13名代表平均年龄28岁，其中28岁以下青年8名，占61.5%。[2]

1949年10月1日新中国成立，社会主义革命和建设事业揭开了新的历史篇章。青年在"建设篇"中扮演着"建设型"角色，是建设社会主义事业的主力军。

---

[1] 《毛泽东选集》第2卷，人民出版社1991年版，第641页。
[2] 参见黄志坚：《中国青年坚定跟党走的百年征程及历史必然——庆祝中国共产党成立100周年》，《中国青年报》2021年5月7日。

当时最响亮的口号莫过于"把青春献给祖国""到最艰苦最需要的地方去"。广大青年满怀激情自觉响应国家号召,向科学进军,向困难进军,向荒原进军,积极投身到学雷锋运动、爱国卫生运动、保家卫国斗争之中,将生命和热血洒向了祖国大地的每一个角落,为祖国建设贡献了青春、建立了重要功勋。

1978 年党的十一届三中全会开幕,揭开了改革开放和社会主义现代化建设的新篇章,中国走上了一条"富起来"的康庄大道。

"一九七九年,那是一个春天,有一位老人在中国的南海边画了一个圈……"每当听到这熟悉的旋律,人们无不赞叹改革开放给中国带来的巨大进步。面对日益加剧的国际竞争和国内现代化建设对人才的需求,邓小平前瞻性地提出了培养"四有"新人的要求。在党的带领下,青年成为改革开放的弄潮儿,奔向了社会主义改革的各个战线。

以"深圳速度""深圳模式"闻名于世的深圳市,建市之初到处都是年轻的开拓者,蛇口工业区职工的平均年龄为 26 岁,全市人口的平均年龄只有 24 岁。江泽民高度评价青年对祖国的巨大贡献,称赞他们"为建设有中国特色社会主义伟大事业建立了卓越的功勋"[①]。胡锦涛高度重视青年对历史发展的重要作用,将人才的培养上升到了国家发展的战略高度,提出人才强国战略。

党的十八大以来,中国特色社会主义进入了新时代,中华民族迎来了从站起来、富起来到强起来的伟大飞跃。实现中华民族伟大复兴是新时代的历史主题,新时代的"复兴篇"需要"复兴型人才"。

"青年兴则国家兴,青年强则国家强",实现中华民族伟大复兴,不是一朝一夕就能够实现的,需要一代又一代中国青年接续奋斗、持续努力。截至 2021 年 12 月 31 日,中国共产党党员总数为9671.2 万名,其中 30 岁及以下党员 1262.4 万名,31 至 35 岁党员

---

① 《江泽民文选》第 3 卷,人民出版社 2006 年版,第 480 页。

1153.5 万名，36 至 40 岁党员 978.0 万名，41 至 45 岁党员 877.5 万名，46 至 50 岁党员 936.4 万名，51 至 55 岁党员 877.6 万名，56 至 60 岁党员 864.8 万名，61 岁及以上党员 2721.0 万名。青年已经成为我们党的重要组成部分和新发展党员的主体，也必将成为我党永葆青春活力和旺盛生命力的重要保证。

曾经有人说，"90 后""00 后"是"垮掉的一代"，但是广大青年用行动证明了自己无愧于新时代的"后浪"。正如歌曲《少年》歌词中所写："时间只不过是考验，种在心中信念丝毫未减。"不管是新冠肺炎疫情防控第一线，还是脱贫攻坚主战场，或者是国家重大科技创新领域，中国青年总是活跃在阵地前沿。在中国航天事业发展中，"80 后""90 后"已经成为其中的中坚力量，今天他们正擎起中国航天的未来。

百年大党正青春，百年大党正芳华！"一百年来，在中国共产党的旗帜下，一代代中国青年把青春奋斗融入党和人民事业，成为实现中华民族伟大复兴的先锋力量。"① 新时代的青年要以饱满的激情和昂扬的斗志将青春与奋斗写在祖国的每一片土地！

青年在党领导下建立革命功勋

一百年前的中国，列强入侵、山河沦陷、人民生活在水深火热之中，真可谓"四万万人齐下泪，天涯何处是神州"。

自古英雄出少年，近代以来中华民族青年英雄辈出。为了救亡图存，无数革命志士抛头颅、洒热血，无论是太平天国运动、戊戌变法，还是辛亥革命，都是中华儿女不屈的呐喊和抗争。"戊戌六君子"之一的谭嗣同，为唤醒民众甘愿为变法而死，牺牲时年仅 33 岁，一句"去留肝胆两昆仑"成为千古绝唱。"黄花岗七十二烈士"

---

① 习近平：《在庆祝中国共产党成立 100 周年大会上的讲话》，《人民日报》2021 年 7 月 2 日。

之一的林觉民，秉承振兴中华、革命救国的理想，年仅 24 岁就牺牲在广州码头，一封《与妻书》让无数人潸然泪下。俄国十月革命一声炮响，给中国送来了马克思列宁主义。在"真理之光"的引领下，共产党人历经"九九八十一难"，终于迎来了民族独立的光明前景。"为有牺牲多壮志，敢教日月换新天"，29 岁牺牲的陈树湘，31 岁牺牲的赵一曼，15 岁牺牲的刘胡兰……他们用热血和青春换来了新生的中国。

热播电视剧《觉醒年代》中有两个让人印象特别深刻的人物：陈延年和陈乔年。在那个年代，他们完全可以选择优越舒适的生活，但作为一名中国人的民族责任感告诉他们不应该这样做。

于是，他们选择了最艰难的革命道路，宁愿流血牺牲，也要为中华民族蹚出一条血路。1927 年 6 月，29 岁的陈延年被捕入狱，他宁死不跪，站着被刽子手乱刀砍死。一年后，26 岁的陈乔年也不幸被捕，宁死不屈，被残忍杀害。就义前，陈乔年用尽最后的力气喊出："让我们的子孙后代享受前人披荆斩棘的幸福吧！"

在现在的安徽合肥，有一条路，叫作延乔路。延乔路的尽头就是繁华大道，代表着未来的胜利和繁荣。延乔路旁边则是集贤路（陈独秀去世后葬在了家乡安徽集贤）。

"延乔路短，集贤路长，但最后都通向了繁华大道！"这是属于中国人的浪漫，更是代表了后人对先烈们的深切缅怀和景仰！

像陈延年、陈乔年这样的英雄还有很多很多，他们就是中国共产党人的代表。正是他们的牺牲，换来了革命的成功！

青年在党领导下建设新中国，走进新时代

70 多年前的中国，一穷二白、百废待兴，工业基础几乎为零，社会主义各个战线都需要青年"创业者""垦荒人"。

广大青年积极投身社会主义建设的热潮中，热烈响应党的号召，

做到了将青春献给祖国。为了"抗美援朝、保家卫国",成千上万的青年将热血洒在朝鲜战场,用生命捍卫了祖国的尊严。黄继光用胸膛堵住敌人疯狂扫射的机枪,牺牲时年仅21岁;邱少云宁愿自己牺牲,决不暴露目标,最终在燃烧的烈火中失去宝贵的生命,牺牲时年仅26岁……

在社会主义道德建设战线中也涌现了一批批"可爱的人"。一句"人的生命是有限的,可是,为人民服务是无限的,我要把有限的生命,投入到无限的为人民服务之中去"①让无数人为之动容落泪,雷锋牺牲时虽然年仅22岁,但他所留下的精神财富却影响了一代又一代中国青年。

40多年前的中国,改革开放成为时代的最强音。

经过40多年披荆斩棘,砥砺奋进,我们党引领人民绘就了一幅波澜壮阔、气势恢宏的历史画卷,谱写了一曲感天动地、气壮山河的奋斗赞歌。

"40年来,我们始终坚持以经济建设为中心,不断解放和发展社会生产力,我国国内生产总值由3679亿元增长到2017年的82.7万亿元,年均实际增长9.5%,远高于同期世界经济2.9%左右的年均增速。我国国内生产总值占世界生产总值的比重由改革开放之初的1.8%上升到15.2%,多年来对世界经济增长贡献率超过30%。"②

我国基础设施建设成就显著,信息畅通,公路成网,铁路密布,高坝矗立,西气东输,南水北调,高铁飞驰,巨轮远航,飞机翱翔,天堑变通途。

进入新时代,"两个一百年"奋斗目标,"中国梦"成为我们这个时代最有力量最耀眼的词语。"奋斗"成为新时代的主旋律!新时代青年积极响应国家号召,勇于在实现中国梦的历史进程中放飞青春

---

① 《雷锋日记选》,人民出版社1973年版,第57页。
② 习近平:《在庆祝改革开放40周年大会上的讲话》,《人民日报》2018年12月19日。

梦想。

2019 年 6 月 17 日凌晨，一个美丽的身影永远消失在了百色的大山里，她的名字叫黄文秀。她研究生毕业后，放弃了大城市的工作机会，回到了自己的家乡支援家乡的建设，2018 年在百色市乐业县新化镇百坭村担任驻村第一书记。

百坭村村民居住分散，黄文秀翻山越岭，用近两个月时间遍访全村 195 户建档立卡贫困户。一件件，一桩桩，百坭村几乎每个人都能说上一两个和黄文秀有关的故事。黄文秀担任百坭村第一书记 1 年又 82 天，帮助全村 88 户 418 人脱贫，将贫困发生率从 22.88% 降到 2.71%。2021 年 2 月 25 日，习近平总书记在全国脱贫攻坚总结表彰大会上庄严宣布，"我国脱贫攻坚战取得了全面胜利"。然而，黄文秀的生命却永远定格在了 30 岁，一个花一样的年纪。她用生命捍卫了自己的青春誓言，她是百色大山里最美的"朝霞"，脱贫的战场上最耀眼的"黄花"！

2020 年伊始，一场突如其来的新冠肺炎疫情席卷全国。1 月 23 日，武汉封城，湖北告急。

2 月 4 日，贵州省遵义市湄潭县人民医院一名护师得知单位发出援鄂倡议书后，第一时间申请报名参加，为了表达奔赴前线的坚定决心，两次递交申请支援湖北。她的名字叫杜富佳，"排雷英雄"杜富国的亲妹妹。杜富佳动情地说，"大哥杜富国在战场上扫雷时，对战友的一句'你退后，让我来'深深地感染了我，在湖北告急、武汉告急时，我也庄重地写下了请战书，'武汉告急，让我来！'"那段时间里，她自学防护知识和技能，为方便穿戴防护服，"狠心"剪掉了留了 10 多年的长发，毅然决然地走向了抗疫"战场"。

身在抗疫一线的杜富佳，坚守岗位，把患者当亲人，与患者一起共战病魔。面对每天近 10 个小时的高强度工作，她把对家人的思念转化为对抗疫的信念，把对患者的深情转化为对工作的激情。3 月

7 日那天，她光荣地成为一名在隔离病区火线入党的中共预备党员。

在这次支援湖北武汉的医务人员中，"90后""00后"共 1.2 万人，占支援队伍的近三分之一，他们用实际行动谱写了新时代的青春之歌，他们是新时代最美的"逆行者"！习近平总书记称赞道："在新冠肺炎疫情防控斗争中，你们青年人同在一线英勇奋战的广大疫情防控人员一道，不畏艰险、冲锋在前、舍生忘死，彰显了青春的蓬勃力量，交出了合格答卷。"①

每一代青年都有每一代青年的历史使命，都有其各自的责任担当。百年来，青年运动能够紧跟时代脉搏，创造出一个个"中国奇迹"，关键在于始终坚持党的领导。

青年运动就像是大海里航行的巨轮，航船在一望无际的大海中航行最需要什么？需要指南针定位，需要方向盘掌舵，没有定位就会迷失前进的方向，没有船舵就会失去平衡。党的领导就像是"青年号"巨轮的指南针和方向盘，有了党的领导，青年才能弥补自身的缺陷，勇担历史使命，驶向成功的彼岸。

自从中国共产党建立以后，青年运动的面貌就焕然一新了，中国青年在党的领导下，奏响了中华民族站起来、富起来到强起来的"历史交响乐"。

现在，我国是世界第二大经济体、制造业第一大国、货物贸易第一大国、商品消费第二大国、外资流入第二大国，我国外汇储备连续多年位居世界第一，中国人民在富起来、强起来的征程上迈出了决定性的步伐！②

中国人民取得的成就不是天上掉下来的，更不是别人恩赐施舍的，而是全党全国各族人民用勤劳、智慧、勇气干出来的！是一代代青年在党的带领下拼出来的！我们为创造了人间奇迹的中国人民感到

---

① 习近平：《回信勉励北京大学援鄂医疗队全体"90后"党员》，《人民日报》2020年 3 月 17 日。
② 习近平：《在庆祝改革开放 40 周年大会上的讲话》，《人民日报》2018 年 12 月 19 日。

无比自豪！我们为创造了人间奇迹的中国青年无比骄傲！

三、新时代青年如何跟党走

新时代，青年如何做到高举旗帜跟党走？首先，要坚定正确的政治立场，要始终拥护党的领导，做到"两个维护"；其次，要积极学习党的理论，用马克思主义理论武装自己的头脑；最后，青年一代要努力做好本职工作，勇于担当时代使命。

拥护党的领导，做到"两个维护"

党的十八大以来，中国特色社会主义进入新时代。习近平总书记对关系新时代党和国家事业发展的一系列重大理论和实践问题进行了深邃思考和科学判断，就新时代坚持和发展什么样的中国特色社会主义、怎样坚持和发展中国特色社会主义，建设什么样的社会主义现代化强国、怎样建设社会主义现代化强国，建设什么样的长期执政的马克思主义政党、怎样建设长期执政的马克思主义政党等重大时代课题，提出一系列原创性的治国理政新理念新思想新战略，是习近平新时代中国特色社会主义思想的主要创立者。党的十八大以来，我们党勇于进行理论探索和创新，以全新的视野深化对共产党执政规律、社会主义建设规律、人类社会发展规律的认识，取得重大理论创新成果，集中体现为习近平新时代中国特色社会主义思想。党的十九大、十九届六中全会提出的"十个明确"、"十四个坚持"、"十三个方面成就"概括了这一思想的主要内容，必须长期坚持并不断丰富发展。"十个明确"中第一个明确是：明确中国特色社会主义最本质的特征是中国共产党领导，中国特色社会主义制度的最大优势是中国共产党领导，中国共产党是最高政治领导力量，全党必须增强"四个意识"、坚定"四个自信"、做到"两个维护"。

党的领导是党和国家的根本所在、命脉所在，是全国各族人民的利益所系、命运所系。坚持党的领导是历史和人民的选择，是由我们党的性质决定的，是实现中华民族伟大复兴的根本保证。

事实上，青年一代拥护中国共产党的领导有着光荣的历史传统。

"打断骨头连着筋，扒了皮肉还有心，只要还有一口气，爬也爬到延安城。"20 世纪三四十年代，延安这个在中国地图上并不起眼的西北小城，却成为无数中国先进青年心中的圣地。当年在延安的印度友人爱德华大夫看到奔赴延安的络绎不绝的青年人时，不禁赞叹道："这简直是奇迹，这是 20 世纪中国的耶路撒冷！"

那么，彼时的延安城究竟有着怎样的魅力，竟然能够让一批又一批青年人甘愿冒着生命危险，也要奔赴到达？因为中共中央在延安！中国革命的希望也就在延安！中华民族的希望也就在延安！

今天，中国共产党已经发展成为拥有 9600 多万名党员的大党，正在带领中国人民向第二个百年奋斗目标不懈努力。在中华民族走向伟大复兴的光辉历程中，青年一代更应该坚决拥护党的领导！坚定不移跟党走！

一个国家、一个政党，领导核心至关重要。新时代十年的伟大变革，是在以习近平同志为核心的党中央坚强领导下、在习近平新时代中国特色社会主义思想指引下全党全国各族人民团结奋斗取得的。党确立习近平同志党中央的核心、全党的核心地位，确立习近平新时代中国特色社会主义思想的指导地位，反映了全党全军全国各族人民共同心愿，对新时代党和国家事业发展、对推进中华民族伟大复兴历史进程具有决定性意义。我们这样一个有着 14 亿多人口的大国，必须有一个众望所归的领袖；我们这样一个拥有 9600 多万名党员的大党，必须有一个坚强的领导核心。历史和现实充分表明，全党有核心，党中央才有权威，党才有力量。坚决维护习近平同志党中央的核心、全党的核心地位，全党就有定盘星，全国人民就有主心骨，中华"复兴号"巨轮就有掌舵者。

在新时代中国特色社会主义事业砥砺奋进中，习近平总书记以马克思主义政治家的恢宏气魄、远见卓识、雄韬伟略，惊涛骇浪中坚如磐石，风险挑战中运筹帷幄，充分展现了大党大国领袖的政治智慧、战略定力、使命担当、为民情怀、领导艺术，赢得了全党全军全国各族人民的衷心爱戴和高度信赖。党的十八大以来，正是因为确立了习近平同志党中央的核心、全党的核心地位，党的面貌、国家的面貌、人民的面貌、人民军队的面貌、中华民族的面貌才发生了前所未有的变化。确立习近平同志党中央的核心、全党的核心地位，是时代呼唤、历史选择、民心所向。

随着互联网的日益普及，青年一代受到了越来越多元的政治社会思潮的影响，这其中就包括西方所谓的自由（民主）主义、民粹主义以及无政府主义等，这些政治思想或观点虽然被描绘得天花乱坠，但却并不适合中国社会发展的实际，如果在中国付诸实践，难免会出现"水土不服"的现象：在 19 世纪末 20 世纪初，包括孙中山在内的无数仁人志士所发动的革命与改革，最终无一例外都以失败告终。直到后来俄国十月革命的一声炮响，给中国送来了马克思列宁主义。

1921 年中国共产党诞生，中国革命的面貌从此焕然一新。

1949 年新中国成立，中国人民站起来了。

历史实践证明：社会主义没有辜负中国，中国同样也没有辜负社会主义。在这其中，中国共产党的正确领导起到了关键作用。作为青年一代，在享受今日来之不易的美好幸福生活的同时，也必须要能够坚定自身的政治立场，坚决拥护中国共产党的领导，做到"两个维护"。

学习党的理论，加强思想武装

作为中国的青年一代，代表着民族的希望、国家的未来，必须要积极学习党的理论、加强思想武装。

中国共产党是以马克思主义为指导思想的政党。因此，学习党的理论首先就是要学会用马克思主义来武装自己的头脑。

2018年5月4日五四青年节，纪念马克思诞辰200周年大会在北京隆重举行。习近平总书记在发表重要讲话时指出，马克思主义极大推进了人类文明进程，至今依然是具有重大国际影响的思想体系和话语体系，马克思至今依然被公认为"千年第一思想家"。①

马克思为何会被公认为"千年第一思想家"？

1999年，英国剑桥大学文理学院发起了"千年第一思想家"的评选，马克思位居第一。同年9月，英国广播公司（BBC）又以同一主题评选"千年第一思想家"，马克思依然位居第一。2005年7月，英国广播公司再次以古今最伟大的哲学家为主题进行评选，大概调查了3万名听众。结果马克思以超过四分之一的得票率荣登榜首，而且是居于第二位的苏格兰哲学家休谟得票率的两倍之多。

一百多年过去了，马克思主义不但没有过时，反而在经过了实践的检验后，愈发凸显出其科学性。"实践证明，马克思主义的命运早已同中国共产党的命运、中国人民的命运、中华民族的命运紧紧连在一起，它的科学性和真理性在中国得到了充分检验，它的人民性和实践性在中国得到了充分贯彻，它的开放性和时代性在中国得到了充分彰显！"②

青年一代学习党的理论，同时更要学习马克思主义中国化时代化最新成果。

马克思主义在中国的传播与发展，以及历代中国共产党人在中

---

① 习近平：《在纪念马克思诞辰200周年大会上的讲话》，《人民日报》2018年5月4日。
② 习近平：《在纪念马克思诞辰200周年大会上的讲话》，《人民日报》2018年5月4日。

国革命、建设、改革实践中的探索，促成了马克思主义中国化的实践发展和理论飞跃。习近平新时代中国特色社会主义思想实现了马克思主义中国化时代化新的飞跃，开辟了马克思主义中国化时代化新境界，为新时代党和国家事业发展提供了根本遵循。因此，新时代青年学习党的理论就要积极学习和领悟习近平新时代中国特色社会主义思想。

习近平新时代中国特色社会主义思想是对马克思列宁主义、毛泽东思想、邓小平理论、"三个代表"重要思想、科学发展观的继承和发展，是当代中国马克思主义、二十一世纪马克思主义，是中华文化和中国精神的时代精华，是党和人民实践经验和集体智慧的结晶，是中国特色社会主义理论体系的重要组成部分，是全党全国人民为实现中华民族伟大复兴而奋斗的行动指南，必须长期坚持并不断发展。在习近平新时代中国特色社会主义思想指导下，中国共产党领导全国各族人民，统揽伟大斗争、伟大工程、伟大事业、伟大梦想，推动中国特色社会主义进入了新时代，实现第一个百年奋斗目标，开启了实现第二个百年奋斗目标新征程。不断谱写马克思主义中国化时代化新篇章，是当代中国共产党人的庄严历史责任。继续推进实践基础上的理论创新，首先要把握好习近平新时代中国特色社会主义思想的世界观和方法论，坚持好、运用好贯穿其中的立场观点方法，切实做到坚持人民至上、坚持自信自立、坚持守正创新、坚持问题导向、坚持系统观念、坚持胸怀天下，在新时代伟大实践中不断开辟马克思主义中国化时代化新境界。我们要坚持不懈用这一创新理论武装头脑、指导实践、推动工作。

广大青年在学习党的理论时，要掌握正确的方法和途径。

青年学习党的理论，绝对不是买来了《马克思恩格斯选集》《马克思恩格斯文集》，或者《毛泽东选集》《邓小平文选》《习近平谈治国理政》放到书架上，就等于掌握了马克思主义，掌握了党的理论。

关键是要读原著、学原文、悟原理，常学常新。

在阅读马克思、恩格斯原著方面，鉴于马克思主义经典作家大部分著作的理论性较强，因此建议大家可以先从《共产党宣言》或者《社会主义从空想到科学的发展》等一些相对通俗易懂的篇章开始学习阅读，最好是带着问题、带着自己对现实社会的思考去读，循序渐进，从而逐步培养自己的兴趣。等真正认识和体会到了马克思主义的伟大之处，再去系统地阅读学习其他相关著作。

马克思有句名言："哲学家们只是用不同的方式解释世界，问题在于改变世界。"[①]

通俗一点来理解就是，马克思主义不仅仅是书斋里的学问，而是可以并且必须要运用到实践中去。因此，我们学习党的理论一定要懂得学以致用。在加强思想武装的同时，也要积极把学到的理论运用到想问题、做事情的实践中，用来指导我们的工作、学习和生活。借用一句大家都比较熟悉的话来说就是"空谈误国，实干兴邦"。这也是我们用党的理论武装自己头脑的意义和原因所在。青年一代学习党的理论，就是要把自己过去不确定的、直觉性的、碎片化的思维方式，逐步转变为自觉的、有意识的、系统性的思维方式，从而更好地指导我们的实践。

立足本职岗位，担负时代使命

新时代，已经走过百年历程的中国共产党，正带领中国人民走在实现中华民族伟大复兴的大道上。青年跟党走，就要立足自身实际，做好自身工作，成为实现民族复兴伟业的一分子。

新时代的青年是国家各行各业的生力军、未来的主力军，必须勇敢地承担起属于这个时代的责任和担当。

无论是在校学生，还是刚刚踏上工作岗位的青年人，都应该努

---

① 《马克思恩格斯选集》第 1 卷，人民出版社 2012 年版，第 136 页。

力做好自己的本职工作。在校学生就应该积极学好科学文化知识，为实现第二个百年目标努力学习；已经参加工作的青年人则应该努力在自己的岗位上发光发热，为国家的建设、社会的发展贡献自己的力量。

"业无高卑志当坚！"

何为责任，何为抱负，何为使命，何为担当？

不同时代的年轻人，心中有着不同的答案。但在精神层面，百年前的年轻人与今天的年轻人之间其实并没有本质的区别，他们苦苦追寻和探索的，就是将个人的命运同国家的命运紧紧联系在一起，为了国家的强大，奉献自己的青春与智慧，肩负起那一份沉甸甸的时代使命与责任。

1919 年 5 月 4 日，一群年轻人走上北京的街头，掀起了一场声势浩大的游行示威活动。他们年轻的脸上稚气尚未褪尽，却有坚毅的目光。面对内忧外患、国仇家恨，他们无法再保持沉默。他们发出抗争与呐喊的时代强音，担负起那一代青年的使命和担当。

百年后的今天，中国在历经磨难后以大国的姿态，屹立在世界的东方。

但中国的发展还在继续，还有许多未竟的事业。

新时代我国社会主要矛盾是人民日益增长的美好生活需要和不平衡不充分的发展之间的矛盾。而当前我国东、中、西部之间发展的差异，城乡之间发展的差异，等等，都是"不平衡发展"的重要体现。因此，党和国家号召广大有志青年："到西部去，到基层去，到祖国最需要的地方去！"

同时，在一些突发事件中，青年一代同样要积极响应党和国家的号召，积极承担社会责任。例如，在新冠肺炎疫情期间，要配合政府部门防疫工作安排，非必要不外出，不给国家和社会"添乱"。如果条件允许的话，还可以积极参与志愿者工作，参与到抗疫斗争中去。

习近平总书记指出："青年之于党和国家而言，最值得爱护、最值得期待。青年犹如大地上茁壮成长的小树，总有一天会长成参天大树，撑起一片天。青年又如初升的朝阳，不断积聚着能量，总有一刻会把光和热洒满大地。党和国家的希望寄托在青年身上！"[①]

作为祖国的青年一代，我们青年人肩负着未来的希望，我们是什么样的，未来的中国就是什么样的，未来的世界就是什么样的，我们要始终坚定共产主义远大理想，矢志不渝跟党走，不辜负这个时代，不辜负党和人民寄予我们的厚望。

🗨 名言金句

我们的共产党和共产党所领导的八路军、新四军，是革命的队伍。我们这个队伍完全是为着解放人民的，是彻底地为人民的利益工作的。

——毛泽东

我们共产党员，是近代历史上最先进的革命者。

——刘少奇

党的作风关系党的形象，关系人心向背，关系党的生命。

——江泽民

以人为本、执政为民是我们党的性质和宗旨的集中体现。

——胡锦涛

[①] 习近平：《在庆祝中国共产主义青年团成立 100 周年大会上的讲话》，《人民日报》2022 年 5 月 11 日。

有一份精力，就要为党多做一点工作。

——罗荣桓

怕死不当共产党！

——刘胡兰

共产党员的意志是钢铁！

——江竹筠

每一个党员干部，都应该与人民同甘苦、共命运。

——孔繁森

一个共产党员在停止呼吸前不为党工作，是耻辱，不配做共产党员。

——徐海东

后 记

　　《青年成才方法论》就要出版了。在这里，有三件事要向读者说明。

　　第一，本书是国家哲学社会科学课题"习近平总书记关于青年成长成才重要论述的建构逻辑与实践路径研究"的成果之一（课题编号：21STA008；首席专家：刘俊彦）。与之前出版的《请党放心，强国有我》一样，目的在于研究习近平总书记关于当代青年成长成才的重要论述，为当代青年成长成才助力！

　　第二，本书是集体创作的成果，是各位作者悉心研究、深入思考的结果。中国青少年研究中心常务副主任、中国青少年研究会常务副会长兼秘书长刘俊彦研究员设计了全书的写作框架，撰写了导论和第七篇"创新创造"，并对全书进行了统稿和修改；大连海事大学助理教授王雅瑞撰写了第一篇"热爱祖国"、第十篇"爱岗敬业"、第十六篇"善于选择"；中央党校（国家行政学院）助理教授叶子鹏撰写了第二篇"树立理想"、第三篇"信念坚定"、第十八篇"紧跟党走"；浙江大学助理教授赵永帅撰写了第四篇"锤炼品德"、第十一篇"深入基层"、第十三篇"心怀感恩"；中国青少年研究中心副研究员汪永涛撰写了第五篇"勤奋学习"；中国青少年研究中心副研究员郑浩撰写了第六篇"艰苦奋斗"；江西理工大学助理教授刘根旺撰写了第八篇"责任担当"、第十二篇"明辨是非"；中国青少年研究中心副研究员陈晨撰写了第九篇"身心健康";中国青年报·中国青年网子报刊运营管理中心副总监连瑞谦撰写了第十四篇"珍惜友谊"、第十五篇"兴趣广泛"、第十七篇"抢抓机遇";香港科技大学刘一锐参与编写了第七篇"创新创造",并搜集整理了全书的"名言金句"。中国青少年研究会专职副秘书长兼办公室主任苏峰为本课题的申请和推进做了大量工作。

第三,本书的出版得到了各个方面的支持,特致谢意。感谢全国哲学社会科学规划办公室对本课题的支持和指导,感谢中国青少年研究中心党委书记、主任,中国青少年研究会会长王学坤同志对本课题的大力支持,感谢出版社编辑为本书出版所做的卓有成效的工作。

我们相信,本书的出版能够对深入学习宣传贯彻党的二十大精神和习近平总书记关于当代青年成长成才重要论述,引导青年成长为堪当民族复兴重任的时代新人作出应有贡献!

作　者

2022 年 10 月 28 日